Foundation of Innovation and Entrepreneurship for Foreign Language Majors

外语专业大学生创新创业基础

崔永光 苍巍巍 刘宪杰 著

东北财经大学出版社
Dongbei University of Finance & Economics Press
大连

图书在版编目（CIP）数据

外语专业大学生创新创业基础 / 崔永光，苍巍巍，刘宪杰著．—大连：东北财经大学出版社，2025.3

ISBN 978-7-5654-5271-0

Ⅰ.外… Ⅱ.①崔… ②苍… ③刘… Ⅲ.大学生-创业 Ⅳ.G647.38

中国国家版本馆CIP数据核字（2024）第105979号

东北财经大学出版社出版发行

大连市黑石礁尖山街217号 邮政编码 116025

网 址：http://www.dufep.cn

读者信箱：dufep@dufe.edu.cn

大连永盛印业有限公司印刷

幅面尺寸：170mm×240mm 字数：284千字 印张：23.75

2025年3月第1版 2025年3月第1次印刷

责任编辑：刘 佳 责任校对：赵 楠

封面设计：原 皓 版式设计：原 皓

定价：99.00元

教学支持 售后服务 联系电话：（0411）84710309

如有印装质量问题，请联系营销部：（0411）84710711

前　言

习近平总书记在党的二十大报告中指出："必须坚持科技是第一生产力、人才是第一资源、创新是第一动力，深入实施科教兴国战略、人才强国战略、创新驱动发展战略，开辟发展新领域新赛道，不断塑造发展新动能新优势。""加快实施创新驱动发展战略。加快实现高水平科技自立自强。"党的十九大报告提出："激发和保护企业家精神，鼓励更多社会主体投身创新创业。"

2014年9月，李克强总理在夏季达沃斯论坛上公开发出"大众创业、万众创新"的号召，"双创"迅速走红。2015年3月至6月，国务院相继出台了《国务院办公厅关于发展众创空间推进大众创新创业的指导意见》（国办发〔2015〕9号）、《国务院关于进一步做好新形势下就业创业工作的意见》（国发〔2015〕23号）、《国务院关于大力推进大众创业万众创新若干政策措施的意见》（国发〔2015〕32号）、《国务院办公厅关于深化高等学校创新创业教育改革的实施意见》（国办发〔2015〕36号）等创新创业利好文件，"双创"全力提速。2017年3月，国家发改委副主任宁吉喆透露，2016年登记的大学生创业人数达到61.5万，大学毕业生的创业率明显提高，“双创”势头良好。

调查发现，中国平均每天新登记注册的企业高达1.2万户，平均每分钟诞生8家公司，尤其近两年涨幅更加明显。无数大学生将青春与热情投入到“双创”中，但也有数据表明近年来大学生在初创企业的运营管理中面临着较大问题，从而造成企业的注销、变更数量呈现增长趋势。在此背景下，如何加强大学生创业企业的运营管理，提高大学生创业成功率成为当前亟须解决的问题。

推进大众创业、万众创新，是发展的动力之源，对于推动经济结构调整、增强发展新动力、走创新驱动发展道路具有重要意义。大学生作为我国人力资源结构中最具有活力的组成部分，推动大学生创新创业对于缓解当前大学生就业问题、助力国家产业调整升级以及推动创新驱动发展战略的实施有着重要意义。自2015年起，国家和地方各级政府连续出台多项创业政策，鼓励大学生创业，虽然近几年来大学生创业的人数有所增长，但是如何使这群庞大的创业大军获得最终胜利，如何将企业高效、可持续运营下去，成为当前大学生创新创业面临的巨大问题。

大学生创新创业教育作为国家就业政策的重要组成部分，是促进国家科技发展和培育自主核心竞争力的基础。国家层面的宏观目标在高校的创新创业教育中可分解为教学目标、实践目标和素质目标三个方面，同时，科学设置创新创业教育课程体系、打造全方位立体化实践基地以及建设可持续性培育体系是实现创新创业教育目标的有效途径。

在全面贯彻党的教育方针，坚持落实立德树人根本任务的背景下，本书的编写旨在围绕科教兴国战略、人才强国战略、创新驱动发展战略中的重大战略需求和人才培养需要，构建中国特色高质量创新创业教育教学体系，提升大学生创新创业能力。

国外关于大学生创业和企业运营管理的研究主要集中在创业理论上，创业环境、创业政策、创业教育、企业运营管理概念及理论等方面的研究十分有限。

国外学者对创业的认识和研究较为片面，主要强调其重要的经济功能。早在18世纪，国外学者就认为创业中隐含了“承担以确定价格买进而以不确定价格卖出的风险”。直至1960年之后，约瑟夫·熊彼特和杰弗里·蒂蒙斯将创新的概念引入创业的定义，对创业理论才展开初步研究。他们对创业有了新的认识，认为创业是一种“思考、推理和行为的方式，这种行为方式是机会驱动、注重方法与领导相平衡，强调创业者在创新和应对经济的不连续变化方面的作用”。

加特纳等人强调创业环境对创业过程至关重要，他们认为创业环境是由政府的干预、周边的高校和相关科研机构资助、创业者本身的创业态度等多个要素构成，并强调创业环境不能只依赖其中某一因素，而是多种因素的组合，政府制定的各种相关政策、物质和非物质支持、经济社会条件、管理能力等都包含在其中，同时对创业环境中的创业活动进行了划分，即生存型、机会型和高增长潜力型三种不同的类别。

德盖特、林斯和阿奇·佐尔坦在创业政策的研究过程中对创业政策的定义有不同的见解。德盖特认为，创业政策是指支持创业的一系列方针政策，一方面激励大众创业，提高创业率；另一方面，为创业者从事创业活动提供良好的创业环境，创造良好的创业机会。林斯把创业政策简单地定义为国家出台的一系列激励和帮助创业企业发展的方案。阿奇·佐尔坦则认为，创业政策应该按照个人、企业、经济、社会四个层面有针对性地进行划分：在个人层面，制定教育等相关政策；在企业层面，制定相关政府扶持政策；在经济层面，通过政府、各高校、相关金融机构制定提供资金资助政策；在社会层面，通过法律制定相关政策。

美国学者在1980年首次将“创业”作为一个独立领域进行研究，并纳入管理学体系，此后，美国高校开始开设与“创业”有关的课程。凯茨将《工资问题》一书定为国外创业教育的开端，并以创业课程、高校基础设施和创业出版物作为衡量大学创业教育发展的标准。20世纪90年代，创业问题成了学术研究的热点之一。

国外关于企业运营管理的研究主要集中在对运营管理的定义及理论研究方面。其中，美国运营管理经典教科书和美国运营管理协会（American Production and Inventory Control Society，APICS）对运营管理的定义受到该研究领域诸多学者的认可。教科书中指出运营管理是设计、运作和优化公司整个体系，以制造产品和提供服务；APICS则认为，运营管理是对资源进行优化配置，不断提高企业运作效率，规范业务流程，以制造和提供更高质量的产品和服务。

20世纪50年代末，Edward Bowman和Robert Fetter、Elwood Spence Buffa相继出版了有关运营管理的著作——《生产与运作管理分析》《现代生产管理》，为运营管理成为一门新兴学科奠定了坚实的理论基础。随后，Micheal Hammer和Jane Champ的业务流程重组理论、美国质量管理大师戴明提出的PDCA管理理论，以及泰勒提出的关于运营管理战略的理论丰富了国外针对企业运营管理理论研究内容。

在国外，研究者们对大学生创业研究的焦点主要在剖析定义、解析结构和分门别类上，他们更倾向于对创业相关的内涵或概念等方面的内容进行一定的思考。针对运营管理的研究相对较早，在定义及理论方面的研究内容十分充足，但对于企业运营管理在实践中所涉及内容的研究少之又少。

国内关于大学生创业和企业运营管理的研究主要集中在创业教

育、创业环境、创业政策、国外经验、运营管理本质、运营管理过程及理论等方面。

胡晓风《创业教育论集》的出版标志着国内“创业教育”的诞生。梅伟惠等人针对高校创业教育发展滞后的现状，提出中国高校对大学生创业教育的未来发展应采取“观念指引、分类建设、制度保障”的思路。

余昶等对创新创业教育模式的创建给予准确的定位并明确了发展方向。余昶、王永军认为高校的创新创业教育要划分好知识资本化和非功利性之间的关系，鼓励大学生进行创新创业。陈华锋认为对于传统创业教育方式，当前应进行适当转变，实现理论与实践的双向配合发展，构建一个以理论建设为指引、课堂课程为基础、实践平台为手段、社会服务为导向、国家政策为保障的创新创业教育模式。

胡桃等对创新创业教育进行了分类，共分为三种类型。第一种是以提高学生的综合能力为目标，把第一课堂与第二课堂相互联系起来；第二种是在实践中注重采取以创新创业知识与能力提升相结合的教育方式；第三种是在注重提升大学生的创新意识和能力的同时，还可以为他们的创业活动提供必要的初始资金支持或提供技术顾问。卜德龙认为只有高校、政府及企业形成合力，建立高校、政府及企业三位一体的“政策支持、师资支持、实践平台支持、产学合作支持”体系，才能确保大学生创业教育支持体系的逐渐完善。

我国的创业环境研究起步晚、发展快。对于大学生创业环境这一问。不同的专家学者从不同的角度进行剖析。揭敏等在研究中指出要想优化大学生创业环境，就必须从政府政策、创业教育、创业资金三个方面着手。韩晗等基于SEST这一模型，深刻地对大学生创业环境进行分析，并对创业环境进行了分类，即政治环境、经济环境、社会环境、技术环境，并认为这四个方面缺一不可。

叶映华分析了当前大学生创业所面对的政策困境，指出政府的创业政策对大学生的创业活动起到主导性作用；刘军指出我国大学生创业政策仍存在政策制定主体权责不清和权威性不够、内容偏重失衡和缺乏针对性、政策执行机制不健全和落实不到位等问题，需要建立统一的大学生创业政策制定与执行机构。刘刚等深入剖析大学生创业遇到的现实问题，提出大学生创业政策效用促进的对策与建议；宁德鹏等通过对26省百所高校的30 887份有效问卷进行实证分析和检验，提出了加大创业政策宣传力度，提升受众满意度等建议；吕凤春以辽宁省现行的大学生创业政策为研究对象进行深入研究，分析和判断了辽宁省大学生创业政策在实施过程中存在的问题，并提出了加强宣传监督机制、建立大学生创业信息共享平台等具有针对性的完善措施。

信珍珍对美国、英国、法国等国家的大学生创业概况进行了详细的调查，并总结概括了国外对大学生创业的关注点和支持形式。美国重视大学生创业教育，设置的创业课程和项目使学生掌握了大量商业技能。注重培养大学生的创业精神，拥有成熟的创业扶持体系，提供包括管理帮助、技术咨询等一系列全方位的服务。英国政府与高校、民间组织进行合作，为大学生创业提供资金支持、创业咨询以及推广等一系列“商业连接”服务。法国提供一系列无偿的资金、培训、咨询、后勤服务等来鼓励他们开展创新创业项目。同时，法国高等教育部长菲奥拉佐提出将颁布一项大学生创业者地位法，以帮助想创业的年轻毕业生，维护大学生权益。

孟莹重点介绍了美国大学生创业孵化服务、文化环境的重要性以及创业支持政策具有协调性、前瞻性、全面性的特点，并以案例分析的形式对美国大学生创业的支撑体系进行了深入研究，强调资金支持在美国大学生创业外部支撑体系中起到助推作用，针对这一问题，美国政府出台信用担保和税收优惠政策，并通过大学生创业计划缓解大学生创业资金压力。

国内关于运营管理的理论研究起步较晚，对于企业运营管理的研究始于20世纪80年代，多数是通过引进、延续国外学者的研究理论。随着中国经济的飞速发展及企业经营模式的不断变化，国内的运营管理研究逐渐开始适合自身发展，但不同的学者关注不同的运营管理主题。

杨伟等对于企业运营管理的侧重点的研究存在不同的看法。杨伟认为企业运营管理的重点在于企业的供应链管理，提出企业只有与供应商、客户一起探讨改善供应链的途径并制订行动计划，才能使企业的运营管理达到最优化。黄磊强调专业管理模式的重要性，认为企业运营管理中存在的问题主要包括战略管理、管控体系、财务管理不完善，信息化管理系统欠缺，忽视安全管理等。

吴宜纯等对运营管理的本质、运营管理理念及企业运营的全过程提出了不同的见解。吴宜纯认为企业运营管理的本质是为企业带来更多的客户，提高企业的竞争优势。而获得大量客户的关键在于掌握和预测客户现有或者潜在的多元化的需求，并通过采用相应的策略予以满足。林志认为企业的运营管理理念应适应市场机制的改变而进一步变化，基于复杂的市场机制，企业信息化水平、企业管理结构的有效创新以及企业人才的综合素质成为影响企业运营的主要关键因素。朱海潇认为企业运营的全过程包括战略管理、创新管理、文化管理三大方向，企业人力资源、市场营销、财务管理、生产管理、技术研发五大模块。

通过对文献研究的梳理我们可以看出，目前我国对于大学生创业以及专创融合的研究虽然取得了一些成果，但大部分只是停留在学者的学术研究层面，研究内容相对零散，缺乏系统性、连续性。对于大学生创业的研究虽取得阶段性成果，但仍有很长的路要走。对于企业运营管理的研究，专家学者及企业实践者逐渐开始在国外先进理论的基础上，从不同角度、不同行业对企业的运营管理进行研究，试图探索出适合中国企业需求的运营管理理论，并且取得了不错的成效。而对于外语专业大学生专创融合的研究还处于起步阶段，需要更多的相关理论和实践成果来有针对性地为外语专业大学生创新创业提供支持。

本书作者研究发现，国内外关于专创融合的研究有很大的分化性。理工类、文科中的经济相关专业中相关研究成果最丰富，而外语专业专创融合理论成果很少。这说明该专业在创新创业中有其先天的局限性和困难性，还说明出版针对外语专业大学生创新创业指导的著作有其迫切性和现实意义。

经过笔者研究发现，国内外关于专创融合的研究有很大的分化性。理工类、文科类经济相关专业的研究成果比较丰富，而外语专业专创融合的研究成果较少。这一方面体现了该专业在创新创业中有其先天的局限性和困难性；另一方面也说明出版针对外语专业大学生创新创业指导的著作有其迫切性和现实意义。

本书的编写分工如下：崔永光编写第1章至第5章；苍巍巍编写第6章至10章；刘宪杰编写附录1和附录2。由于作者水平有限，书中疏漏在所难免，敬请各位同仁和读者批评指正。

作 者

2024年10月

目　录

第一章

创新导论

【导入案例】

“维汉英语言文化大碰撞”

“维汉英语言文化大碰撞”项目是第二届全国大学生创新大赛的获奖项目。这个项目由中央民族大学的学生发起，他们以“维汉英三语转换平台”为核心技术，旨在解决少数民族语言与汉语、英语之间的沟通障碍，促进少数民族语言文化的传播与创新。项目通过技术手段实现维吾尔语、汉语和英语之间的相互转换，并提供多模态的转换方式，如文本、语音和视频。

在项目的实施过程中，团队成员不仅进行了技术研发和平台建设，还深入挖掘了维吾尔族和汉族之间的文化特色和差异。他们通过举办线上线下交流活动、制作文化教育内容等形式，促进两族人民之间的相互了解和友谊。

此项目获得了第二届全国大学生创新大赛的金奖，并得到了多家媒体报道和广泛的社会关注。这一创新成果不仅为少数民族语言文化的传承和发展提供了新的思路和方法，也为跨文化交流和多语种处理领域的发展作出了贡献。

全国“互联网+”大学生创新创业大赛是大学生创新创业的平台，来自全国甚至海外的学子通过大赛展示了自己的创新想法，实现了自己创业梦想，有很多项目还获得了天使投资，完成了从想法计划到实业的转变，所以大赛是大学生们实现梦想的平台。但是多数项目都是具有理工科背景，文科项目相对较少，外语类项目就更少了。这种现象是不是证明外语专业的学生难以找到创新的思路呢？并不是这样的。本书开篇，我们就以这个曾在大赛中获奖的项目为例来为外语专业的学子寻找项目的创新点。

随着全球化的加速和互联网的普及，跨文化交流成为当今社会的重要趋势。维吾尔族和汉族拥有各自独特的语言和文化，但在全球化的背景下，二者之间的交流日益频繁。为了更好地促进这种交流，有团队提出了“维汉英语言文化大碰撞”项目。

项目目标：促进维吾尔族和汉族之间的跨文化交流和理解；通过维汉英三语转换，推动文化的传播和创新；培养具备跨文化沟通能力的专业人才；开发具有市场潜力的文化产品和商业模式。通过开发一个“维汉英三语转换平台”，提供文本、语音和视频的转换功能，满足不同用户的需求。

项目内容：制作维汉英三语的文化教育内容，如纪录片、动画、互动游戏等，以丰富多样的形式展示维汉两族的文化特色；组织维汉两族的线上线下交流活动，如文化展览、论坛、工作坊等，促进两族人民的互动与合作；开展跨文化沟通培训课程和讲座，培养具备跨文化沟通能力的专业人才；研发维汉英三语的文化创意产品和相关服务，探索有效的商业模式和市场渠道。

项目实施计划：

第一阶段（1～3个月）：市场调研、团队组建与资源整合。

第二阶段（4～6个月）：平台开发和内容创作。

第三阶段（7～9个月）：线上线下交流活动策划与实施。

第四阶段（10～12个月）：培训教育、商业模式探索及总结评估。

风险评估与应对策略：招募技术团队或与相关技术公司合作，确保平台开发的顺利进行。

资金筹措：寻求政府、企业和社会组织的资金支持，同时开展相关筹款活动。

项目预期成果：“维汉英三语转换平台”上线并得到广泛应用；制作一系列维汉英三语的文化教育内容，促进文化的传播和创新；成功举办多场线上线下交流活动，增强两族人民的相互了解和友谊；培养出一批具备跨文化沟通能力的专业人才；探索出有效的商业模式和市场渠道，推动文化产业的创新发展。

案例分析：

从语言学角度来看，“维汉英语言文化大碰撞”项目具有以下几个创新点：

多语种转换：该项目涉及维吾尔语、汉语和英语的转换，不仅涉及语言学中的语法、语义、语用等方面的转换规则，还需要解决不同语言之间的文化差异问题，确保转换的准确性和流畅性。

文化适应性：在进行语言转换的同时，该项目强调了文化的适应性。这包括确保译文在目标语言文化背景中具有可理解性和可接受性，以及保持原文的文化特色和意象。这种文化适应性转换需要考虑到语言学中的文化因素和跨文化交际的知识。

技术应用与创新：该项目结合了语言学与计算机科学，利用现代技术进行多语种的语言处理和转换。例如，利用自然语言处理（NLP）技术进行文本分析和机器翻译，提高了转换的效率和准确性。

社会文化语境的考量：该项目不仅仅是一个语言转换的过程，更是一个跨文化交流的过程。在语言转换中，需要考虑到不同社会文化语境下语言的运用和意义，以及不同文化背景下的受众需求和接受度。这种社会文化语境的考量丰富了语言学的应用领域，促进了跨文化交际的研究和实践。

多模态转换：该项目不仅涉及文本转换，还可能涉及语音、视频等多种模态的转换。这种多模态的转换需要考虑到不同模态的特点和转换规则，以及如何在不同模态之间保持一致性和连贯性。这种多模态转换的创新丰富了语言学的研究和应用领域。

语言政策与规划：该项目涉及不同语言之间的交流与融合，因此也需要考虑到语言政策和规划的问题。如何制定合理的语言政策，促进不同语言之间的和谐共存和发展，也是该项目的一个重要创新点。

资料来源：作者根据相关资料整理所得。

综上所述，从语言学角度来看，“维汉英语言文化大碰撞”项目在多语种转换、文化适应性、技术应用与创新、社会文化语境的考量、多模态转换和语言政策与规划等方面都具有创新点。这些创新点不仅丰富了语言学的研究和应用领域，也为跨文化交际和多语种处理提供了新的思路和方法。

一个想法是否有推进下去的价值就在于是否能找到其创新点，要想提出有创新点的想法，创新意识与创新能力也很重要。那么什么是创新意识与创新能力呢？外语专业的同学又该如何将创新意识与创新能力相结合起来呢？本章内容将解答这些问题。

一、创新概述

创新是指在原有的基础上，采用新的思路、新的技术、新的方法或新的组织形式，创造出新的产品、新的服务或新的商业模式等，以满足人们新的需求和追求，创造更大的社会价值。具体来说，创新可以涵盖诸如科技创新、管理创新、营销创新、服务创新、文化创新等多个领域，在实践中不断拓展和丰富创新的内涵和外延。

创新的概念最早由经济学家熊彼特提出，他认为创新是发明成果的商品化、产业化，发明只有经过商业化或转化为实践活动才能提升到创新的高度。从这个意义上来说，创新是从新思想的产生到产品设计、试制、生产、营销和市场化的一系列行动。而从广义上来讲，创新是“创造和发现新东西”，包括思想创新、制度创新、产品创新、方法创新、知识创新等一切领域的创新，是对已有思维、观念、理论、制度、技术、产品等的突破、改变与提升。任何一种创新都是对传统和既有理论及方法的解构、再诠释或颠覆。狭义上的创新概念，即科技创新。其中，知识创新包括科学发现、技术发明、知识创造、新知识首次应用、职业知识创新、非职业知识创新等；而技术创新则是国内外学者重点关注和研究的对象，主要包括产品创新、工艺创新及其商业化过程。创新又具有公共物品性、不可预知性、动态性和激励复杂性等诸多特征。

创新是长期经济增长的引擎，不但是一个民族发展进步的驱动者，更是引领者，如同天空中的北极星，给任何追求现代化和未来的民族以定位和指引。创新驱动国家、区域、城市发展。值得指出的是，创新不是简单的“新”和“独特”，而是针对市场和社会的真实需求，通过全新的思维方式、组织形式和实践方法等，以市场为导向，不断优化和改进商业模式和产品服务，使企业能够获得更好的经济效益和社会效益。因此，创新是长期稳定发展的基础，是实现经济转型和升级的重要手段。

近年来，国家深刻意识到创新的重要性，并发布了一系列促进创新创业的政策，包括促进创新创业环境升级、加快推动创新创业产业发展带动产业升级、持续推进创业带动就业能力升级、深入推进科技创新支撑能力升级和大力推进创新创业平台升级等，以及采取了一系列简政放权释放创新创业活力、放管结合营造公平市场环境、加大财税政策支持力度、完善创新创业产品和服务政策、强化大学生创新创业教育培训采购、推动高校科研所创新创业深度融合等具体措施。随着大众创业万众创新蓬勃发展、创新创业环境持续改善、创新创业主体日益多元化、各类支撑平台不断丰富，创新创业社会氛围更加浓厚、创新创业理念日益深入人心，取得显著成效。

二、创新类型

当我们听到“创新”时，脑中闪现的往往是“颠覆性创新”，这是对创新的狭义理解。实际上，在品类成熟周期模型的背景下，广义的创新还有其他非常多的类型。创新因市场需求而起，最终要在市场中检验，所以要谈创新，先要认识市场的类型。市场可以被划分为三个阶段，分别是成长型市场（growth market）、成熟型市场（mature market）和衰退型市场（declining market）。在不同的市场阶段，创新就演化成了具体问题具体分析的话题。

在成长型市场中有以下几种创新类型：颠覆性创新（disruptive innovation）、应用创新（application innovation）、产品创新（product innovation）、平台创新（platform innovation）。

在成熟型市场中有以下几种创新类型：产品线延伸创新（line-extension innovation）、增强型创新（enhancement innovation）、营销创新（marketing innovation）、体验式创新（experiential innovation）、价值工程创新（value-engineering innovation）、集成创新（integrated innovation）、流程创新（process innovation）、价值转移创新（value-migration innovation）。

在衰退型市场中有以下两种创新类型：有机创新（organic renewal innovation）和并购创新（acquisition innovation）。

以价值定律为原则，可以将创新类型进行分类归集。

根据价值定律框架，创新种类被分为四大集群或创新区域（如图1-1所示）：

图 1-1　四大创新区域

资料来源：作者绘制。

产品领先区域的创新类型为品类增长阶段特有；客户亲近区域与卓越运营区域的创新类型是品类成熟阶段特有的；品类革新区域，包含了那些失去维持未来价值创造能力的品类可以采用的创新类型，这些品类内的企业运作需要改变其原有经营方式，进行战略重点的调整。

表 1-1 显示了四大区域中各种创新类型的分组情况：

表 1-1　　**四大区域中各种创新类型的分组情况**

产品领先区域	客户亲近区域	卓越运营区域	品类革新区域
颠覆性创新	产品线延伸创新	价值工程创新	有机创新
应用创新	增强型创新	集成创新	并购创新
产品创新	营销创新	流程创新	
平台创新	体验式创新	价值转移创新	

资料来源：作者根据相关资料整理所得。

（一）产品领先区域的创新类型

产品领先区域的创新类型如图1-2所示。

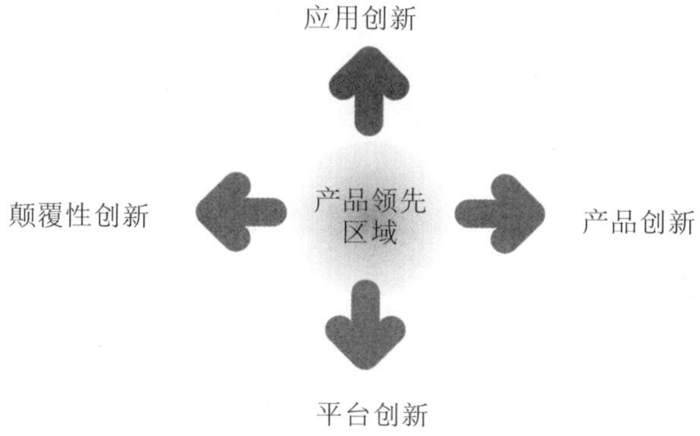

图1-2　产品领先区域的创新类型

资料来源：作者绘制。

“产品”等同于“供给”，可以是产品，也可以是服务，有四种主要的创新类型是以“产品领先区域”作为潜在的价值源泉的。

颠覆性创新：基于颠覆性的商业模式来创造新的市场种类。颠覆性创新的主要特征是开拓了新的市场，并与已有的标准和价值链不相容。颠覆性创新是创新的一种特殊形式，它通过引入与现有市场和价值链不同的商业模式，创造新的市场和需求。这种创新通常会打破现有的市场平衡，并对现有的商业领袖构成威胁。

以下是几个应用颠覆性创新的例子：

网约车：如Uber和滴滴出行等。这些平台通过移动应用将需要出行服务的用户与有空闲时间的司机连接起来，打破了传统出租车行业的运营模式。这种模式不仅提供了更便利的服务，还通过共享经济的模式提高了资源的利用效率。

亚马逊：作为全球最大的在线零售商，亚马逊通过颠覆传统的零售模式，改变了购物行为的本质。亚马逊利用互联网和数据技术，为消费者提供了无限的选择、便利的购物体验和高效的物流服务，重新定义了零售业。

腾讯的微信支付：在中国，微信支付已经深入人心，改变了人们支付和转账的习惯。通过将支付功能与社交媒体相结合，微信支付为用户提供了便捷、安全的支付体验，对传统的银行支付方式提出了挑战。

这些例子表明，颠覆性创新通常源于对消费者需求的深入理解和对技术趋势的敏锐洞察。通过打破行业常规，这些创新者成功地开辟了新的市场空间，创造了巨大的商业价值。

应用创新：这是一种解决方案型创新，可以通过挖掘已有产品的新用途为它们开拓新的市场，而且一般是通过新颖的方式对产品进行重新组合来做到这一点。比如，电动汽车，颠覆了传统汽车行业。电动汽车对于智能驾驶方案、智驾系统等的研发，不仅改变了人们对汽车的认识，还将汽车从一种单纯的交通工具变成了智能设备。其创新在于将电池技术、电动机技术和自动驾驶技术相结合，提供了一种全新的驾车体验。应用创新在制药行业中的使用能大大提高新药品应用过程的文档管理系统效率。在广告和传媒业中从苹果机到桌面排版技术的逐步升级等也是应用创新的体现。应用创新引入了新的标准，但采用了已有的价值链，只是关注中心转移了。

产品创新：在当前的市场中继续关注已有的产品，通过提供当前产品没有提供的特性、功能来实现差异化。通常，这种创新形式的成功与否取决于进入市场的速度，尽管有时候专利可以在一段时间内阻止竞争者快速模仿，但尽早地占领市场能获得更多的优势。例如，汽车中的混合引擎、手机中的摄像头、笔记本电脑的无线接入等。

平台创新：通过一个简化的产品层来掩盖其中的复杂性与综合性，这样下一代产品就可以关注新的价值主张。因此，这里的部分创新活动包括招募与支持价值链上的合作伙伴。最成功的平台创新可以将那些已被广泛接受的产品重置，使其具备这种新的功能。平台创新的案例为抖音、快手这样的社交媒体平台，把视频、广告、直播、带货、搜索引擎等功能集成在一起，使用户通过最直观的方式获取自己想要的新闻、娱乐、资讯、商品、服务等各方面信息，平台也能从中获取利润，这是将平台运营商、用户、第三方商家三者融合绑定的典型案例。

以上四种创新类型都需要大量的研发投入以及承担重大的市场风险——这种特性将产品领先区域与其他区域区分开来，这也是这些创新类型最适合用于增长型市场的原因。另外，这些创新类型大多要求理工科专业知识，对于文科生或者外语专业的学生来说搞研发是很难的。但是我们也有一个突破口，就是从事战略咨询方面的工作。作为风险与开支的保证，回报不仅仅包括已经获得的销售额，更需要通过新的顾客来获得接踵而至的潜在销售额。因此，在这一区域，我们关注的重点首先是赢得市场份额，然后才是将利润最大化。平台创新需要从运营战略、经营方式上创新，这就是拥有国际化视野、拥有战略眼光的外语专业学生或者文科生的强项了。微信在用户黏合度很高的情况下仍然宣布将通信部分永久免费，其根本原因就是要赢得市场份额，只有占领市场，才能通过平台效应获得持续的效益。这也是抖音社交媒体平台、百度搜索引擎采用主营业务免费模式的原因。

产品领先区域的创新类型案例：

Airbnb：颠覆了传统酒店业，人们可以通过平台将自己的房屋出租给旅行者，使旅行者能够在体验当地生活的同时，也为房东创造额外的收入。

Spotify：颠覆了音乐产业，提供了一个平台让用户可以用流媒体播放音乐，而无须购买单曲或整张专辑。

TED演讲：颠覆了传统演讲和会议的形式，通过在线视频平台分享了各种主题的演讲，包括科技、文化、社会问题等，为全球观众提供了一个新的知识和观点交流平台。

Coursera：颠覆了传统教育模式，提供在线课程和证书，让人们可以在全球范围内学习各种学科，促进了教育的平等和普及。

The New York Times出品的The Daily广播节目：颠覆了新闻播客的传统形式，将最新的新闻和观点以音频形式呈现给听众，使人们在通勤、锻炼等场景中也能获取信息。

这些颠覆性创新在各自的领域内都引发了巨大的变革，并为消费者和企业带来了新的机遇和价值。

（二）客户亲近区域的创新类型

客户亲近区域的创新类型如图1-3所示。

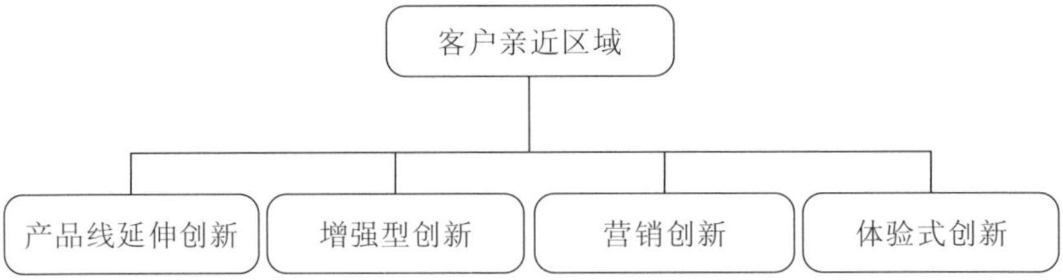

图1-3　客户亲近区域的创新类型

成熟市场的创新种类都具有最优化的特质，它们要么通过亲近客户，使提供的产品对顾客更具吸引力，要么利用卓越运营使供应商能获得更多的利润。在客户亲近区域，有四种类型的创新可以选择，我们按照从最接近产品到最接近客户来分别介绍。

产品线延伸创新：企业利用现有品牌和资源，在产品品类中引入新的项目或扩展现有产品的市场定位，以满足市场中的细分顾客群或阻止、反击竞争对手的需求。这种创新方式的目标是通过较短的时间、较低的风险来快速盈利，并迅速占领市场。

产品线延伸创新可以通过推出与现有产品一起销售的新产品来实现，这些新产品可能包括新的口味、外观、颜色、成分或包装尺寸等。这种延伸方式的好处是利用消费者对现有品牌的认知度和认可度，降低市场推广的难度。同时，由于与老产品相似，需要的广告和沟通也会更少，从而降低成本。然而，这种延伸方式也存在风险，因为新产品的推出可能会对现有产品造成竞争压力，甚至可能削弱品牌的资产。

在实施产品线延伸创新时，企业需要对市场进行充分调研和分析，了解市场需求和竞争情况。同时，企业需要对自身资源进行评估，包括生产能力、研发能力、供应链管理等，以确保具备足够的资源和能力来支持新产品的开发和市场推广。此外，企业还需要对风险进行评估和管理，制定相应的风险控制和应对措施。

总之，产品线延伸创新是一种有效的市场拓展方式，但需要企业在实施过程中进行充分的市场调研和资源评估，并制订合理的商业计划和风险管理措施。

增强型创新：延续由产品线延伸创新开始的轨迹，通过创新不断优化产品的组成部分，而且对产品的核心基础构成影响越来越小，创新对象越来越接近产品外观。其目标是在已有市场上通过改变产品某个单一的维度来改进已有的产品，便于再次激起顾客对这个不断商品化的品类的兴趣。以苹果公司的iPhone为例。苹果公司发布了一系列具有影响力的产品，其中最著名的就是iPhone。自2007年第一代iPhone发布以来，苹果公司不断对其进行改进和优化，推出了一系列具有影响力的产品。在硬件方面，苹果公司推出了一系列具有影响力的产品，如iPhone 4的视网膜屏幕、iPhone 5s的指纹识别、iPhone 6s的3D Touch等。在软件方面，苹果公司推出了一系列具有影响力的产品，如iOS操作系统、iTunes音乐商店、App Store应用程序商店等。这些增强型创新使得苹果公司的产品在市场上获得了巨大的成功。

营销创新：在购买过程中，与有价值的顾客交互过程的差异化。其目标是比竞争对手销售更多的产品，而不是比他们生产更好的产品。营销创新的案例包括：在网站中利用病毒式营销宣传一部新电影；电视展播中的产品布置；社会网络的面对面营销；单一供应商的陈列商店。

体验式创新：顾客亲近轨迹中最彻底的优化形式是体验式创新。其价值并不是基于功能的差异化，而是来源于产品或服务的体验。体验式创新特别适用于产品已经完全商品化，且其购买决策没有风险的消费者市场。这方面的案例包括：商务酒店记得你喜欢的报纸；餐馆提供书本，客人可以在等待就餐时随意翻阅；充满欧式氛围的咖啡店。

这些类型的创新在改变局部产品方面非常有特色。因为其核心产品并没有改变，所以在成熟市场中，随着越来越多的供应商达到了同一个相对完整的设计要求，产品本身的商品化程度越来越高。在这些市场中，对产品领先区域的额外投资并不能产生回报。相反地，在产品生命周期的早期，如果产品品类的关键功能仍有相当大的改进空间，顾客亲近区域的创新就不太适用，因为他们的首要评价标准仍旧是性价比。

客户亲近区域的创新类型案例：

营销创新在文科专业创新中的一个例子是“饥饿营销”。

饥饿营销是指通过控制产品的供应量，使市场需求保持一定的饥饿感，从而提高产品售价和品牌形象。这种营销策略在很多领域都有应用，如服装、餐饮、旅游等。

以一家高端餐饮企业为例，该企业采取了限量供应、预约、预订等方式，让顾客感受到其产品的稀缺性和独特性，从而吸引了大量食客前来品尝。同时，该企业还通过社交媒体等渠道宣传自己的产品和服务，提高了品牌知名度和美誉度。

通过饥饿营销策略，这家高端餐饮企业不仅提高了销售额，还塑造了高端、独特的品牌形象，成为当地知名的餐饮品牌。

产品线延伸创新在文科专业创新创业领域的一个例子是“共享单车”。

共享单车最初的设计目的是提供便利的出行方式，解决城市交通问题。随着时间的推移，共享单车的产品线不断延伸，不仅有传统的自行车，还增加了电动自行车、智能自行车等产品，满足了不同用户的需求。

在共享单车的推广过程中，企业还通过与其他企业合作，推出了一系列与共享单车相关的产品和服务，如与健身房合作推出的健身单车课程，与旅游景点合作推出的观光单车等。

通过不断的产品线延伸和创新，共享单车不仅满足了用户的需求，还带动了相关产业的发展，为创新创业领域带来了新的机遇。

除了共享单车，还有许多适合外语或者其他文科专业学生的创新思路，比如：

食品餐饮行业：一家小吃店发现当地居民对健康饮食的要求越来越高，于是开始研发低糖、低脂、低盐的菜品，并引入营养学知识进行宣传，吸引了大量注重健康的消费者。

教育培训行业：一位英语教师发现很多学生口语能力较差，于是创办了一家口语培训机构，针对不同水平的学生开设不同难度的课程，并引入互动教学、情景模拟等教学方法，提高了学生的学习效果。

文化创意行业：一位设计师发现市场上缺乏具有地方特色的文创产品，于是创办了一家文创设计公司，与当地手工艺人合作，开发出了一系列具有当地文化特色的商品，并在线上线下进行推广销售。

环保行业：一位环境科学专业的学生发现当地环境污染问题严重，于是成立了专门的环境保护组织，开展环保宣传、组织志愿者捡拾垃圾等公益活动，并与社会企业合作推广环保理念和产品。

（三）卓越运营区域的创新类型

卓越运营区域的创新类型如图 1-4 所示。

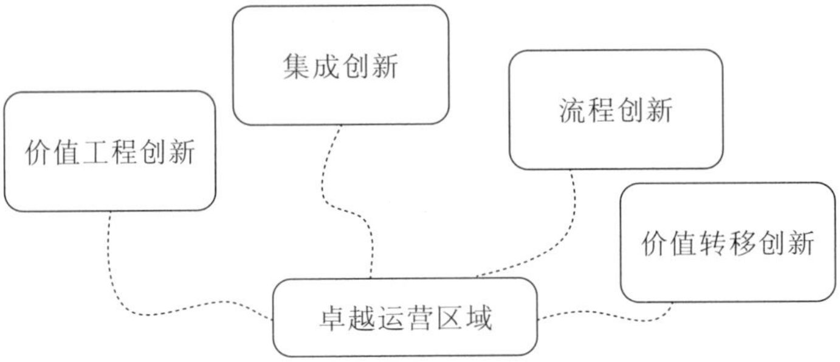

图 1-4　卓越运营区域的创新类型

客户亲近区域关注市场需求方的产品差异化，作为补充，卓越运营区域关注供给方的差异化。这一区域的主要成果是获得低成本结构，让企业能降低价格，进行资本再投资或获得更高的利润。除此之外，卓越运营区域创新需要注意的是投入市场的时间以及对市场变革的适应速度，这两点都是在竞争壁垒较低的市场中获得成功的关键。

卓越运营区域的创新种类包括以下几种：

价值工程创新：这种创新方式主要关注如何在不降低产品或服务性能的前提下，尽可能地降低成本。通过深入研究产品的功能和性能，企业可以找到在不降低质量的前提下降低成本的方法。典型的做法是将早期高成本手工集成的定制元件设计替换为低成本的标准化部件与已集成的子系统。这方面的案例包括电视、个人电脑、手机、飞机引擎、大型计算机，所有这些都通过价值工程创新大大降低了成本。

集成创新：通过将各个分散的元件集成为一个单一的中心化管理系统来减少顾客对操作复杂产品的维护成本。这涉及将不同的技术、系统和流程集成到一个统一的框架中，以实现更高的效率和更好的效果。例如，将不同的生产流程或信息系统集成到一个平台上，可以优化操作并提高效率。这方面的案例包括数据中心管理软件、打印、传真与复印多功能一体机。

流程创新：这种类型的创新关注的是优化和改进业务流程，以提高效率和效果。这可能涉及引入新的工具、技术或方法，或者对现有流程进行重新设计。关注边际利润的提高，其做法并不是减少产品本身的浪费，而是从生产产品的过程中减少浪费。其目标是取消工作流程中没有价值的步骤。这方面的案例包括沃尔玛的供应商管理库存流程（VMIP）、丰田公司看板管理制造流程，以及戴尔的直销模式。

价值转移创新：这是一种更宏观的创新方式，它关注的是将企业的资源和注意力从低价值的活动转移到高价值的活动上。通过识别和专注于创造最大价值的活动，企业可以更有效地利用其资源并提高整体效率。阿德里安·斯莱沃斯基（Adrian Slywotzky）在著作《价值转移——竞争前的战略思考》（*Value Migration: How to Think Several Moves Ahead of the Competition*）中也提到过这种创新。这方面的案例包括从产品到其他易耗品的焦点转移，如从剃须刀到剃须刀片，从打印机到兼容墨盒，以及其他产品到服务的转移，如电话答录机被语音邮件取而代之，Aging System公司将自身变革为咨询者和外包者。

相比客户亲近区域和卓越运营区域的创新，成熟市场的创新是有利于深化与已有顾客的关系，而不是获得新顾客。

由于这些关系已经确立，创新类型的影响并不需要与产品领先区域的创新产生同样深远的影响力，因此产品领先区域的创新焦点在于获得新顾客。为了保持供应商的利润、满足顾客对低成本的需求，这两个区域的创新必须不断减少开支并提高资本的有效性。

（四）品类革新区域的创新类型

品类革新区域的创新类型如图 1-5 所示。

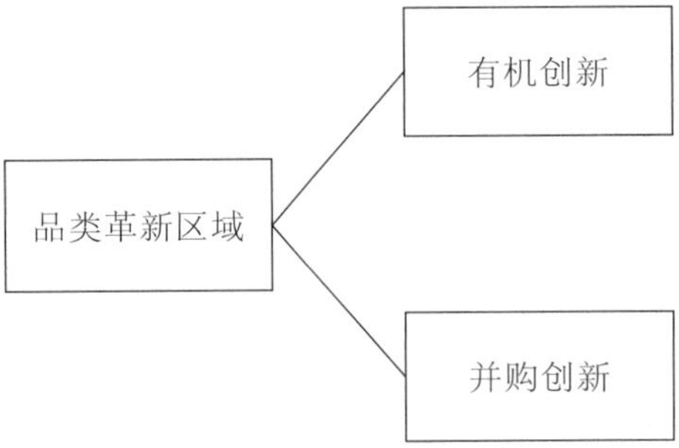

图 1-5　品类革新区域的创新类型

绝大多数的市场终将走向饱和，面对衰退。当面临衰退的市场时，需要去发掘市场内部各自有价值的资产。市场为交易提供了必要的环境，同时市场的创造是需要昂贵的成本和承担一定的风险的。因此，即便在衰退的市场中，消费者与供应商仍有动力为了下一个循环周期而参与其中。

从供应商的角度来看，有两个基本的选择可供研究，一般来说二者具有先后顺序：更新特许经营方式，将大部分资源用于一个新的品类；依据盈利并退出战略，最优化当前品类有用的剩余生命周期来获得利润。

在商业世界中，创新是推动企业持续发展的关键动力。有两种主要的创新方式：有机创新和并购创新。

有机创新是指企业利用内部资源，投入到具有增长潜力的品类中，并重新定位公司以适应这一品类。在行业市场中，这通常涉及与最有价值的客户重新建立联系，并根据应用创新的方法，发现并解决客户的新问题。例如，IBM将其定位为电子商务的先驱。在消费者市场中，有机创新通常涉及与新的“龙卷风市场”重新建立联系。微软通过与网景公司争夺浏览器市场，以及柯达公司在数码相机业务中的尝试，都体现了这一点。此外，这也代表了对产品创新的回归，即供应商在同一产品部门中重新定位其产品线。

并购创新则是通过外部途径，如合并和收购，来解决品类的更新问题。企业可以成为兼并者或被兼并者。例如，东亚银行有限公司（BEA）通过兼并网络应用服务软件公司Weblogic，成功从Unix市场转向互联网市场，显著提升了业绩。另一个例子是，当个人电脑软件公司莲花公司（Lotus）无法通过Notes平台进行自我更新时，它选择将自己出售给IBM，从而获得了成熟的分销与服务能力，这对Notes的成功至关重要。

盈利并退出是指上述两种革新都失败后，就要选择采取盈利并退出战略。

品类生命周期模型为企业提供了一个框架，以分析影响竞争优势战略的市场驱动力。而创新类型模型则关注通过特定的差异化来赢得与竞争对手的决定性优势。因此，在谈论创新时，需要综合考虑这两个模型，以建立企业的核心竞争力。

三、创新过程

（一）创新过程的步骤

1.发现问题

创新通常始于对现有事物的观察和深入理解，发现存在的问题或可以改进的地方。

2.定义问题

明确问题，并将其转化为可操作的研究问题或假设。

3.收集信息

收集与问题相关的信息，包括市场趋势、用户需求、技术发展等。

4.产生创意

基于收集的信息，通过头脑风暴、原型设计等方法产生新的想法和创意。

5.评估创意

对产生的创意进行评估，考虑其可行性、潜在价值和风险。

6.实施创新

将选定的创意转化为实际的产品、服务或过程。

7.评估结果

评估创新的成果，确定其是否实现了预期的目标和价值。

在创新过程中，需要持续迭代和优化，并根据实际情况灵活调整策略和方法。同时，创新也需要团队合作和跨领域合作，集思广益，共同推动创新的实现。

（二）外语专业创新创业案例分析

以多语种在线教育平台“多邻国”的创新过程为例：

1. 发现问题

“多邻国”团队观察到传统外语学习方式的局限性和市场空白。他们发现，尽管语言学习需求广泛，但很多学习者受限于地理位置、时间和资源，无法获得优质的学习体验。同时，市场上缺乏一个真正满足用户个性化、多样化学习需求的多语种在线教育平台。

2. 定义问题

团队明确了问题：如何创建一个能够提供个性化、多样化学习体验的多语种在线教育平台，使学习者能够随时随地学习多种语言，并享受高效、有趣的学习过程。

3. 收集信息

为了解决这个问题，团队进行了广泛的市场调研和用户需求分析。他们收集了关于多语种学习需求、用户学习习惯、学习偏好、竞争对手等信息。同时，团队还深入了解了技术发展趋势，如人工智能、大数据和云计算等在外语学习领域的应用。

4. 产生创意

基于收集的信息，团队进行了头脑风暴，探索不同的解决方案。他们提出了引入游戏化学习机制、开发智能推荐系统、提供个性化学习计划、引入真人外教等创意。团队通过原型设计和用户测试，不断优化和完善这些创意，确保它们能够满足用户的真实需求。

5. 评估创意

团队对产生的创意进行了全面的评估。他们综合考虑了创意的可行性、潜在市场价值、技术实现难度、用户接受度等因素。经过多轮讨论和评估，团队选定了几个最具潜力的创意，并制订了详细的实施计划。

6.实施创新

团队将选定的创意转化为实际的产品。他们开发了一个多语种在线教育平台——“多邻国”，该平台集成了游戏化学习、智能推荐、个性化学习计划、真人外教等功能。同时，团队还进行了广泛的营销和推广活动，包括社交媒体宣传、合作伙伴关系建立、举办线上线下活动等，以吸引更多的用户。

7.评估结果

平台上线后，团队对创新成果进行了全面的评估。通过用户反馈、使用数据、市场份额等指标，他们发现平台取得了显著的成功。用户满意度高，学习效果显著，市场份额也在稳步增长。同时，团队还根据用户反馈和市场需求进行了持续的迭代和优化，确保平台能够持续满足用户的需求。

这个案例详细展示了创新过程在外语专业创新创业中的应用。通过深入观察和理解市场需求，团队成功定义并解决了问题。他们收集了大量信息，产生了多个创意，并通过评估和实施实现了创新。最终，他们成功地创建了一个多语种在线教育平台“多邻国”，为用户提供了全新的学习体验。同时，团队还根据用户反馈和市场需求进行了持续的迭代和优化，确保了平台的成功和持续发展。

四、创新意识与创新能力

（一）创新意识

创新意识是指人们根据社会和个体生活发展的需要，引起创造前所未有的事物或观念的动机，并在创造活动中表现出的意向、愿望和设想。它是人类意识活动中的一种积极的、富有成果性的表现形式，是人们进行创造活动的出发点和内在动力，是创造性思维和创造力的前提。

1.创新意识的特征

新颖性。创新意识或是为了满足新的社会需求，或是用新的方式更好地满足原来的社会需求。

社会历史性。创新意识是以提高物质生活和精神生活水平为出发点的，而这种需要在很大程度上受具体的社会历史条件制约，在阶级社会里，创新意识受阶级性和道德观制约。人们的创新意识激起的创造活动和产生的创造成果，应为人类进步和社会发展服务；创新意识必须考虑社会效果。

个体差异性。人们的创新意识和他们的社会地位、文化素质、兴趣爱好、情感志趣等相对应，它们对创新起着重大的推进作用。而这些方面，每个人都会有所不同，因此对于创新意识既要考察社会背景，又要考察其文化素养和志趣动机。

2.创新意识的构成

创新意识包括创造动机、创造兴趣、创造情感和创造意志。

创造动机是创造活动的动力因素，它能推动和激励人们发动和进行创造性活动。

创造兴趣能促进创造活动的成功，是促使人们积极追求新奇事物的一种心理倾向。

创造情感是引起、推进乃至完成创造的心理因素，只有具有正确的创造情感才能使创造成功。

创造意志是在创造中克服困难，冲破阻碍的心理因素，创造意志具有目的性、顽强性和自制性。

创新意识与创造性思维不同，创新意识是引起创造性思维的前提和条件，创造性思维是创新意识的必然结果，二者之间具有密不可分的联系。创新意识是创造性人才所必需的。创新意识的培养和开发是培养创造性人才的起点，只有从小培养创新意识，才能为成长为创造性人才打下良好的基础。

3.创新意识的作用

创新意识是决定一个国家、民族创新能力最直接的精神力量。在今天，创新能力实际就是国家、民族发展能力的代名词，是一个国家和民族解决自身生存、发展问题能力大小的最客观和最重要的标志。

创新意识促成社会多种因素的变化，推动社会的全面进步。创新意识根源于社会生产方式，它的形成和发展必然进一步推动社会生产方式的进步，从而带动经济的飞速发展，促进上层建筑的进步。创新意识进一步推动人的思想解放，有利于人们形成开拓意识、领先意识等先进观念；创新意识会促进社会政治向更加民主、宽容的方向发展，这是创新发展需要的基本社会条件。这些条件反过来又促进创新意识的扩展，更有利于创新活动的进行。

创新意识能促成人才素质结构的变化，提升人的本质力量。创新实质上确定了一种新的人才标准，它代表着人才素质变化的性质和方向，它输出着一种重要的信息：社会需要充满生机和活力的人、有开拓精神的人、有新思想道德素质和现代科学文化素质的人。它客观上引导人们朝这个目标提高自己的素质，使人的本质力量在更高的层次上得以确认。它激发人的主体性、能动性、创造性的进一步发挥，从而使人自身的内涵获得极大丰富和扩展。

（二）创新能力

创新能力包括以下几个方面：

1.学习能力

学习能力是指获取、掌握知识、方法和经验的能力，包括阅读、写作、理解、表达、记忆、收集资料、使用工具、对话和讨论等能力。学习能力还包括态度和习惯，如“活到老、学到老”的终身学习的态度和信念。个人具有学习能力，组织也具有学习能力，人们把学习型组织理解为“通过大量的个人学习特别是团队学习，形成的一种能够认识环境、适应环境，进而能够能动地作用于环境的有效组织”，也可以说，通过培养弥漫于整个组织的学习气氛，充分发挥员工的创造性思维能力而建立起来的一种有机的、高度柔性的、扁平的、符合人性的、能持续发展的组织。在如今竞争的时代，一个人或一个组织的竞争力往往取决于个人或组织的学习能力，因此无论对个人还是对组织而言，其竞争优势就是有能力比其竞争对手学习得更多更快。所以管理大师德鲁克说：“真正持久的优势就是怎样去学习，就是怎样使得自己的企业能够学习得比对手更快。”

2.分析能力

分析能力是指把事物的整体分解为若干部分进行研究的技能和本领。事物是由不同要素、不同层次、不同规定性组成的统一整体。认识事物的有效方式之一就是把它的每个要素、层次、规定性在思维中暂时分割开来进行考察和研究，弄清楚每个局部的性质、局部之间的相互关系以及局部与整体的联系。做到由表及里、由浅入深、由易到难地认识事物和问题。

分析能力的高低强弱与三个因素有关：

一是个人的知识、经验和禀赋；

二是分析工具和方法的水平；

三是共同讨论与合作研究的品质。

随着科学技术的进步，高性能计算机和各种科学仪器以及新的分析方法的出现和应用，有效地提高了人们的分析能力。当然，分析能力也有局限性和片面性，容易使人只见树木、不见森林，忽视从整体上把握事物。因此，通常把分析能力与综合能力结合起来运用，从而取长补短，相辅相成。

3.综合能力

综合能力强调把研究对象的各个部分结合成一个有机整体进行考察和认识的技能和本领。综合是把事物的各个要素、层次和规定性用一定线索联系起来，从中发现它们之间的本质关系和发展的规律。具体讲，综合能力包括三项内容：

一是思维统摄与整合。就是把大量分散的概念、知识点以及观察和掌握的事实材料综合在一起，进行思考加工整理，由感性到理性、由现象到本质、由偶然到必然、由特殊到一般，对事物进行整体把握。

二是积极吸收新知识。综合能力的培养需要多方面的知识和方法，不断吸收新知识，不断更新知识都是必要的，特别是要学会跨学科交叉，把不同学科的知识、不同领域的研究经验融会贯通，才能更好地综合。

三是与分析能力紧密配合。综合能力也有局限性和片面性，即缺少深入的、细致的分析，细节决定成败，在认识事物时也是如此，只有与分析能力相互配合，才能正确认识事物，实现有价值的创新。

4.想象能力

想象能力是以一定知识和经验为基础，通过直觉、形象思维或组合思维，不受已有结论、观点、框架和理论的限制，提出新设想、新创见的能力。想象力往往是发现问题和解决问题的突破口，在创新活动中扮演突击队和急先锋的角色，缺乏想象力很难从事创新工作。

5. 批判能力

批判能力表现在两个方面：一是在学习、吸收已有知识和经验时，批判能力保证人们不盲从，而是批判性地、选择性地吸收和接受，去粗取精、去伪存真；二是在研究和创新方面，质疑和批判是创新的起点，没有质疑和批判就只能跟在权威和定论后面亦步亦趋，不可能作出突破性贡献。科学技术史表明，重大创新成果通常都是在对权威理论进行质疑和批判的前提下作出的。

6. 创造能力

创造能力是创新能力的核心，是指首次提出新的概念、方法、理论、工具、解决方案、实施方案等的能力，是创新型人才的禀赋、知识、经验、动力和毅力的综合体现。

7. 解决问题的能力

解决问题的能力包括提出问题和凝练问题，针对问题选择和调动已有的经验、知识和方法，设计和实施解决问题的方案，对于难题，能够创造性地组合已有的方法乃至提出新方法来予以解决。解决问题分狭义和广义，狭义的解决问题就是人们通常认为的各种问题的解决，如物理问题、数学问题、技术问题；广义的解决问题则包括各种思维活动。在这种情况下，创新能力就等同于创新性解决问题的能力。

8. 实践能力

实践能力是特指社会实践能力。提出创造发明成果，只是创新活动的第一阶段，要使成果得到承认、传播、应用，实现其学术价值、经济价值和社会价值，必须和社会打交道，实践能力就是为实现这一目标而进行的各种社会实践活动的能力。

9. 组织协调能力

组织协调能力的实质是通过合理调配系统内的各种要素，发挥系统的整体功能，以实现目标。对创新型人才来说，要完成创新活动，就要协调各方，当拥有一定资源时，就可通过沟通、说服、资源分配和荣誉分配等手段来组织协调各方以最终实现创新目标。

10.整合多种能力的能力

创新型人才的宝贵之处不仅在于拥有多种才能，更重要的是能够把多种才能有效地整合在一起发挥作用。整合多种才能的能力是能力增长和人格发展的结果，这需要通过学习、实践和人生历练进行培养。能否完成重大创新，拥有整合多种才能的能力是关键。

五、外语专业大学生创新创业面临的挑战与机遇

（一）外语专业大学生创新创业面临的挑战

1.专业知识层面

外语专业学生[①]在大学课程中仅仅涉及外语类，很少有机会学习到与外语无关，但与创业或就业方面相关的课程。外语专业学生缺乏市场调查与预测、商场营销、商业模式建立、财务和财税以及法律等知识，不具备财务管理、人力资源管理等技能，认为自己仅仅掌握外语技能很难创业成功，于是大多数外语专业学生会选择就业而不是创业，即使选择创业，大多也选择教培、翻译等行业。外语专业的学生创新思路和创业选择在广阔的创新创业背景中显得较窄。

2.内在心理层面

外语专业学生中女生占比较多，相比理工科学生，其心理调节能力较差，害怕失败，所以就不敢轻易去尝试。同时大学生常见的问题

① 本书的外语专业学生是指外语专业大学生。

也有从众心理。一部分学生由于独立性不强，缺乏实践经验，在创业过程中，易受外部环境中的不利因素干扰。他们对自身主客观条件不能准确分析，对自己适合什么样的职业以及将来准备从事什么样的职业没有一个准确的定位与目标，盲目跟随大众。

3.外部环境层面

理工科与市场和企业联系更加紧密，学生在校期间有更多机会接触企业和市场，更方便接触行业发展的前沿资讯，大量的实践有助于帮助学生建立创新创业的意识，找到创业机会。这些优势对于文科生尤其是外语专业的学生来说恰恰是劣势，因为外语专业的课程中书本知识占比较多，学生的时间多用在教室、图书馆，所以接触外界的机会较少，一定程度上限制了学生创新创业思路的产生和发展。在与外界接触较少的情况下，高校内部创新创业实践基地的建设显得尤为重要。而有的高校对于创业基地的投入和宣传很少，导致有的学生基本没有去过创业基地，有创业意愿的学生又少了一个途径去了解和学习。这无形中也减少了选择创业的人数。

（二）外语专业大学生创新创业的机遇

外语专业学生跨文化沟通能力强、有运用外语更快地获取科技、商业等信息的能力。在创新创业过程中，外语专业学生能更快地了解国内外相关政策，能做到收集信息、鉴别信息。在对外交流中也更有优势。同时，外语专业学生还具有国际视野，不仅仅将重点放在眼前的相关政策，对于其创业也更具有规划性。

中国改革开放的政策以及习近平总书记提出并一直推动的构建人类命运共同体，提倡互惠互利，合作、和谐、共赢思路，为外语专业大学生提供了重要机遇。共建“一带一路”倡议作为世界经济长期稳定发展的基础，给外语专业大学生未来的职业发展规划带来了巨大的影响。外语专业大学生应顺应时代的发展，完善自我。紧抓政策机遇，及时更新自己的创业意识，争做一名复合型外语类专业人才。

国家对于大学生创新创业教育非常重视，在课程设置、政策扶植、竞赛激励等方面出台了相关举措。相对于其他专业来说，外语专业的学生更应该充分利用这一有利的机遇，积极参与创新创业培养课程，了解基础理论知识，开展自身创新思考，组建小组或团队，参与课后创新实践活动，进行阶段性反馈，促进自身创新思维更新。具体应做如下工作：查阅CNKI中国知网、维普、国家哲学社会科学文献中心、WOS等文献数据库，阅览不同领域文献，启发创新思维；关注SSCI、CSSCI来源期刊，了解本专业及相关领域的前沿创新信息；关注学术交流平台，如学术会议、研讨会、学术论坛等，了解最新研究成果，吸收创新经验。积极参与创新创业竞赛，如大学生创新创业训练计划项目、“互联网+”大学生创新创业大赛，以及“挑战杯”系列竞赛等。

六、专创融合案例实训

制订创新计划和行动方案

参考方案：

一、制订创新计划的过程

1.确定创新目标

明确创新的目的和期望达到的效果，如提高产品性能、降低成本、开拓新市场等。

2.确定创新领域

根据公司的业务和资源情况，选择适合的创新领域，如产品、服务、营销、组织等。

3.制定创新路线图

制订详细的创新计划，包括创新项目、时间表、负责人和所需资源等。确保计划的可行性和可持续性。

4.建立创新团队

组建一支多元化的团队，包括不同领域的人才和具有创新思维的人士。鼓励团队成员间的交流与合作。

5.分配资源和预算

为创新项目提供足够的资源和预算支持，包括人力、物力、财力等。确保资源的合理分配和有效利用。

二、制订行动方案的过程

1.深入研究市场和用户需求

通过市场调研、用户访谈等方式，深入了解目标市场的需求和趋势，为创新提供有力支持。

2.持续学习和积累知识

鼓励团队成员不断学习新知识、新技能和新思想，提高自身的综合素质和创新能力。

3.开展头脑风暴和创意征集活动

通过集体讨论、专家咨询等方式，激发团队成员的创新思维，产生更多有价值的创意。

4.原型设计和试验

将创意转化为具体的原型或产品，进行试验和验证，确保其可行性和效果。

5.持续改进和优化

根据试验结果和市场反馈，不断改进和优化创新方案，提高其竞争力和市场表现。

6.推广和商业化

将成功的创新方案推向市场，实现商业化和盈利。同时，不断扩大市场份额和用户基础。

7.监控和评估

对创新过程进行全程监控和评估，确保其按计划进行并取得预期成果。及时调整和创新策略和方法，提高创新效率和成功率。

在实施创新计划和行动方案时，需要保持灵活性和适应性，根据实际情况及时调整和创新。同时，需要注重团队合作和跨领域合作，集思广益，共同推动创新的实现。

外语专业的学生选择创新项目时，应该考虑以下几个方面：

1.市场需求与趋势

了解外语学习市场的需求和趋势，包括不同语种的学习需求、在线学习平台的兴起等。通过市场调研和分析，找到具有潜力的市场机会和创新点。

2.个人兴趣与专长

选择自己感兴趣的语种或相关领域，结合自己的专业知识和技能，制订具有独特优势的创新计划。

3.技术应用与创新

关注外语学习领域的技术应用和创新，如人工智能、虚拟现实、在线学习平台等。思考如何将这些技术应用到外语学习中，提高学习效果和效率。

4.团队合作与资源整合

与其他外语专业人士、技术专家或教育机构合作，共同开发创新项目。通过资源整合，实现优势互补，提高项目的成功率。

在制订创新计划和行动方案时，可以遵循以下步骤：

1.明确目标与定位

确定项目的目标市场、目标用户和核心功能。进行市场调研，了解竞争对手和潜在机会，为项目制定明确的定位和差异化策略。

2.分析需求与痛点

深入了解目标用户的需求和痛点，分析他们在外语学习过程中的挑战和需求。根据用户反馈和数据分析，优化产品或服务的用户体验。

3.创新点提炼

结合市场需求和技术趋势，提炼项目的创新点。这些创新点可以是新的学习模式、教学方法、技术应用等，确保项目在市场上具有独特性和竞争力。

4.制订实施计划

制订详细的实施计划，包括项目开发、资源整合、市场推广等方面的具体步骤和时间节点。确保团队成员明确自己的责任和任务，合理分配资源。

5.风险评估与应对策略

评估项目可能面临的风险和挑战，如市场竞争、技术实现难度、资金筹措等。制定相应的风险应对策略，降低创业失败的风险。

6.持续改进与迭代

在项目实施过程中，保持对市场变化和技术发展的关注，不断优化和改进产品或服务。通过用户反馈和数据分析，持续迭代和升级项目，提高用户体验和市场竞争力。

7.寻求外部支持与合作

积极寻求外部支持与合作，如投资机构、合作伙伴、行业专家等。通过合作与资源整合，扩大项目的影响力和资源网络，提高项目的成功概率。

8.培养跨文化沟通能力

外语专业大学生在创新创业过程中需要具备跨文化沟通能力。这可以帮助他们更好地理解不同文化背景的用户需求和市场特点，加强与合作伙伴和客户的沟通，促进项目的国际化发展。通过参加国际交流活动、学习跨文化沟通课程和参与国际项目等方式，提高自己的跨文化沟通能力。

9.关注政策与法规环境

了解相关政策与法规环境对项目的影响，确保项目符合法律法规要求。关注政策动态和市场变化，及时调整项目策略，抓住政策机遇。

10.建立反馈机制

建立有效的反馈机制，收集用户反馈和市场信息，及时调整和优化项目。通过数据分析了解用户行为和市场趋势，为决策提供有力支持。

综上所述，选择外语专业创新创业项目需要综合考虑市场需求、个人兴趣、技术应用等方面。在制订创新计划和行动方案时，要明确目标定位、分析需求痛点、提炼创新点、制订实施计划、评估风险并寻求外部支持与合作。同时，培养跨文化沟通能力、关注政策法规环境并建立有效的反馈机制是成功创新创业的重要因素。

【素养案例】

夏小满——文博历史新表达的创新者

在第七届中国国际“互联网+”大学生创新创业大赛上，宁波工程学院人文与艺术学院“夏小满——文博历史新表达的创新者”（以下简称“夏小满”）项目一举斩获了全国金奖、最佳创意奖，以小组第一的成绩成功晋级全国三强。那么“夏小满”这个项目为何能问鼎创新创业竞赛全国最高奖项，其中又存在什么奇妙之处呢？

始于热爱，忠于坚持

“夏小满”是一支原创设计团队，专注于面向4～12岁的儿童，围绕原创卡通形象，打造原创博物馆文创IP，不断创新传播载体，突破固有形式，全方位、立体化开创儿童文博教育的新模式，通过图书、文创礼盒以及音频、视频等多感官互动的形式，向全国甚至全世界的孩子传递中华文化之美，希望能让文物说话、让历史说话、让文化说话，将传统文化的种子播撒进每个孩子的心里。目前，公司团队创作的产品已经在经济效益和社会效益上取得了一定的成果，儿童图书销售量突破74万册，销售额超2 200万元，广受业界和家长们的好评。

宁波工程学院人文与艺术学院副教授杜莹是此项目的总负责人，她带领夏琳娜、姚佳丽、郑琼瑶等多名学生打造了“夏小满”这个项目。在团队成员们看来，小满是中国传统文化的一个缩影，夏天的小满寓意着盈而未满，前行不止的谦卑和奋勇，是指引团队不断前行的动力，因此，项目最终以“夏小满”来命名。中华上下五千年的历史和灿烂的文化吸引着团队成员不断探索创新，在深入了解的过程中，他们发现历史的传统表现方式更加偏向成人化，对孩子们来说其实是有点枯燥的，因此希望能够通过创新传统文化的表达方式，把枯燥的文博知识以儿童的口吻向孩子们传达，实现文博历史学习的趣味性、灵活性和多样性，将祖国的瑰宝创新、活化。

情怀备至，笑泪并存

在探索过程中，他们遇到了重重困难和阻碍。比如，如何活化文博历史，怎样才能让孩子们爱上枯燥的历史，怎么样才能梳理出全面概括产品特点、体现项目最佳优势的逻辑脉络等，这是团队成员一直在努力探索和寻求答案的几个问题。这些问题一开始让大家都无法着手，也难以切中痛点，但团队成员秉持着不放弃的原则，他们开展了大量的调研，经历了无数次尝试，项目才日益完善。除了困难之外，他们还共同经历了许多趣事。据成员夏琳娜说："在和敦煌文创商店谈合作时，负责对接的老师开玩笑说，敦煌这边有这么多沙子，有没有什么办法把沙子卖出去？这一下难住了我们，回来以后，我们就进行头脑风暴，做了很多奇奇怪怪的设想。最后，我们设计了一款带书签的五色沙瓶，这款沙瓶目前是敦煌文创商店销量最好的产品之一呢。"除这款产品外，团队成员目前已经开发文创礼盒12套、文创单品130余件，一些已经投放市场。其中，《留念敦煌》礼盒得到了时任敦煌市委书记陈炎人的肯定，并在直播中由其亲自带"货"。

盈而未满，从心出发

他们秉承青年人的责任担当将中国优秀的文博历史传播给更多的儿童，致力于创新博物馆学习方式，增强博物馆学习的趣味性、互动性和体验性，让文博历史承载中国文明的同时，也给予儿童精神的启迪。团队成员郑琼瑶在新闻媒体采访时提及了项目的下一步计划："我们将继续稳扎稳打完成现有的业务板块，并不断拓宽博物馆渠道，同时努力朝着数字化发展，制作音频故事等，用各种各样的形式继续展现我们的传统文化，传承我们的中国精神。"小满小满，盈而未满，初心如磐，前行不止，"夏小满"将使国宝之光普照儿童心田。

资料来源：王聪聪．我校双创教育列居全国第一方阵［EB/OL］．(2024-03-20)．https：//news.nbut.edu.cn/info/1002/10211.htm.

案例分析：

近年来，外语专业大学生的创新创业热情与日俱增，他们运用语言优势，不断拓宽国际化视野，为中国经济的快速发展注入新的活力。"夏小满"团队由宁波工程学院人文与艺术学院的大学生组成，他们凭借对中西文化的深入了解和语言优势，致力于打造文博历史新表达平台，让文物、历史和文化以更贴近儿童的方式呈现，传递中华文化的魅力。同样是文科背景的他们为广大外语专业的创业学子提供了思路和信心。

在创业过程中，“夏小满”团队面临了诸多挑战。

首先，市场需求调研是关键。团队成员通过实地考察、问卷调查等方式，深入了解目标用户的需求和偏好。例如，他们发现，儿童对文博历史的学习需求旺盛，但市场上缺乏适合儿童的趣味性学习产品。这一发现为团队提供了突破口，也为后续的产品开发指明了方向。

其次，团队面临竞争激烈的市场环境。在文博教育领域，不少企业已经取得了一定的市场份额。为了脱颖而出，“夏小满”团队发挥外语专业优势，收集整理国外先进的教育理念和文创产品设计理念，通过中西合璧的方式打造出独具特色的产品。

最后，团队管理也是一大考验。在项目推进过程中，团队成员需要克服各种困难和挑战，保持高效协作。为了确保项目的顺利进行，团队建立了完善的管理制度，定期召开项目进度会议，明确各成员的职责和任务。同时，团队还注重激励措施，激发成员的积极性和创造力。

“夏小满”团队的成功并非一蹴而就，而是源于对市场需求的敏锐洞察、创新的产品设计以及团队成员的共同努力。外语专业知识和创新创业思维紧密结合，为文博教育领域带来了新的突破。

未来，“夏小满”团队仍可以不断拓展业务领域，提升品牌影响力。例如，进一步开发数字化产品，如互动游戏、虚拟现实体验等，以更生动有趣的方式吸引儿童用户。同时，团队还可以加强与国内外博物馆、文化机构的合作，共同打造更多优质的产品。

外语专业大学生在创业过程中应注重发挥自身优势，将语言技能与专业领域相结合，创造出独特的商业价值。同时，要关注市场需求和竞争态势，不断创新产品和服务，提升用户体验。在团队管理方面，要建立健全的管理制度和激励机制，促进团队成员间的协作与成长。

总之，“夏小满”团队的创业经历提供了宝贵的经验借鉴。通过在深入挖掘市场需求、发挥专业优势、创新产品设计和优化团队管理等方面的努力，辉煌的成就同样在等待着外语专业的有为青年。

第二章

创新思维

【导入案例】

Voice Changer——发音障碍者增权

“Voice Changer——发音障碍者增权”是陕西科技大学学子杜心童与她的团队一起开发出的创新公益项目，主要以唇腭裂患者、脑瘫患者、唐氏综合征患者中的发音障碍者作为服务对象，依托播音与主持艺术学科专业优势及全国播音主持专业学生数量优势，着力于发音障碍者的语音矫正。

项目通过自创“30善商模式”（30即三个运营闭环相结合），以善商思维作为核心思想理念，搭建三结合、两平台、一站的“321服务模式”，开展倾音笑语行动城市计划与Voice Changer培训计划，打造倾音社区语音服务站，连接播音专业学生，建设语音矫正志愿服务基地，建立语音训练志愿者管理培训体系，培训社区语音师定位的Voice Changer。对接各地医院、政府、基金会、企业，通过线上线下结合的形式定期开展以唇腭裂患者为代表的发音障碍者的语音矫正训练，改善唇腭裂患者发音不清晰的现状。

缘因爱心，她与公益相遇相知

一开始，杜心童没有接触过与公益相关的活动，但就在大二暑期进行社会实践选题时，她关注到了一个特殊的群体——唇腭裂患者。经查阅资料，她了解到患者们由于腭咽闭合不完全，没办法像正常人一样发音，目前患者数量并不在少数，但可以做语音矫正的医生很少。于是，杜心童决定做些什么帮助他们，在发现语音矫正的训练方法与播音发声学有很多相似之处后，她灵光一现，思考是否能让播音与主持专业的学生在经过病理及语言病理学的培训后，结合播音发声学的知识和技巧为患者做语音矫正训练，解决语音矫正实施者人力不足的现状呢？想到这些，杜心童立刻与同伴们着手进行研究，经过实地调研，杜心童所在的“筑笑公益团队”发现实践项目具备了落地实施的可行性。

那个夏天，他们为9名患者进行了面对面语音矫正训练；过了一年，筑笑公益从实践团发展到社团，语音矫正也从线下发展到了线上，志愿者扩大到了一百多名，固定接受语音矫正训练的患者也达到46人。之后，在上海明日中国基金会的帮助下，她创立了倾音（“Voice Changer——发音障碍者增权”）项目，以“让语言障碍者拥有好好说话的权利”为使命，开启了全新征程。

坚持努力，公益开启新征程

2018年，中国公益慈善项目大赛开赛，杜心童和团队报名参赛。他们从全国600多个队伍中脱颖而出进入30强，更令她兴奋的是，30个入围的团队将在深圳进行为期六天的特训来再次打磨各自的项目。最后，“Voice Changer——发音障碍者增权”团队以绝对优势赢得了全国金奖，同时杜心童也拿到了国际公益学院的全额奖学金。但在兴奋之余，杜心童也没有完全松懈下来，她开始反思，除了大家看到的好的一面，接下来还有哪些不足需要弥补。因此，在接下来的半个月中，杜心童都在反思和自省中度过，从志愿者的招募到后期涉及的项目转型，她都制订出了下一步的计划，脚步不停，继续深研。

继续前行，与爱心人士同心创辉煌

目前，倾音实践团队已精准帮助患者240余名，辐射帮助患者400余名，团队成员超500名，都积累了丰富的语言矫正经验。事迹经三十多家媒体报道转发，受到陕西省教育厅及多家媒体和患者医生的广泛好评。从公益项目创始至今，团队获得多个奖项，得到了腾讯公益、上海慈善基金会等多家慈善机构的大力支持，并在京东暖冬公益、“蓝天至爱计划”中脱颖而出，成功筹得启动资金。在杜心童看来，把“让发音障碍者拥有好好说话的权利”的使命用心坚守下去，是最重要的事，她将继续与团队一起在公益实践这条路上愈行愈远，用爱与坚持收获别样风景。

资料来源：林景. 生活在上海 | 杜心童：95后女生助力语言障碍少儿“好好说话”[EB/OL].（2022-01-11）. https：//new.qq.com/rain/a/20220111A079ST00.

案例分析：

外语专业学生一直以来都被视为语言技能的使用者，但此项目可以为外语专业的创新提供有益的启示。通过创新的方式，将外语专业知识和技能运用到公益实践中，再有目的地联合其他专业，帮助发音障碍者进行语音矫正，不仅可以实现自我价值的提升，也为社会作出了贡献。

外语专业学生通常在语言技能方面有着扎实的基础，而这种基础正是他们进行公益创新的关键所在。在“Voice Changer——发音障碍者增权”项目中，成员正是运用播音与主持艺术学科的专业知识，结合语音矫正的需求，为发音障碍者提供了有效的帮助。

这一创新项目的成功并非偶然。首先，团队成员在项目初期进行了深入的市场调研，了解了发音障碍者的实际需求。他们意识到语音矫正训练方法的不足以及人力短缺的问题，从而针对性地提出了解决方案。这种以需求为导向的创新思维是项目成功的关键之一。

其次，团队成员充分利用了自身的专业优势。他们将播音与主持艺术学科的知识与语音矫正训练相结合，创造了一种全新的服务模式。这种模式不仅提高了语音矫正的效果，也使得更多发音障碍者受益。

再次，团队成员在项目实施过程中展现了出色的团队协作和执行能力。他们不仅在志愿者招募和培训方面建立了完善的体系，还通过搭建平台、建立服务站等方式，实现了线上线下相结合的服务模式。这种全方位的服务方式使得项目能够更好地满足患者的实际需求。

最后，团队成员的坚持和努力也是项目成功的关键因素。在项目初期，他们面临着许多困难和挑战，但始终保持积极的态度，不断进行自我反思和改进。这种持续改进的精神是外语专业学生在公益实践中不可或缺的品质。

总体来说，“Voice Changer——发音障碍者增权”项目是外语专业学生在公益实践中实现创新的一个成功案例。通过深入了解市场需求、发挥专业优势、强化团队协作以及持续改进，团队成员不仅实现了自我价值的提升，也为社会创造了积极的影响。这种将外语专业知识和技能应用于公益实践的创新方式，为外语专业学生提供了一个全新的发展方向。希望更多的外语专业学生能够从中受到启发，勇敢地走出舒适区，为社会作出更大的贡献。

一、创新思维概述

（一）创新思维的定义

创新思维是指人们为解决某一问题，自觉、能动地综合运用各种思维方式进行思考，通过这种思维能突破常规思维的界限，以超常规甚至反常规的方法、视角去思考问题，提出与众不同的解决方案，从而产生新颖的、独到的、具有社会意义的思维成果。

（二）创新思维的基本特征

1.独创新颖性

独创新颖性是创新思维不可或缺的品质。创新思维以“新”制胜，“新”是创新思维的第一特征，即有新意、新鲜感、打破常规。创新思维重在创新，体现在思考的方式上、思路的方向上、思维的角度上具有创造性和开拓性。

2.发散开放性

发散性是指在各种情况下，人们抓住转瞬即逝的灵感闪光点，让思维尽量扩展。开放性是指乐于接受新颖观念，是一种求变而非固步自封的思维方式。我们需要建立一个视野开阔、思维开放、善于学习、勤于思考，实现与外界的物质、能量和信息交换的开放的思维系统。

3.多向联动性

所谓“多向”，是指面对问题时，可以从不同角度去思考问题，以前所未有的方式开创性地寻求解决问题的多种方法。“联动性”是指多种思维形态、思维方式的联动，抽象思维和形象思维自由地在头脑中进行关联和互动的过程，这一过程使直觉、想象、联想、对比、顿悟等多种思维方式在解决问题的过程中产生突破性的效果。

4.辩证批判性

创新思维的辩证批判性体现在思维方式、认知结构上对约定俗成的现象或者已有的权威性理论始终持一种质疑的、分析的、批判的态度，突破传统思维定式和狭隘眼界，以独特的视角、新颖的方式去思考和解决问题。

5.跨越性

创新思维的跨越性是指思维过程中超越常规的思考方式，它强调人的大脑可以对事物进行任意组合，灵活地运用各种思维方式从不同角度寻求解决问题的方法，从而打破常规思维对思维活动的限制，使创新思维得以广泛运用。

6.敏感性

创新思维的敏感性包括对事物细节的关注、对问题的敏锐感知、对趋势和机遇的洞察力等方面。要想打破常规思维的界限，产生新的思维成果，就必须用敏感的思维去感知客观世界的变化。

（三）创新思维的基本过程

1. 准备阶段

需要解决的问题常常存在许多未知的变化。在准备阶段，主要任务是收集信息、整理资料，通过总结前人的知识经验来对问题形成新的认识。

2. 酝酿阶段

这一阶段主要对前一阶段所获得的各种资料、知识进行消化和吸收，从而明确问题的关键所在，并提出解决问题的各种假设与方案。在这个阶段，有些问题虽然经过反复思考、酝酿，但仍未获得圆满解决，思维常常出现“中断”现象，这些问题会不时地出现在头脑中，甚至转化为潜意识，这就为第三步（豁朗阶段）打下基础。

3. 豁朗阶段

经过前面的准备阶段和酝酿阶段，思维已达到相当成熟的程度，常常会进入“豁然开朗”的境地，从而灵光一现，顿悟到解决办法。

4. 验证阶段

验证阶段又称实施阶段，主要是对创新思维所产生的新成果中的方法和策略，通过理论推导和实际操作来检验其合理性、可行性，对其不足之处进行修改和弥补，使其更加合理，最后以适当的形式表达出来，用于指导实践。

二、创新思维的方式

（一）显意识思维与潜意识思维

显意识思维是指其过程不仅能被觉察，还能用言语加以描述的思维；反之，其过程若不能被觉察或不能用言语加以描述的思维均属潜意识思维。

显意识思维：在逻辑思维情况下，其工作记忆的持续时间是较长的，加上是按线性、顺序方式工作，每一个步骤都很清楚明确。因此，这种思维过程很易于觉察，并且可以由思维主体将思维过程的每一步骤用言语表述出来——使内隐的心理操作过程变成外显的语言活动。

潜意识思维：潜意识又称“右脑意识”“宇宙意识”，是人类没有觉察的、不自觉的、无意识的思维活动。

直觉：直觉是指不受某种逻辑规则约束而直接领悟事物本质的一种思维形式。它具有直接性、瞬间性和无意识性，即思维主体依据主观经验，简化了严谨缜密的思维推理的过程，在还未意识到大脑思维过程的情况下，就已经得出结果。

灵感：灵感，实际上是一种潜思维形式，是一种近似于无意识或潜意识的非逻辑思维活动。灵感具有突发性、瞬时性的特点，它不是人们按照一定的程序就能制造出来的，而是突破惯性思维，突然出现又转瞬即逝的，要把握好时机利用瞬间灵感。

顿悟：顿悟即顿时领悟，即思维主体对百思不得其解的问题进入到突然明白的状态。它具有自发性、突发性和直指性，不自觉地但又自然而然地“突然觉悟”，直接把握事物原理或问题答案。

（二）逻辑思维与非逻辑思维

逻辑思维：逻辑思维是按照逻辑规律建立概念和命题之间推理关系的形式化思维，从概念出发，经过判断，推导出结果。

非逻辑思维：想象是创新思维中必不可少的重要方法，是一种非逻辑的跳跃式的思维活动。

它具有以下特点：

（1）形象性。在人脑中，一切信息都是以形象的形式被储存起来并被再现的。

（2）概括性。想象思维的概括性表现在想象思维能找出一类事物的共性并把它们归在一起，从而认识该类事物的性质。

（3）独创性。想象绝不是生活原貌的机械再现，而是要经过创新者的加工、改造和美化的。

（三）联想与思维

1.四种一般性联想

（1）相似联想。相似联想是由某一事物或现象想到与它相似的其他事物或现象，进而产生某种新设想。例如，莱特兄弟模仿鸟类的飞行制造出了飞机。

（2）接近联想。接近联想是根据事物之间在空间或时间上的彼此接近进行联想。例如，宋朝时西湖的很多河段都已被泥沙淤积起来，于是人们就把河道淤泥挖出来，堆成了一条贯通南北的长堤。

（3）对比联想。对比联想是指对于性质或特点相反的事物的联想。例如，由沙漠想到森林，由光明想到黑暗，由大想到小，由寒冷想到温暖等。

（4）因果联想。因果联想是对逻辑上有因果关系的事物产生的联想。例如，早上看到地面潮湿，会想到可能是夜间下过雨。

2.发散思维

发散思维，也称扩散思维，是以形象思维为基础，不强调事物之间的相互关系，也不追求问题解决的唯一正确答案，而是围绕一个中心问题，进行多方面、多角度、多层次、多结构的思考，以寻找答案的思维方式。

（1）发散思维的特征。

顺畅性：顺畅性是指思维活动的进展顺畅，没有阻碍，不受其他因素的约束，在无限的想象和联想空间内，充分发挥思维的潜能，在短时间内迅速得出思考后的结论。

变换性：变换性是指发散思维的思路的转换，善于从一个角度向另一个角度转变，通过不同的角度从而得到多种思维结果，为解决问题提供多样化的可能性方案。

创新性：它是发散思维的本质，发散思维的结果具有鲜明的新颖性、独特性，是新的发现、新的创造。创新性属于发散思维的最高层次。

（2）发散思维的形式。

立体思维：立体思维是思考问题时跳出点、线、面等构成的平面空间的局限，在更大的立体空间内进行思索，找到解决的办法。

平面思维：平面思维是以构思点、线、面构成的二维平面图形为特点的发散思维形式。

逆向思维：逆向思维也称反向思维，是从完全相反的、对立的角度思考问题，不按照通常思考问题的顺序进行，即所谓的“背道而驰”。

侧向思维：侧向思维也称旁通思维，是一种从与问题相去甚远的事物中受到启发，找到解决问题的方法的思维方式。

横向思维：横向思维是相对于纵向思维而言的，就如时间是一维的，空间是多维的一样，横向思维与纵向思维就代表了一维与多维的互补。

多路思维：由于解决问题时不只有一个办法，因此人们可以从多个角度、多个方向思考。

组合思维：组合思维也是一种创新的方法，是从某一事物出发，尽可能多地与其他事物一起来形成具有新价值的思维方式。

3.收敛思维

收敛思维是一种与发散思维相反的思维方式，又称聚合思维、求同思维。收敛思维要求将多路思维指向某个中心，以问题为中心，围绕中心组织信息，从不同方面向中心收敛，以达到解决问题的目的。

（1）收敛思维的特征。

集中性：将获得的灵感和经验、收集到的信息和数据，展开关联匹配，围绕某个中心逻辑进行辐合式、集中式的整合。

最佳性：在收敛思维的过程中，往往会通过比较、筛选、组合、论证从而得出在现有条件下解决问题的最佳方案。

连续性：收敛思维从一个设想到另一个设想，紧密相连，环环相扣，具有较强的连续性。

求实性：收敛思维目的之一是将发散思维得出的众多设想进行择选，最终选出具有极强的可操作性、可行性、可落地性的方案。

积聚性：收敛思维的持续性运作需要使既有思维不断地得到浓缩、聚合，向纵深发展，在特定指向上思考，进行量的积聚，最终达到质的飞跃，顺利解决问题。

（2）收敛思维的方法。

意向指定法：意向指定法又称目标确定法。在解决问题时，首先要合理地明晰最终意向，确定目标，然后找出最关键的因素，围绕目标进行思维收敛。意向目标越明确具体，收敛思维的效果也就越明显。

间接锁定法：间接锁定法，是指用间接手段寻找关键技术或目标，以解决最终的问题。这种方法不是直接攻击问题本身，而是通过其他途径或手段来达到目的。

综合分析法：该方法也称“层层剥笋法”，是指在解决问题时，通过认识问题的表面，层层分析，逐步认识问题的本质，透过事物的表面现象把握事物的本质。

4. 逆向思维

逆向思维又称求异思维，即“反其道而思之”，从问题的相反方向考虑，从结论倒推，从求解回到已知条件进行探索。

（1）逆向思维的特征。

反向性：这是逆向思维区别于其他创新思维方式的典型特征，也是逆向思维的出发点。它往往与常规、习惯、既有经验的发展方向相反，需要逆向思考。

批判性：在现实生活中，许多司空见惯的事情并不一定是对的，对于任何事情都应持有怀疑态度与批判精神。这也正是逆向思维的重要特征。逆向思维是对传统、惯例和常识的思维反叛，是对常规和权威的否定和挑战，它能跳出思维定势，破除由经验和习惯造成的僵化认知模式。

逆向思维还具有创新思维包含的新颖性、目标性、灵活性、发散性等共性特征。

（2）逆向思维的一个基本要素就是分出阶段重点。

这样，你不得不将长远目标和近期目标清楚地区分开来，然后再将逆向思维分别应用到每一个目标中去。

举例来说，如果你想40岁成为首席行政总监，这是不够的。这个目标太过遥远，逆向思维无法有效地发挥。你必须瞄准所要取得的具体成绩，这些成绩才是助你步入高层的高明战术。你想为自己树立怎样的声誉，想对公司作出何种改变？在前进道路上，你想拥有哪些特别的工作经验，你想在哪里工作，与哪些人共事？以上这些问题的回答为逆向思维提供了十分具体的目标。在考虑上述问题的同时，要将长远目标分成一系列具体目标。目标越集中，逆向思维越奏效，为达到目标需要征得同意的人就越少，整个过程花费的时间就会越短。

一位刚毕业的计算机博士，毕业后找工作，好多家公司都不录用他，思前想后，他决定收起所有证件，以一种“最低身份”去求职。不久，他被一家公司录用为程序输入员，这对他来说简直是“高射炮打蚊子”，但他仍干得一丝不苟。不久，老板发现他能看出程序中的错误，非一般的程序输入员可比，这时他亮出学士学位证书，老板给他换了个与大学毕业生对口的岗位。

过了一段时间，老板发现他时常能提出许多独到的有价值的建议，远比一般的大学生要高明。这时，他又亮出了硕士学位证书，于是老板又提拔了他。又过了一段时间，老板觉得他还是与别人不一样，就对他“质询”，此时他才拿出博士学位证书，老板对他的水平有了全面认识，毫不犹豫地重用了他。这个博士生利用逆向思维，先为自己争取了发展空间，有了发展空间之后再抓住机会展示才华。

三、外语专业创新思维的培养

（一）培养创新思维的原则

激发钻研的兴趣：兴趣源于对事物的好奇心，引发求知欲。

培养质疑的态度：“问题”是创新的起点，质疑能够提高对事物的识别能力。

积累知识和经验：创新思维是对知识和经验的再加工，知识和经验是创新思维产生的基础，也决定了创新思维的水平和质量。

（二）创新思维方式的培养

直觉的培养：培养直觉能力，首先要培养对创新的强烈愿望，激发创新激情。

灵感的培养：灵感产生是以刻苦地学习、长期地尝试和持久地思索为前提的，是在思想高度集中、深思熟虑以后产生的。捕获灵感要做好思想活动的准备（长期观察思考和联想）、情绪状态的准备（乐观镇静、情绪愉悦、摒弃惯性思维）、兴趣和知识的准备，并及时记录下来，珍惜最佳时机。

想象力的培养：需要丰富知识经验，增加形象储备；参与角色扮演，活跃想象；多吸收故事并在脑内复现等。

联想力的培养：深入体验生活，储备丰富的形象记忆、知识记忆和思考记忆；欣赏文艺作品，凭借作品提供的形象和思想，设身处地、天马行空地去联想；运用“朦胧”想象构思方法。

发散性思维的培养：突破思维定势，打破惯常的行为模式；培养多向思维，求新求异，以开拓性的思维对同一问题探求不同的答案，培养思维的多元性和创造性。

（三）外语专业创新思维的培养

积极参与创新创业培养课程，了解基础理论知识，开展自身创新思考，组建小组或团队，参与课后创新实践活动，进行阶段性反馈，促进自身创新思维更新。

查阅中国知网、维普、国家哲学社会科学文献中心、WOS等文献数据库，阅览不同领域文献，启发创新思维；关注SSCI、CSSCI来源期刊，了解本专业及相关领域的前沿创新信息；关注学术交流平台，如学术会议、研讨会、学术论坛等，了解最新研究成果，吸收创新经验。

积极参与创新创业竞赛，如大学生创新创业训练计划项目、“互联网+”大学生创新创业大赛，以及“挑战杯”系列竞赛等。

开展跨专业、跨领域的研究。例如，把外语专业与计算机专业结合，在互联网时代发挥语言与技术的双向优势，文科学生在创新思维层面有优势，善于洞察市场未来趋势，善于组建和运营团队；理科学生在逻辑思维和技术操作有优势，善于学习前沿知识。二者结合可以取长补短，在创新创业中形成集群优势。因此，外语专业的学生在跨专业的创新领域中可以发挥重要的作用。

四、外语专业创新思维案例分析

案例一

由某高校英语专业的大学生主持的大创项目“乡・语——B2C跨境电商环境下语言服务赋能乡村振兴的路径研究与实践”对乡村外贸及其语言服务进行了创新研究。

项目在运用英语专业技能的基础上，结合了语言服务、跨境电商以及乡村振兴三个社会关注的问题，从外语语言服务现状入手，计划建立乡村特色产品转译语料库，开发软件程序，连接跨境电商平台进行农产品转译和外销，让乡村特色产品“走出去”并做到“能走、易走”。

团队经过了确定选题—建立前期基础—项目立项三个阶段。最初团队关注到辽宁省出台的《辽宁全面振兴新突破三年行动方案（2023—2025年）》和乡村农产品跨境电商外贸的相关新闻，从而产生了创新灵感，将学科技能与乡村新业态联系起来，走新文科与新农科的“双新”创新创业路径。在确定了创新方向后，团队开始收集往届参赛项目信息，进行纵横双向的对照研究，分析市场需求及潜力、方法可行性、预期成果建设等，并大量检索相关文献，学习学术理论，进一步获得创新启发，为项目铺设了前期基础，最终成功立项。

案例二

大创项目“CDA视角下新闻话语分析及传播研究——以脱贫报道为例”，同样是英语专业创新思维的实践运用。

该项目以批评性话语分析为视角，收集脱贫新闻语料，融合认知语言学下的语用与表达框架层面，论述新闻报道的倾向性和将意识形态进行翻译转化的手段，提出受众对新闻报道要保持清醒认知，实现批评性阅读，同时能够研究脱贫事迹的传播策略。

其创新之处在于同样采用了“专业基础+创新提高”的模式，站在更具特色、更独特新颖的批评话语分析（CDA）视角上，以脱贫报道为切入点，将专业所学的英语语言学理论与新闻学、传播学理论相融合，进行多元化、学术理论性的创新研究与分析，探讨在新闻话语表面背后的更深层次的意识形态问题，启发更多年轻人进行思考。

案例三

大创项目“《习近平谈治国理政》多语种版本‘三进’工作对外语专业学生能力提升与价值塑造效度分析研究”对高校英语教学进行了创新分析与研究。

该项目从学生视角出发，探讨“三进”工作的实施对外语专业学生能力提升与价值塑造的作用。通过挖掘《习近平谈治国理政》多语种版本中的语料和术语翻译并加以对比，来了解中国典故，学习不同的翻译策略以及多语种沟通与文化传播，了解中国故事和中国智慧。同时，积极参加相关演讲比赛、翻译比赛，讲好中国故事，译好中国故事，传播好中国声音，坚定理想信念，树立文化自信。

团队紧跟时代前沿，立足时事热点，聚焦多元维度，着眼于新时代思政教育，发挥英语专业读写译的技能优势，建立思政英语的创新思维，既突出专业特色，又提升专业教育与思政教学的融合度。同时，在研究过程中，学习并深研大国外交、生态文明建设和构建人类命运共同体等治国理政思想，更有利于培养大学生的中国情怀、世界眼光和国际视野。

案例四

山东师范大学外国语学院开展了“Smart Classroom山师模式——基于英语教学的智慧课堂应用与创新”的项目研究。

该项目分为线下线上两部分展开。线下部分包括建立智慧课堂试点，举办英语智慧课堂讲座及沙龙等活动；线上部分包括建立提供教育信息分类比较与点评的第三方服务平台，并通过微信公众号、QQ群等进行宣传推广，以达到吸引用户的目的。

该团队将新型智能设备用于语言培训，在英语思维基础上，很好地糅合了教育学、人工智能等不同领域的研究内容，并设计了专属的课堂教育软件，创建了山师模式的智慧课堂。其独特之处在于将传统模式进行创新，在“新文科”思维的引领下，实行了文科与工科、人文社会科学与自然科学的学科交叉融合，为英语专业创新思维打开了又一条新思路。

案例五

河南师范大学外国语学院进行了“英语经典影视作品中的悲剧表现力的研究及对中国影视文化发展的启示——以《权力的游戏》为例”的项目研究。

该项目以英语经典影视作品为载体，细致剖析了其中蕴含的悲剧艺术。基于文化自信和兼容并蓄的文化态度，厘清了《权力的游戏》剧集中悲剧元素的运用（包括铺垫、发展、高潮各阶段），分析了其运用方式、时机的优缺点，并调查了观众群体对这些悲剧细节的态度。同时，将其与具有同样悲剧元素的国产影视剧进行对照，研究它们之间存在的差异，以及在此基础上产生的受众吸引力的影响因素和强弱程度。最终，根据协同理论，针对国产影视剧的悲剧元素应用发展提出了新型化、可参与、高效率、高效益的悲剧元素应用理论。

团队将日常学习中分析英美影视剧的兴趣爱好转变为研究项目，极大地提高了研究兴趣，激发了创新热情。在熟练运用专业课的影视翻译理论的基础上，融合了英美文学中的悲剧艺术，并采用跨学科的研究方法，通过文化学、社会学的实地调查法、访谈法等，为项目提供了具有效度和信度的资料来源，同时综合了影视文学、悲剧文学、传播学、统计学等学科的相关理论作为坚实的理论支撑，推动了团队英语创新思维的不断更新。

五、专创融合案例实训

创新方式分析

亚马逊是一家跨国电子商务企业，也是全球最大的互联网线上零售商之一。亚马逊的创始人和前首席执行官杰夫·贝佐斯是一位有着远见卓识和创新精神的企业家，他从一个小小的网上书店开始，逐步打造了一个涵盖了图书、音像制品、软件、消费电子产品、家用电器、厨具、食品、玩具、母婴用品、化妆品、日化用品、运动用具、服装鞋帽、首饰等类目的综合性网上商城，同时还涉足了云计算、人工智能、数字内容、出版业务、连锁超市等领域。亚马逊的故事是一个充满了激情、冒险和挑战的创业故事，它展示了一家公司如何通过不断地创新和扩张，实现了从无到有，从小到大，从弱到强的惊人变化。

如何分析亚马逊日常经营和管理中运用到的创新方式？

亚马逊的创新方式可以从以下方面分析：

1.亚马逊的商业模式

亚马逊独特的商业模式在于其以客户为中心的理念和创新的物流体系。首先，亚马逊通过电子商务技术重构了物流体系，将仓储、配送和客户服务等环节智能化，提高了运营效率和客户满意度。其次，亚马逊不断优化客户体验，如提供个性化的推荐服务、用户评价和社交分享等功能。此外，亚马逊通过大数据分析客户的行为和需求，从而为市场提供更有针对性的产品和服务。

2.亚马逊的市场定位

亚马逊在市场中的定位非常明确，它以满足消费者对于多样化、个性化商品和服务的需求为主攻方向。一方面，亚马逊不断扩大商品种类，从图书、音乐、电影到家电、家居、服装等各个领域；另一方面，亚马逊注重分析市场需求和消费者行为，根据不同的消费群体提供定制化的服务。同时，亚马逊还积极关注新兴市场和产业趋势，以便及时调整战略和布局。

3.亚马逊的产品策略

亚马逊的产品策略注重创新、质量和效率。首先，亚马逊致力于开发新的产品和服务，如电子书、Kindle阅读器、亚马逊Prime会员等。同时，亚马逊也注重对现有产品的持续改进和升级，以提高其质量和性能。此外，为了应对市场变化和竞争压力，亚马逊还不断创新商业模式，提高自身的运营效率。例如，通过引入第三方卖家、开发自有品牌等方式，提高市场份额和盈利能力。

4.亚马逊的技术创新

亚马逊在技术创新方面一直走在行业前列。首先，亚马逊积极应用互联网技术，不断完善其电子商务平台和物流体系。例如，亚马逊利用大数据、云计算等技术提高其推荐算法的精准度和个性化服务的水平。此外，亚马逊还通过开发应用软件和智能硬件等产品来拓展其业务领域。比如，Kindle阅读器和Alexa智能音箱等产品都是亚马逊技术创新的重要成果。

5.亚马逊的客户服务

亚马逊非常重视客户服务，将其视为企业发展的核心。首先，亚马逊定义了明确的客户价值，将客户满意度和忠诚度作为最重要的指标。其次，针对不同的客户群体，亚马逊提供个性化的服务方案。例如，对于Prime会员，亚马逊提供免费快速配送、流媒体娱乐等增值服务。此外，为了提高客户满意度，亚马逊不断优化售后服务流程并提升客户服务团队的专业素养。同时，亚马逊还通过建立客户关系管理（CRM）系统等手段深入挖掘客户需求和行为信息，以便提供更加精准的个性化服务。

6.亚马逊的物流管理

亚马逊的物流管理体系是其在电子商务领域的核心竞争力之一。首先，亚马逊通过智能仓储、配送和库存管理等技术手段提高物流的效率和质量。例如，亚马逊的“Just In Time”库存管理策略能够确保库存既不积压也不缺货。其次，亚马逊重视物流安全和品质控制，如采用严格的质量检测和配送规范。此外，为了满足不同客户的需求，亚马逊还提供多种配送方式和定制化的物流解决方案。同时，亚马逊也关注绿色物流和可持续发展，通过优化物流流程减少碳排放和资源浪费等问题。

7.亚马逊的财务管理模式

亚马逊以控制成本和提高盈利能力为主导。首先，在成本控制方面，亚马逊通过优化供应链管理、降低库存成本、提高运营效率等方式来降低成本。此外，亚马逊还通过制定预算和财务规划等手段预测和管理未来现金流。其次，在提高收入方面，亚马逊通过不断扩大商品种类和服务范围来吸引更多消费者。同时，亚马逊也注重提高客户的满意度和忠诚度，以增加用户黏性和复购率。另外，亚马逊还通过开发自有品牌、投资创新项目等方式提高自身的核心竞争力。最后，在制定预算方面，亚马逊根据市场需求和竞争状况等因素制定财务预算，以指导企业的经营和发展方向。

8.亚马逊的竞争战略

亚马逊的竞争战略主要体现在以下几个方面：首先是市场机会的发现。亚马逊通过不断扩大业务范围和开拓新兴市场来寻找新的增长点。其次是确定竞争策略。亚马逊根据市场需求和竞争状况等因素制定合适的竞争策略，如在价格、服务、品质等方面推出优势方案。再次是推广产品和服务。亚马逊通过广告宣传、营销活动等方式提高其产品和服务在市场中的知名度和影响力。最后是合作伙伴关系的建立。亚马逊与众多供应商、第三方卖家等合作伙伴共同拓展市场和服务范围，实现共赢发展。

【素养案例】

不忘初心，带动更多年轻人追梦——郑仲深的创业故事

身为潮汕人的郑仲深，从小就有着潮商“敢为人先”的精神传承，十几岁时就萌生了要自主创业、出人头地的志向。而他与狮山的缘分，始于2016年的暑假。

当时，正愁报志愿的郑仲深辗转多地寻找心仪的大学，当来到位于狮山的南海大学城时，他一眼就看到了国家级众创空间——“创业18Mall”的大楼，“当时心里的小火苗就被点燃了，回去查资料，发现这里有很多创新创业的政策和活动，我就直接报读了广东东软学

院。”郑仲深说。

大学四年的时间里，郑仲深一直利用身边资源投身于社会实践，赢得了不少掌声，获得过融资，也挣到了人生的第一桶金，许多故事都成为大学城中的“传说”。其中，除了围绕狮山的工厂企业深耕产学研合作，为企业的转型升级提供数字化服务以外，令他印象最深刻的创业经历之一，是在大学城开创了一间名为“無昧”的新式茶饮品牌。

“2018年，我读大二时联合了6个学校22位具有影响力的学生代表，在阳光在线广场开了一间15㎡的茶饮店，该项目的影响力轰动了整个大学城。”在郑仲深的讲述中，当时波霸奶茶刚刚兴起，大学城并没有学生从实体店入手创业，发展为互联网平台的先例，而他不仅做了，还在半年时间内在全省开了8家分店，仅品牌连锁收入就超过70万元，社群市场效益非常可观。

与旁人眼中开奶茶店只为挣钱的想法不同，郑仲深心里非常清楚，他要通过实践，由此获取新式连锁餐饮门店的点单系统以及后台整个供应链的数据，再研究这个系统辐射到其他业态的可能性。“我的创业始终都与数字化息息相关。当别人进场去抢门店，做食品创业的时候，我已经在和喜茶的CTO、腾讯新零售板块的负责人交流研究整个餐饮的后端数字系统了。”他说道。

入学不久，郑仲深就当上了大学生创业中心运营会的人力资源官。

然而，正当茶饮店的生意如日中天之时，却因迅速扩张导致了整体团队管理不善而急速陨落。“因为没有好的组织结构去留住人才和资源，以及财务管理问题，项目陷入巨大危机。”郑仲深回忆起当时的情况，直言这是创业以来遇到的最大挫折，所有的收益、成就、人脉资源都被湮灭。“那时候的我在大学城想租一间办公室，花3倍价格都没人肯租给我，大家都觉得出了这种事，你肯定玩完了。”

郑仲深坦言，虽然当时茶饮项目以失败告终，但这段经历使他积累了经验，亲身体验过实体行业经历的痛苦，才真正了解数字化赋能的意义。思考着如何避免上次的失败，除深耕数字化之外，他也把目光放在了全新的方向——建立人才孵化体系。

“众盛公司的人才孵化体系，实际做的是产学研相关的事情。”郑仲深讲解起公司背后的商业逻辑，“我们聚焦数智化赋能周边工厂、企业转型升级，同时在广东东软学院进行试点，产教融合开通定制化课程，让学生针对性地学习企业所需技术，并通过平台获得这些企业的项目机会，促进就业创业。”

由此，一端有许多企业客户找上门来拓展业务，另一端有大学生源源不断地加入，众盛公司不仅为企业做发展规划咨询、配套软硬件升级服务，更能够精准输送相关人才，在节省成本的同时提升效率，完成商业闭环。这既满足了企业的需求，又解决了大学生的就业问题。

除商业之外，郑仲深做人才孵化体系的初衷也很简单。“既然我能做到，中国千千万万的大学生也应该有机会能做到，他们只是缺一个平台而已，所以我就去做了这件事。”谈及此，他眼中满是真诚，“如今我们成功孵化的案例也有过百例了。”

而回顾整个创业历程，他对狮山充满了感恩。“狮山的创新创业氛围十分浓厚。当时我就在想，这里有这么多国家级众创空间和科技孵化器，我如果在里面能干什么？”作为广东第一大镇，狮山也为其提供了很多机会和资源，人脉的价值在这里沉淀出来。“我进大学时的微信好友有700多人，到毕业时已超4 000人，其中接近2/3都是投资人、企业家和机关、学校的朋友。”

如今面对团队中众多对创新创业充满信心的大学生，郑仲深仍会不断鼓励大家。在他的影响下，许许多多像郑仲深一样的年轻人也开启了追梦之旅。

来自广东东软学院的许中昊，以及广州工商学院的郑伟彬，许中昊有实体项目落地，郑伟彬获得一系列大学生创新创业比赛奖项，是众盛公司孵化的大学生项目中较为典型的两个案例。

许中昊是联通咖啡创新空间项目的负责人，目前大二在读。在他的自述中，他刚进大学就开始捣鼓起送外卖的小程序，后来通过机缘巧合认识了郑仲深，被其创业梦想和强大的能量感染，当即决定要加入郑仲深的人才俱乐部。

"狮山环境优美，城市绿化做得很好，在这里有一种家的感觉。"许中昊来到狮山后，通过人才俱乐部接触了不同项目，在一次次磨合与历练中，从想法稚嫩的"小年轻"成长为可以独当一面的项目负责人。联通咖啡在经营过程中满足了周边大学生和人才俱乐部团建、会议、休闲等需求。

在郑仲深的投资推动下，他成立了一个主营业务为媒体与管理、项目运营的公司，除咖啡店的改造运营外，目前规划在大学城举办创意集市，拉动地摊经济。

与许中昊不同，郑伟彬如今正准备毕业。早在2021年大二下学期时，他就加入了郑仲深的人才俱乐部，并常年在位于三水的学校与狮山两地奔走。

"狮山最吸引我的地方是大学城有7所高校，创新创业活动多种多样，通过参与活动，我的能力得到了很大提升。"与郑仲深的遇见，他形容是命运的齿轮开始转动，"在人才俱乐部锻炼了一两个学期之后，我就决定了要扎根在这里。"

目标引领行动，郑伟彬这些年来的创新创业履历可谓闪闪发光。2023年获"创客广东"佛山市中小型企业创新创业大赛初赛（三水赛区）创客组冠军、全国大学生电子商务“创新、创意及创业”挑战赛一等奖、华为中国大学生ICT大赛广东赛区实践赛本科组云赛道三等奖……在赛事的打磨中，他练就了一身真本领。

在正式毕业之前，郑伟彬已经清晰地描绘出了自己的事业蓝图——在众盛公司的体系下搭建数字产品部门，同时继续完善智选未来——中国大学生成长就业辅助平台，帮助更多大学生找工作。他未来目标则是成立自己的IT公司，从事数字化产品研发。

我们不难看见，从来狮山读大学开始追光，到自己成为光，再到努力照亮更多人前进的方向，这就是郑仲深真实的成长过程。而这些被照亮出来的人，也正在扶持更多的大学生成长与发展。

赞助志愿服务、捐赠公益资金、提供创业就业平台，在狮山成长起来的郑仲深及其团队，也在尽自己所能去回馈这座城市。

郑仲深还透露，结合狮山当前“产城人文”融合发展的需求，团队正在引进各级资源，钻研用AI算法做一套城市模型，希望为狮山提供一种镇域经济高质量发展的整体解决方案。

资料来源：中梦教育咨询有限公司. 大学生创业英雄——郑仲深［EB/OL］.（2015-10-29）. https：//weibo.com/p/1001603903243544588780.

第三章

创新技法与实践途径

【导入案例】

2017年，一位正在读大学的本科生，寒假到亲戚家找正在读研究生的堂姐玩。堂姐刚买了几件韩版大码的新衣服。瘦瘦的小伙子，穿上后，居然毫不违和。本来是闹着玩的，但这瞬间激发了小伙子的灵感，他觉得这个灵感实在太好了，要休学创业。这个小伙子就是刘光耀，曾经以山东省文科第二名的成绩考入北京大学。他休学创业的品牌就是日后一度走红的伯喜（Bosie）。

刘光耀将Bosie定位为“NO GENDER. NO BORDER.”，即“无别无界”，是“无性别、无年龄”的快时尚设计师品牌。“无性别”一定程度上撕掉了男女的标签，审美观念在新一代的消费者身上发生变化，男性的美不局限于“阳刚”，也可以代表精致和时尚；女性的美也不限于“温柔、可爱”，也可以更加独立、多元。Bosie的定位是“无性别、无年龄”的快时尚设计师品牌。对于新一代有更多自我意识的年轻人来说，风格不再能定义自己了，他们是有表达欲的，服装、饰品，甚至是妆容，可能并非其他人理解的“叛逆”，或者“个性”，很可能就是一种自我表达，今天的心情、状态用服装的设计和颜色来表达。品牌和消费者通过“设计”来达成一种价值观和情绪的共识，这也是品牌的隐藏价值所在。刘光耀这种独到的品牌理念使他所创办的企业也被投资机构看好，先后获得了北大学长徐小平、王强的真格基金和七熹投资的1 000万元投资，元生资本、金沙江创投的2亿元的投资等。公司估值超过了20亿元。

不到两年时间，Bosie从一个“相对小众的设计师品牌”成长为95后、00后年轻群体中的大众时装品牌，销量从上线首月的100万元，迅速提高到8 000万元。渠道方面，Bosie也从电商拓展到了线

下，其中最早开出的杭州嘉里中心店，单月的营收可达50万～60万元。

资料来源：国家工艺美术产业公共服务平台.国潮范儿！95后清华学霸创业打造“无性别服饰”，年入1.4亿！[EB/OL].（2020-09-29）.https：//baijiahao.baidu.com/s?id=1679162929104351675&wfr=spider&for=pc.

对于创新来说，方法就是新的世界，最重要的不是知识，而是思路。

时尚快消品的赛道早已经成为红海地带，成熟的品牌已经有很多了，新创品牌如果想杀出重围，要求创始人必须有创新的方法。在常人眼里男人和女人的风格和审美应该是截然不同的，甚至是针锋相对的，但是刘光耀恰恰把男女在着装风格上的貌似互不相关的各种元素联系起来，找到二者之间隐秘的联系，指出男女之间在审美上是可以有共鸣的，从而打破了在服装款式的选择上因性别而树立的貌似泾渭分明的界限，打造出男女都接受的“NO GENDER. NO BORDER.”的理念，迎合了当下市场中新一代有更多自我意识的年轻人的风格，从而使自己的品牌成功出位。这个案例是创新技法中综摄法的体现。

在刘光耀和Bosie品牌的案例中，综摄法（也称综合扫描法或综合分析法）的应用体现在多个方面。综摄法是一种创新技法，它强调对已有信息进行全面的收集、整理、分析和综合，以发现新的联系、趋势和机会。在刘光耀的案例中，综摄法的应用可以分析如下：

信息收集与整理：

刘光耀在寒假期间与堂姐的互动中，观察到了韩版大码衣服在不同体型上的适应性，这激发了他的灵感。这一观察本身就是一个信息收集的过程。

他进一步整理和分析这些信息，发现其中蕴含的市场机会，即新一代消费者对服装的审美观念正在发生变化，他们更看重服装作为自我表达的工具。

趋势识别：

刘光耀不仅关注到了当前的市场趋势，即消费者对于“无性别、无年龄”界限的服装的需求，还预见到这种趋势可能会持续发展，成为未来时尚界的一个重要方向。

这种对趋势的敏锐识别，使得刘光耀能够迅速调整自己的商业计划，将Bosie定位为“无性别、无年龄”的快时尚设计师品牌。

创新点的综合与分析：

刘光耀在品牌定位、产品设计、营销策略等多个方面进行了创新。他将这些创新点进行综合，确保它们能够相互支持，共同推动品牌的发展。

例如，他通过设计独特的服装款式和色彩搭配，满足了消费者对自我表达的需求；同时，他利用社交媒体和线下活动等方式，与消费者建立情感连接，提升了品牌的美誉度。

资源整合：

刘光耀在创业过程中，不仅整合了自身的知识和技能，还成功吸引了多家投资机构的资金支持。这些资源的整合为Bosie的快速发展提供了有力保障。

通过与投资机构的合作，刘光耀不仅获得了资金支持，还获得了更多的市场资源和商业机会。

持续优化与迭代：

刘光耀在创业过程中，不断收集和分析市场反馈和消费者需求，对品牌和产品进行持续优化和迭代。这种持续优化的过程也体现了综摄法的应用。

通过不断优化产品设计和营销策略，Bosie保持了与市场的同步，确保了品牌的持续竞争力。

综上所述，刘光耀在创办Bosie品牌的过程中，通过综摄法的应用，全面收集和分析了市场信息、消费者需求、行业趋势等，从而发现了商业机会，制定了创新的品牌定位和产品策略，成功吸引了投资机构的支持，推动了品牌的快速发展。这种对综摄法的有效运用，不仅帮助刘光耀实现了自己的创业梦想，也为整个时尚行业带来了新的启示和思考。

一、创新技法概述

（一）技法的重要性

如果把创造创新活动比喻成过河，那么方法和技法就是过河的桥或船。方法和技法可以说比内容和事实更重要。黑格尔说：“方法是任何事物所不能抗拒的一种绝对的、唯一的、最高的、无限的力量。”笛卡儿认为：“最有用的知识是关于方法的知识。”创新技法作为创新活动中具有普遍规律性的方法和技巧，在其中扮演着非常重要的角色。

（二）定义

创新技法是指创造学家收集大量成功的创造和创新的实例后，研究其获得成功的思路和过程，经过归纳、分析、总结，找出规律和方法以供人们学习、借鉴和仿效。简言之，创新技法就是创造学家根据创新思维的发展规律而总结出来的一些原理、技巧和方法。

（三）作用

创新技法在创新中起到了至关重要的作用。

首先，创新技法可以启发创新思维。通过学习和掌握创新技法，人们可以更好地开拓创新思维空间，激发新的创新思路和想法。

其次，创新技法可以提高创造力和创新能力。通过运用创新技法，人们可以更有效地解决问题，产生更多的创新成果。这些技法不仅能够帮助人们更全面地分析问题，还可以提供创新的解决方法，从而提高创新成果的实现率。

此外，创新技法还可以促进团队协作和交流。在团队中运用创新技法，可以使成员之间更好地协作和交流，共同寻找最佳的创新方案。这种协作和交流也有助于激发新的创意和想法，促进团队整体的创新水平。

综上所述，创新技法在创新中起到了启发思维、提高创造力和创新能力、促进团队协作和交流的作用。因此，学习和掌握创新技法对于个人和团队的创新实践都具有重要的意义。

（四）特征

创新技法具有以下特征：

实用性：创新技法是经过实践检验的、具有实际应用价值的创新方法。它们能够帮助人们解决实际问题，产生实际的创新成果。

科学性：创新技法是科学的思维和方法，遵循一定的思维规律和逻辑规则。它们能够帮助人们更全面地分析问题，提供创新的解决方法，从而提高创新成果的实现率。

多样性：创新技法具有多样性的特点，不同类型的技法适用于不同领域和不同情况。例如，头脑风暴法适用于产生新思路和新想法，而特性列举法适用于对现有事物的改进和优化。

可操作性：创新技法具有明确的操作步骤和实施方法，人们可以按照步骤进行操作，从而获得最佳的创新效果。这些技法不仅提供了创新的思路和方法，还提供了具体的操作技巧和工具。

系统性：创新技法具有系统性的特点，它们是由一系列相互关联、相互支持的元素组成的系统。这些元素包括技法的基本原理、操作步骤、实施技巧等，它们共同作用，形成了一个完整的创新技法系统。

二、常用的创新技法

（一）奥斯本检核表法

1. 定义

奥斯本检核表法以美国“创新技法和创新过程之父”亚历克斯·奥斯本命名，在奥斯本1941年出版的第一部创新学专著《创造性想象》一书中被首次提出。奥斯本检核表法是针对某种特定要求制定的检核表，在创造过程中对照九个方面的问题进行思考，以便启迪思路、开拓思维想象的空间，促进人们产生新设想、新方案的方法，主要用于新产品的研制或者新创意的发掘。

2. 优缺点

优点：奥斯本检核表法是一种具有较强启发创新思维的方法。这是因为它强制人去思考，有利于突破一些人不愿提问题或不善于提问题的心理障碍。克服了人们思维的惰性，在进行逐项检核时，激励人们积极思维、勤于思维和持续拓展思维，有利于突破旧的思维框架和开拓创新思路，进而提高发明创新的成功率。因此，在众多创新方法中，奥斯本检核表法是一种产生创意效果比较理想的方法。由于它突出的效果，被誉为“创新方法之母”。人们在生产和生活实践中运用这种方法，产生了很多杰出的创意、思路和大量的发明创造。提问，尤其是提出有创见的新问题本身就是一种创新。它又是一种多向发散的思考，使人的思维角度、思维目标更丰富。另外，奥斯本检核表法提供了创新活动最基本的思路，可以使创新者尽快集中精力，朝提示的目标方向去构想、去创造、去创新。

缺点：奥斯本检核表法是改进型的创意产生方法，你必须先选定一个有待改进的对象，然后在此基础上设法加以改进。它不是原创型的，但有时候也能够产生原创型的创意。比如，把一个产品的原理引入另一个领域，就可能产生原创型的创意。

3.注意事项

一是要一条一条地进行检核，不要有遗漏。二是要多检核几遍，效果会更好，或许会更准确地选择出所需创造、创新、发明的方面。三是在检核每项内容时，要尽可能地发挥自己的想象力和创新能力，产生更多的创造性设想。检核方式可根据需要，1人检核也可以，3至8人共同检核也可以。集体检核可以互相激励，产生头脑风暴，更有希望创新。

4.指标

奥斯本检核表法包括九个方面，这些问题可以用来评估和改进现有的产品、服务或流程：

能否他用：这个问题主要是询问现有事物除了公认的用途之外，是否还有其他的用途。比如，一个空的玻璃瓶，除了装饮料，是否还能用作花瓶、烛台或者手工制作的工具。

能否借用：这个问题是询问我们能否借鉴其他领域的技术、方法或经验来改进现有的发明或产品。比如，能否将航天领域的技术应用到日常生活中，或者将自然生物的某些特性应用到工程设计中。

能否改变：这个问题主要是询问现有的发明或产品是否可以改变形状、颜色、材料、功能等，以提高其性能或满足不同的需求。比如，一个塑料椅子是否可以改变成金属椅子，以提高其耐用性。

能否扩大：这个问题主要是询问现有的发明或产品是否可以扩大规模、增加功能或提高性能，以满足更多的需求或应用于更广泛的领域。比如，一个智能手机是否可以扩大屏幕或者增加更多的功能，以满足用户的不同需求。

能否缩小：这个问题主要是询问现有的发明或产品是否可以缩小规模、简化功能或降低性能，以满足特定的需求或应用于更狭窄的领域。比如，一个大型的工业设备是否可以缩小成便携式的设备，以方便在不同的场所使用。

能否替代：这个问题主要是询问现有的发明或产品是否有可以替代的材料、部件、技术或方法，以提高其性能、降低成本或满足不同的需求。比如，是否可以用其他材料替代现有的材料，以提高产品的耐用性或者降低成本。

能否调整：这个问题主要是询问现有的发明或产品是否可以调整其设计、结构、功能或性能，以满足不同的需求或应用于不同的场景。比如，一个手表是否可以调整其设计以适应不同的文化或审美需求。

能否颠倒：这个问题主要是询问现有的发明或产品是否可以颠倒其设计、结构、功能或性能，以产生新的创意或满足不同的需求。比如，一个吸尘器是否可以颠倒其功能，变成一个吹尘器。

能否组合：这个问题主要是询问现有的发明或产品是否可以与其他发明、产品、技术或方法组合起来，以产生新的创意或满足不同的需求。比如，一个智能手机是否可以和一个运动手环组合起来，以提供更全面的健康监测服务。

通过回答这些问题，人们可以发现新的机会和改进现有的产品或服务，从而激发人们的创新思维。

5.案例

直播电商已经被国家列为新兴行业，这一行业对于专业门槛要求不高，适合外语等文科专业的学生。奥斯本检核表法就可以应用在直播行业的创新思考中：

能否他用：除了传统的直播方式，能否将直播用于在线教育、产品发布会、音乐会等其他场合。

保持不变能否扩大用途：在保持直播的核心功能不变的情况下，能否扩大其使用范围，如从娱乐扩展到教育、培训等领域。

稍加改变有无其他用途：能否更改直播的形式或内容，如从实时的语音直播改为录播，或者增加互动环节，使其用途更广泛。

能否借用：能否借鉴其他社交媒体或平台的成功模式，运用到直播中。

能否引用其他的创造性设想：能否引入新的创意和概念，如虚拟现实或增强现实技术，提升直播的互动性和体验感。

能否模仿别的东西：能否模仿其他行业的成功模式，如电商平台通过直播带货的模式。

能否从其他领域、产品、方案中引入新的元素、材料、造型、原理、工艺、思路，如能否在直播中引入游戏元素，增加观众的参与感。

能否改变：能否尝试改变直播的场景、内容或形式，以吸引更多观众，如从室内直播改为户外直播。

能否扩大：能否扩大直播的影响力，如通过多个平台同步直播，或增加互动环节，提高观众参与度。

能否缩小：在保证直播质量的前提下，能否缩小直播的资源占用，如优化视频编码技术，降低带宽需求。

能否替代：能否尝试用新的技术或工具替代传统的直播方式，如使用虚拟演播室。

能否调整：能否调整直播的时间、频率或时长，以满足不同观众的需求。

能否颠倒：能否尝试颠倒传统的直播模式，如从观众付费观看变为付费主播模式。

能否组合：能否将直播与其他媒体或功能组合，如“直播+电商”“直播+教育”等，以创造新的商业模式。

（二）头脑风暴法

1.定义

头脑风暴法（brain storming）是一种团队思维激发的方法，通过会议的形式让参与者自由发表观点和想法。这种方法的核心思想是在一个宽松、无限制的氛围中，鼓励人们打破常规，积极思考，畅所欲言。头脑风暴法源自“头脑风暴”一词，用来比喻无限制的自由联想和讨论，旨在激发新的创意和观念。

在集体决策中，群体思维可能会限制创造力和批判精神，导致决策质量下降。为了解决这个问题，管理领域发展出了一系列改善群体决策的方法，头脑风暴法是其中较为典型的一种。通过运用头脑风暴法，可以激发团队的创造力和创新思维，提高决策的质量和效果。

2.步骤

一是准备阶段：提出问题；组建小组；通知会议内容、时间、地点。二是热身活动：为使会议活跃，会前可做一些智力游戏、讲幽默小故事、做简单的发散思维练习等。三是正式开会：明确问题，简单明了。四是自由畅谈：主持人坚持上述原则。五是会后收集整理设想、提案。六是未达目的，重复上述过程。七是评价选出最佳设想、方案。

3.原则

一是自由畅谈。参加者从不同角度、不同层次、不同方位，大胆地展开想象，尽可能地标新立异，与众不同，提出独创性的想法。

二是延迟评判。头脑风暴，必须坚持当场不对任何设想作出评价的原则，既不能肯定某个设想，又不能否定某个设想，也不能对某个设想发表评论性的意见。一切评价和判断都要延迟到会议结束以后才能进行。这样做一方面是为了防止评判约束与会者的积极思维，破坏自由畅谈的有利气氛；另一方面是为了集中精力先开发设想，避免把应该在后阶段做的工作提前进行，影响创造性设想的大量产生。

三是禁止批评。绝对禁止批评是头脑风暴法应该遵循的一个重要原则。参加头脑风暴会议的每个人都不得对别人的设想提出批评意见，因为批评对创造性思维无疑会产生抑制作用。同时，发言人的自我批评也在禁止之列、有些人习惯于用一些自谦之词，这些自我批评性质的说法同样会破坏会场气氛，影响自由畅想。

四是追求数量。头脑风暴会议的目标是获得尽可能多的设想，追求数量是它的首要任务。参加会议的每个人都要抓紧时间多思考，多提设想。至于设想的质量问题，自可留到会后的设想处理阶段去解决。在某种意义上，设想的质量和数量密切相关，产生的设想越多，其中的创造性设想就可能越多。

4.优缺点

优点：头脑风暴法能够激发参与者的积极性，发挥其丰富的想象力，产生大量新的想法和创意。通过集体讨论和交流，参与者可以互相启迪思维，激发灵感，产生更好的解决方案；可以从多个角度思考问题，提高分析问题和解决问题的能力；可以增强团队的凝聚力和合作精神，促进参与者之间的交流和互动。

缺点：对于某些复杂或难以解决的问题，参与者可能需要花费大量的时间和精力进行讨论和分析。由于头脑风暴法鼓励自由发表观点，可能会导致一些无用的或不切实际的建议和想法被提出。参与者可能会过于关注自己的想法和创意，而忽视他人的观点和意见，导致讨论结果不够全面和客观。头脑风暴法需要一个有经验的主持人来引导讨论，否则可能会导致讨论变得混乱或无序。没有话语权但是见解独特的专家容易受“权威”“会议气氛”“主流”等因素的影响而无法有效传达自己的想法。通过会议发言表达见解的模式可能使一些表达能力不强的专家不能很好地表达自己的想法，这也会影响意见的收集。由于是即兴发言，因此不可避免地存在逻辑不严密、意见不全面、论证不充分等问题。头脑风暴法不适用于一些具有机密性和高技术含量及专业性的问题。

因此，在运用头脑风暴法时，需要合理安排时间、明确问题的范围和目标、选择合适的主持人、鼓励所有参与者积极发表观点、对提出的建议和想法进行整理和筛选，以确保讨论结果的有效性和实用性。

5.案例

有一年，美国北方格外严寒，大雪纷飞，电线上积满冰雪，大跨度的电线常被积雪压断，严重影响通信。过去，许多人试图解决这一问题，但都未能如愿以偿。后来，电信公司经理使用头脑风暴法，尝试解决这一难题。他召开了座谈会，参加会议的是不同专业的技术人员，要求他们必须遵守以下原则：

第一，自由思考，即要求与会者尽可能解放思想，无拘无束地思考问题并畅所欲言，不必顾虑自己的想法或说法是否“离经叛道”或“荒唐可笑”。

第二，延迟评判，即要求与会者在会上不要对他人的设想评头论足，不要发表“这主意好极了！”“这种想法太离谱了！”之类的“捧杀句”或“扼杀句”。至于对设想的评判，留在会后组织专人考虑。

第三，以量求质，即鼓励与会者尽可能多而广地提出设想，以大量的设想来保证质量较高的设想的存在。

第四，结合改善，即鼓励与会者积极进行智力互补，在增加自己提出设想的同时，注意思考如何把两个或更多的设想结合成另一个更完善的设想。

按照这种会议规则，大家七嘴八舌地议论开来。有人提出设计一种专用的电线清雪机；有人想到用电热来化解冰雪；也有人建议用电磁振荡技术来清除积雪；还有人提出能否带上几把大扫帚，乘坐直升机去扫电线上的积雪。对于这种“坐飞机扫雪”的设想，大家心里尽管觉得滑稽可笑，但在会上也无人提出批评。相反，有一位工程师在百思不得其解时，听到用飞机扫雪的想法后，大脑突然受到冲击，一种简单可行且高效率的除雪方法冒了出来。他想，每当大雪过后，出动直升机沿积雪严重的电线飞行，依靠高速旋转的螺旋桨即可将电线上的积雪迅速扇落。他马上提出“用直升机扇雪”的新设想，顿时又引起其他与会者的联想，有关用飞机除雪的主意一下子又多了七八条。不到1小时，与会的10名技术人员共提出90多条新设想。

会后，公司组织专家们对设想进行分类论证。专家们认为设计专用清雪机、采用电热或电磁振荡等方法清除电线上的积雪，在技术上虽然可行，但研制费用大、周期长，一时难以见效。那种因“坐飞机扫雪”激发出来的几种设想，倒是一个大胆的新方案，如果可行，将是一种既简单又高效的好办法。经过现场试验，发现“用直升机扇雪”真能奏效，一个久悬未决的难题，终于在头脑风暴会中得到了巧妙的解决。

（三）5W2H法

1.定义

5W2H法又称七何分析法，5W2H法是一种分析问题的有效方法，具体内容包括：

What：目的、任务是什么？

Why：原因是什么？为什么要这么做？

Who：谁负责完成该任务？

When：什么时候完成？

Where：在哪里完成？

How：如何完成？

How much：完成该任务需要多少成本？

5W2H法有助于人们全面地考虑问题，避免遗漏重要信息，有助于人们更好地理解问题的本质，找到最佳的解决方案，并有效地实施计划。

2.步骤

步骤一：做什么（What）。例如，条件是什么？哪一部分工作要做？目的是什么？重点是什么？与什么有关系？功能是什么？规范是什么？工作对象是什么？

步骤二：怎样（How）。例如，怎样做省力？怎样做最快？怎样做效率最高？怎样改进？怎样得到？怎样避免失败？怎样求发展？怎样增加销路？怎样达到效率？怎样才能使产品更加美观大方？怎样使产品用起来方便？

步骤三：为什么（Why）。例如，为什么采用这个技术参数？为什么不能有响声？为什么停用？为什么变成红色？为什么要做成这个形状？为什么采用机器代替人力？为什么产品的制造要经过这么多环节？为什么非做不可？

步骤四：何时（When）。例如，何时要完成？何时安装？何时销售？何时是最佳营业时间？何时工作人员容易疲劳？何时产量最高？何时完成最为时宜？需要几天才算合理？

步骤五：何地（Where）。例如，何地最适宜某物生长？在何地生产最经济？还有什么地方可以做销售点？安装在什么地方最合适？何地有资源？

步骤六：谁（Who）。例如，谁来办理最方便？谁会生产？谁可以办理？谁是顾客？谁被忽略了？谁是决策人？谁会受益？

步骤七：多少（How much）。例如，功能指标达到多少？销售多少？成本多少？输出功率多少？尺寸多少？重量多少？

3. 优点

5W2H法的优点有：

一是可以帮助企业 发现自身的问题，并根据问题的线索找到解决问题的方法和思路。

二是可以帮助企业找到问题的关键，减少不必要的查找时间，从而提高员工的工作效率。

三是使用简单，方便，使用方法也非常容易理解，特别是对于做发明创造的企业，具有启发，开创新思路的意义。

四是可以帮助企业有效地发现事件的本质，有利于企业或管理层作出更有效的决策。

五是可以帮助企业考虑到问题的全局性，避免流程设计或管理中出现的遗漏问题，从根本上杜绝事件的盲目性。

对企业管理部门来说，5W2H法可以帮助本部门人员更快速地发现问题，并解决问题；对企业的设计研发部门来说，5W2H法可以帮助本部门人员拓宽设计思路，启发新的研发方向；对企业的公关部门来说，5W2H法可以帮助本部门人员发现客户的痛点，有效地解决公关问题。5W2H法也可以用于销售等多个部门，因此5W2H法可以用于企业的任何部门。对企业的可持续发展来说，5W2H法也是不可或缺的一种解决问题的有效方法。

4. 案例

案例一：沟通。在部门内部或项目团队中，沟通是工作中重要的组成部分。高效的沟通将减少重复次数和会议时间，大大节省时间成本。5W2H法可从七个方面界定、表述沟通的内容问题，不仅有助于团队提高沟通效率，有效掌握事件的进展情况；还有助于团队全面思考问题，避免在沟通中遗漏重要内容。

例如，团队成员在向项目经理汇报完项目进度后，项目经理可通过询问以下问题，来全面了解项目的整体进展情况：能否理解交付的某项要求、是否需要增加人手、费用和进度是否可控、还有哪些困难等。

案例二：软件功能开发。某软件设计公司需要在客户原有的系统上增加功能，以满足客户应对项目不断增加的精细化管理要求。运用5W2H法进行详细的分析，以便更好地统筹工作安排实现系统功能开发。

一是统一工作目的。为什么要做？对软件公司来说，是为了提高二次签约率和增加收入，还是为了增加客户黏性去做。如果软件公司不做，有没有替代方案可以解决客户的需求？是否需要推荐其他公司？在确定本次开发项目之前，需要软件公司和客户都能够明确本次工作的目的。

二是确定开发的工作内容。对软件公司来说，本次开发项目的目的是什么？是对其他产品的某项功能做迭代、二次开发，还是做全新的开发？对客户来说，本次开发项目的目的是什么？是针对精细化管理的具体目标和思路，提出具体的功能需求，还是需要软件公司引导自己识别并聚焦在重点功能需求上，摒弃一些不重要、不紧急、零散的功能诉求？

三是确定项目相关方。针对本次开发项目，软件公司应该外包还是由内部开发？团队成员应如何分工？由谁来对接客户？由谁对项目质量负责？

四是确定开发的计划和进度。例如，客户要求什么时间上线系统功能？软件公司在什么时间能完成编码、测试和正式上线？客户现在上线该功能是否为最佳时间？

五是确定工作场域。例如，研发团队是否需要到客户单位驻场？系统测试是否需要在客户的系统环境下测试？项目沟通的地点在何处？

六是确定实施方案。双方项目组及相关人员需要对功能开发的具体实施方案进一步明确。例如，选择什么样的系统开发环境？当出现进度延误时，如何提高效率追赶进度？项目实施的具体工作步骤如何安排？工作质量如何保证？

七是确定成本和收益。软件公司针对项目的交付及产出需要有所预期。例如，成本费用有多少？投入多少人力？项目合同额是多少？

通过回答上述七类问题，软件公司对此软件功能开发项目有了进一步的思路和解决方案。

（四）列举法

1.定义

列举法就是把与创新有关的方面一一列举出来，然后探讨能否改革、怎样改革，最后实现改革。列举法通常分为属性列举法、缺点列举法和希望点列举法。

2.类型

一是属性列举法。

定义：属性列举法是由Crawford提倡应用的思考策略。属性列举法是偏向物性、人性的特征来思考，主要强调在创造过程中观察和分析事物的属性，然后针对每一项属性提出可能改进的方法，或改变某些特质（如大小、形状、颜色等），使产品产生新的用途。需要注意的是，不管多么不切实际，只要是对目标的想法、装置、产品、系统或问题的重要部分提出可能的改进方案，都是可以接受的。

步骤：第一步，选择明确的创新对象，宜小不宜大。第二步，把创新对象的特性一一列举。第三步，把事物的特性用名词、形容词、动词表现出来。例如，名词特性（如整体、部分、材料）、形容词特性（如大小、形状、颜色、性质）和动词特性（如功能、机理、作用）。

案例：以雨伞为例。第一步，确定研究对象：尼龙绸折叠花伞。第二步，特征举例：名词性特征有伞把、伞架、伞尖、伞面、弹簧、开关机构、伞套、尼龙绸面、铝杆、铁架；动词性特征有折叠、手举、打开、闭合、握、提、挂、放、按、晒、遮雨；形容词性特征有圆柱形的（伞把）、弯曲形的（伞把）、直的（伞架）、硬的（伞架）、尖的（伞尖）、印花形的（伞面）、圆的（伞面）、不发光的（伞面）等。第三步，进行特征变换：将直的、硬的、铁的伞架变换成软的充气式的伞架，便于携带；将用手举的伞变换成用肩固定的伞、用头固定的伞，方便骑车者、抱婴儿者；将无声响的伞变换成带收音机的、带手电筒的伞，方便人们使用。第四步，提出新产品设想：依据变换后的新特征与其他特征组合可得到以下新产品，如铝质伞把、充气式伞架的带有印花图案的折伞；普通支架、小伞面戴在头上或背在肩上的伞；伞把与伞中内藏收音机。

二是缺点列举法。

定义：缺点列举法是偏向改善现状型的思考，通过不断检讨事物的各种缺点，来提出解决问题和改善对策的方法。

步骤：第一步，决定主题；第二步，列举主题的缺点；第三步，根据选出的缺点来考虑改善的方法。

案例：尽可能多地列举出玻璃杯的缺点。例如，玻璃杯容易碎、比较滑、盛开水后手摸上去很烫手、容易沾上脏物、有了小缺口会划破手、容易翻倒、活动时带在身边不方便、倒上热水后很容易凉，以及成套的玻璃杯因其花色相同，喝水人稍不注意就分不清自己所用的杯子等。

三是希望点列举法。

定义：希望点列举法是偏向理想型设定的思考，是通过不断地提出"希望可以""怎样才能更好"等的理想和愿望，使原本的问题能够聚合成焦点，再针对这些理想和愿望提出达成的方法。希望点列举法的步骤是先确立主题，再列举主题的希望点，并根据选出的希望点来考虑实现方法。

步骤：第一步，找出事物的缺点；第二步，分析缺点产生的原因；第三步，针对缺点产生的原因，恰当地提出解决的方法。

案例：开发一种新型雨伞。甲：如果天气好了，就可以把伞扔掉，那才方便呢。乙：我倒希望有一把伞，和朋友一起走能大些，自己走能变小些。丙：能搞出像空气那样的东西，围裹着身体，不被雨淋湿才好。丁：淋湿了马上就干也不错。戊：有什么东西，在头顶上把雨水都吸收了就好。己：最好有一种像隧道一样的东西向前延伸着淋不到雨。如此种种，把大家的意见集中起来，设计出一种新伞。希望点列举法与缺点列举法一样，都是列举得越多越好，甚至空想、幻想也可以。这需要发散思维和想象力。希望点列举法既可以个人进行，也可以团体进行。

（五）组合法

1.定义

将两种或两种以上的产品、材料、工艺等，通过恰当合理的方式组合在一起，使之成为新产品、新材料、新工艺，从而产生前所未有的效能，这样的创造发明原理，称组合创新技法。

有学者将“组合”归纳为元件组合、功能组合、材料组合和技术并用组合，还有学者将“组合”归纳为主体附加、异类组合、同类组合和重新配置组合。

组合思维是指把多项貌似不相关的事物通过想象加以连接，从而使之变成彼此不可分割的新的整体的一种思考方式。严格意义上来讲，“组合”并不是一种创新思维形式，而是一种比较具体的创新方法，是人们创造发明的重要工具。从组合创新思维的特点来看，仍属于发散思维、收敛思维或想象思维的范畴。

2.类型

一是重组组合：组合各组成部分的相互关系。二是功能组合：将不同功能的物品组合在一起创造多功能的产品。三是材料组合：通过某些特殊工艺将多种不同材料加以适当组合，可以制造出满足特殊需要的材料。四是同类组合：将同一种功能或结构在一种产品上重复组合，满足人们更高的要求，这也是一种常用的创新方法。五是异类组合：人们在从事某些活动时经常同时有多种需要，将满足这些需求的功能组合在一起，形成一种新的商品。

3.特点

一是创新性。运用组合法搞发明创造时，最富有创造性之处就在于组合要素的选择和新颖组合方式的提出。为提高组合要素的性能而提高整体功能是组合创新的基本目的。例如，瑞士军刀。

二是广泛性。有人对1900—2000年的480项重大创新成果进行分析，发现技术创新的性质和方式，自20世纪50年代发生了重大变化：原理突破型成果的比例明显下降，而组合型发明开始变成技术创新的主要方式。据统计，现代技术中组合型成果已占全部发明的60%~70%。

三是时代性和继承性。时代性和继承性主要体现在将两种或两种以上的事物或理论进行有机的组合、变革、重组，从而诞生新的产品、新的思路，或形成独一无二的新技术。

4.作用

一是可以运用已有技术实现技术突破；二是有利于为新技术、新工艺、新材料的推广应用寻找途径；三是在开展群体创新活动、获取群体创新成果、实践人人都是创新者的过程中发挥独特作用。

5.方法

一是主体附加法：以发散、想象思维为主；二是二元坐标法：以发散、想象思维为主；三是焦点法：以想象、收敛思维为主；四是形态分析法：以发散、收敛思维为主。

6.案例

例如，铅笔+橡皮：设计出带有橡皮的铅笔；自行车+货架+车筐+里程表+车灯+后视镜：设计出具备载货、测速、照明、辅助观察等多功能的自行车。又如，给婴儿喂奶时常需要判断奶水的温度，新生婴儿母亲因缺乏经验，判断奶水温度既费时又不准确。为解决婴儿母亲的这种需求，有人将温度计与婴儿奶瓶加以组合，生产出具有温度显示功能的婴儿奶瓶。

（六）TRIZ创新法

1.定义

TRIZ，全称为理论解决问题的创新方法，它起源于苏联的发明家Altshuller和其同事们的创新实践。TRIZ旨在解决创新过程中的矛盾和问题，通过消除这些矛盾来推动技术的发展。TRIZ的核心是创新思维方法，它强调在解决问题时采用特定的思考方式，以帮助人们跳出传统的思维模式，从而找到更具创新性的解决方案。

2.类型

TRIZ是一套系统化的创新方法论，包含一系列的创新思维方法。

九屏幕法：它是一种用于预测和解决矛盾的创新思维方法。它要求人们考虑与当前问题相关的九个方面，即过去、现在、未来、宏观、微观、优点、缺点、全局和局部。通过考虑这些方面，人们可以全面地了解问题，并找到更好的解决方案。

STC算子法：它是一种用于消除物理矛盾的创新思维方法。它要求人们考虑问题的三个属性：大小、时间和成本。通过分析这三个属性之间的关系，人们可以找到一种解决方案，使得问题的各个方面都得到优化。

分离原理法：它是一种用于解决技术矛盾的创新思维方法。它基于TRIZ的四个分离原理，即空间分离、时间分离、系统级别分离和物质场分离。通过应用这些原理，人们可以拆分问题，并从不同的角度来寻找解决方案。

小人法：它是一种用于消除技术矛盾的创新思维方法。它要求人们将问题中的各个元素视为小人，通过改变这些小人的行为或关系来解决矛盾。这种方法可以帮助人们跳出传统的思维模式，以一种全新的角度来看待问题。

金鱼法：它是一种类比思考方法，可以帮助人们寻找新技术或解决方案。通过将现有技术或解决方案比作金鱼，人们可以更加清晰地了解它们的优点和缺点，从而提出更加有效的替代方案。

最终理想解（IFR）：它是指人们在描述技术系统改进或解决方案时所追求的最终理想状态。它可以帮助人们明确问题的最终目标，从而指导创新过程，避免走弯路。在IFR中，技术系统与自然界中的某种现象相对应，这种自然现象可以被直接模仿或借鉴，用于构建一个全新的技术系统。

3. 优点

TRIZ成功地揭示了创造发明的内在规律和原理，可以帮助人们系统地分析问题情境，快速发现问题本质，准确定义创新性问题或矛盾；为创新性问题或矛盾提供更合理的解决方案和更好的创意，通过从更宽广的视角分析问题来打破思维定势，激发创新思维；在已有的条件下确定探索方向，预测未来发展趋势，开发新产品；打破知识领域界限，实现专业领域的突破。

4. 案例

在英语词汇教学中，TRIZ的运用日益广泛。近年来，随着英语各类考试难度的加大，对学生词汇量以及学习和记忆单词的技巧也提出了更高的要求。以前那种让学生死记硬背的方法已经不适合英语词汇学习的需要，因此我们在教学中要打破学生的思维惯性，探索一条培养学生创新思维的行之有效的词汇记忆方法。

例如，使用拆分法记忆单词，就是利用分割原理，将一些比较大的工程项目分解成功能相对独立的子项目。英语学习到达一定阶段后，单词的难度也随之加大，出现了一些长单词及生僻单词。例如，在英语词汇里有一些合成词，我们可以利用分割原理将这些合成词拆分成两个或多个具有独立意义的子词，这些子词通常是我们早已掌握的较熟悉的词，而这些合成词的意义通常就是其构成中子词意义的复合与叠加。这样我们不仅很快记住了单词的拼写，还掌握了单词的含义。例如：sparepart n.备件，零配件（spare adj.备用的，part n.零件）；mobilephone n.手机（mobile adj.移动的，phone n.电话）；network n.网络（net n.网、网状物，work v.操作）；absorbing substance n.吸附剂（absorbing adj.吸收的，substance n.物质）；widespread adj.分布广的，广泛的（wide adj.宽广的，spread v.散布、蔓延）。

（七）综摄法

1.定义

综摄一词最早出自希腊语，意思是把表面上看来不同而实际上有联系的要素综合起来。综摄法是由美国哈佛大学教授威廉·戈登（W.J.Gordon）提出，后来由乔治·普林斯丰富和完善的一种创新技法。综摄法又称类比思考法、类比创新法、提喻法、强行结合法，这种方法是以类比思考为核心的著名创新技术。这种方法的最初含义是指由不同性格和不同专业的人员组成精干的小组，采取自由运用比喻和类比方式进行非正式的交换意见、进行创造性思考，并在此基础上阐明观点、构思创意并解决问题。该方法一般由主持人、相关领域的专家以及各种专业领域的成员共同运用，以外部事物或已有的发明成果为媒介，并将它们分成若干要素，对其中的要素进行讨论研究，综合利用激发出来的灵感，来发明事物或解决问题，是标准的集体创意构思技法。

2.基本要点和主要原则

综摄法有两个基本要点：一个是使陌生的东西变得熟悉起来；另一个是使熟悉的东西变得陌生起来。

综摄法的主要原则包括异质同化和同质异化。

异质同化是指把看不习惯的事物当成早已习惯的熟悉事物。在发明没有成功前或问题没有解决前，对我们来说都是陌生的，异质同化就是要求我们在碰到一个完全陌生的事物或问题时，要用所具有的全部经验、知识来分析、比较，作出很容易处理或很老练的态势，再考虑用什么方法，才能达到这一目的。例如，在脱粒机发明以前，谁也没有见过这种机械，要发明这样一种机械，就要通过当时现有的知识或熟悉的事物来进行创造。脱粒机实际上是一种使物体分离（将稻谷和稻草分开）的机械，可以使稻谷分离的方法很多，最终根据用雨伞尖顶冲撞稻穗，把稻谷从稻禾上脱落下来的创造性设想，发明出一种带尖刺的滚筒状的脱粒机。

同质异化是指根据人们的需要，对某些早已熟悉的事物，从新的角度或运用新知识进行观察和研究，以摆脱陈旧固有的桎梏，产生新的创造构想，即把熟悉的事物化成陌生的事物看待。例如，热水瓶大家都很熟悉，将它改成茶杯大小，就成了保暖杯；将电子表装在笔中，就发明出一种电子计时笔。

3.三种类比法

综摄法的关键是进行类比，类比法常被人表述成能够抓住那些互不相干的现象中存在明显的或隐蔽的各种关系，并且能够利用这些相似条件，从中提炼出一些解决问题的设想的思考方法。经过研究，类比法是实现这种创新构思的最好方法之一。在具体实施上述两项原则时，常用的类比法主要有：

（1）拟人类比法。进行创造活动时，人们常常将创造的对象“拟人化”。设计师可以模拟人体手臂的动作来设计挖土机，其主臂如同人的手臂，可以弯曲，铲斗如同人的手掌，可以插入土中，将土挖起。在机械设计中，采用这种“拟人化”的设计，可以从人体某一部分的动作中得到启发，常常会收到意想不到的效果。现在，这种拟人类比法被大量应用在科学管理中。

（2）直接类比法。从自然界或者已有的成果中找寻与创造对象相类似的东西，即将事物甲与事物乙直接类比或把某一领域的事实、信息、知识和技术应用于另一领域。例如，当想要设计一种水上汽艇的控制系统时，设计师可以将它同汽车直接类比。汽车上的操纵机构和制动机构等都可经过适当改造后，运用于汽艇，这样比凭空想象设计一种东西容易获得成功。再如，运用仿生学设计飞机、潜艇等，也是一种直接类比的方法。

其实施步骤如下：

①研究和分析问题，明确问题的内容和要求，以及解决问题的设想；

②根据分析问题的结果，寻找类似事物作为问题解决的类比物；

③研究类比物的机理，即研究类比物的性质、功能、原理和结构等；

④在类比物理机理的启发下，构想实现与类比物机理相似的技术原理和手段，从而形成技术方案，解决问题。

（3）象征类比法。它是一种用具体事物来表示某种抽象概念或思想感情的方法。在创造性活动中，人们可以赋予创造对象一定的象征性，使其具有独特的风格，即先用简练的词汇来表达所探讨问题的关键。例如，绿色会使人联想到生命，于是绿色就成了生命的象征。然而，并非人人都有这种类似的感觉，关键的是它能够触发由此而引起的联想。

4.四种模拟技巧

为了加强发挥创造力的潜能，使人们有意识地使用异质同化、同质异化两项原则，戈登提出了四种极具实践性、具体性的模拟技巧。

人格性的模拟：这是一种感情移入式的思考方法。也就是说，先假设自己变成该事物，再考虑自己会有什么感觉，又如何去行动，最后寻找解决问题的方案。

直接性的模拟：将模拟的事物作为范本，直接把研究对象范本联系起来进行思考，提出处理问题的方案。

想象性的模拟：充分利用人类的想象能力，通过童话、小说、幻想、谚语等来寻找灵感，以获取解决问题的方案。

象征性的模拟：先把问题想象成物质性的，即非人格化的，然后借此激励大脑，开发创造潜力，以获取解决问题的方法。

综摄法作为一种创新技法，它的特点在于：由于两个或两类事物在某些方面具有相同的或相似的特点，因此期望通过类比把某些事物的特点复现到另一类事物上以实现创新，这能在一定范围和一定程度上给人以某种新启示，对创造性思维非常有裨益。但综摄法也有不足之处，它的运用受到一定程度的限制。综摄法的正确运用，既要利用心理学的许多理论，又要在很大程度上依靠人的想象、直觉、灵感等非逻辑思维。因此，人们必须花费相当多的时间和精力，才有可能较好地掌握这一方法。

5.实施程序

综摄法的实施程序分为两步：第一步，准备阶段。先把问题分解为若干个小问题，再找出解决问题的办法，即“变陌生为熟悉”。第二步，暂时离开问题。先从陌生的角度去思考，得到启发后回到原问题上，再通过强制联想得到解决问题的方法，即“变熟悉为陌生”。

实施程序可以分解为以下七步进行：

第一步，给定问题。由主持者说明要解决的问题。

第二步，分析问题。由主持者详细介绍问题的有关背景材料、现行解决方法及存在的问题。

第三步，问题重新表述。与会者从不同的角度对问题进行重新表述。

第四步，整理重新表述。主持人对重新的表述进行简单分析后，将问题按重要性的程度排列。

第五步，远离问题。与会者采用类比法，尽力搜寻看起来无关但确有相通之处的概念、要素或方法，这是陌生化过程。

第六步，强行结合。把陌生化过程中受到的启发和类比成果与原问题结合起来形成独创性的构想。

第七步，方案的认可。主持人就强行结合形成的初步构想讲述他的理解，以确认是否准确表达了所提构想，与会者还可以对构想加以补充和完善。

需要注意的是，在讨论时最好先不公布议题，直至有人涉及时再提出来，从而有利于与会者灵感的相互激发。以上四种模拟技巧不追求设想的数量，而在于设想的质量和可行性。其中，人格性的模拟一般不易做到，因此我们必须集中精力。以要改善机器的状况为例，通常我们无法将自己完全想成一台机器，更不用说用人的思想去感受机器的状况了，这是因为“人是人，机器是机器”的观念已在我们头脑中根深蒂固了。那么，我们如何才能真正地将机器拟人化呢？首先，必须抛弃“人与机器不一样”的观点，再把机器的外壳想象成人的皮肤，去想象“这样它表面一定很痛”等，新的创意就出来了。

这四种模拟技巧的思考方针要从“问题在童话、科幻小说中，会变成什么样呢?”的疑问开始寻求答案，这样才能符合两项原则。

模拟思考时应注意以下问题：

（1）模拟时要集中注意力。

（2）综摄法的精髓是通过识别事物之间的异同，来捕捉富有启发性的新思路，产生有用可行的创造性设想，并得出解决问题的方案。

（3）要确定贯彻综摄法的两项原则。

6.案例

阿迪达斯在创新鞋底时是如何体现综摄法的过程的?

（1）问题分析：运动鞋需要兼顾支撑和缓冲两种相反的需求，传统EVA材料无法做到完美平衡。明确创新要达到支撑稳定与缓冲舒适的目标。

（2）方案收集：收集了各种材料，如PU、TPU、橡胶、胶凝布等的特性，形成碎片化创意。不拘泥于传统材料，打开思路。

（3）方案组合：采用碎片化随机匹配的方式，将PU的支撑特性和胶凝布的柔软特性进行组合，创造出全新的Boost中底。

（4）方案评估：先评估组合方案，找到支撑和缓冲两种相反需求的平衡点；再经过多轮优化，确定推出Boost中底；最后通过市场验证方案的效果。

（5）后续迭代：根据市场反馈继续优化细节，推出Ultra Boost等新版本，巩固技术优势。展现开放创新的持续价值。

综摄法导图如图3-1所示。

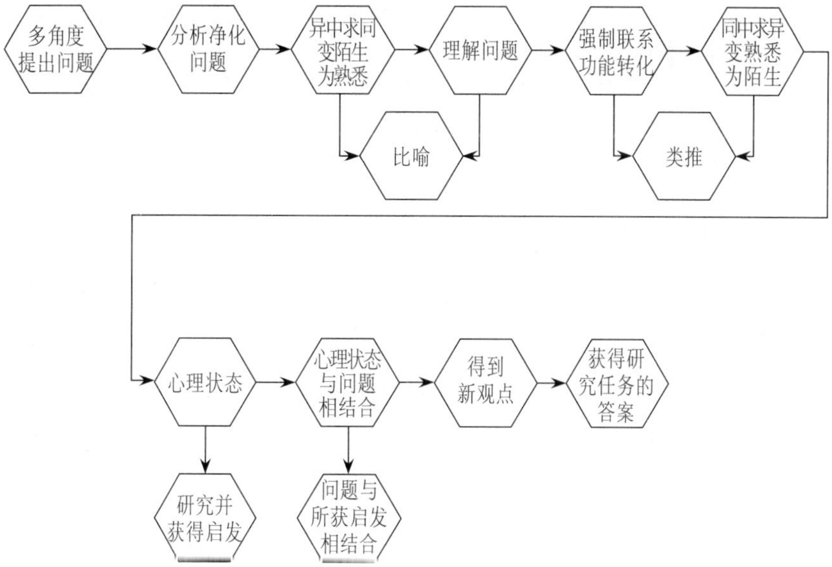

图3-1　综摄法导图

资料来源：作者绘制。

三、外语专业大学生创新技法的实践途径

（一）跨越专业，融合创新

以“互联网+”大学生创新创业大赛为例，参赛项目有以下五种类型：“互联网+现代农业”，包括农、林、牧、渔等；“互联网+制造业”，包括先进制造、智能硬件、工业自动化、生物医药、节能环保、新材料、军工等；“互联网+信息技术服务”，包括人工智能技术、物联网技术、网络空间安全技术、大数据、云计算、工具软件、社交网络、媒体门户、企业服务、下一代通信技术、区块链等；“互联网+文化创意服务”，包括广播影视、设计服务、文化艺术、旅游休闲、艺术品交易、广告会展、动漫娱乐、体育竞技等；“互联网+社会服务”，包括电子商务、消费生活、金融、财经法务、房产家居、高效物流、教育培训、医疗健康、交通、人力资源服务等。

这些类型看似与外语专业关系不大，但是从综摄法的角度来分析，通过探明事物间未知的联系，采用非逻辑推理等方法，把那些看似无关的东西联系起来，我们就会发现，实际上外语专业恰恰与其中很多类型有交集，可以说是“广阔天地，大有可为”。在当今环境下，外语作为基础学科，语言作为联通世界的工具，会在诸如信息技术、文化创意服务、社会服务、数字经济、跨境电商等方面发挥很大作用，因此已经有电商语料库、语言支持跨境电商等项目被立项和开展研究。

一方面，外语专业的学生具有广阔的视野，丰富的文化内涵，这些特点可以弥补理工科由于专业口径相对较窄而导致的问题，通过加

强学科交叉、文理渗透，增强对多元知识的综合能力及对多元文化的融合能力，这是开发出一个好项目的必要条件；另一方面，外语专业的学生应积极参加创造性思维原理、创新技法以及创造规律等方面知识的有关课程，如创造学、科学方法论等。重视实验课、课程实习、毕业设计等环节，使自身能够学以致用，有利于提升自己的自学能力、独立分析问题能力和实践创新能力。

（二）参加竞赛，以赛促创

目前，国家和地方为大学生创新活动提供了大力支持和资源保障，对促进大学生创新意识的提高、创新能力的培养起到了积极作用。高等学校作为创新型人才培养的主战场，依托各类科技创新活动平台，在创新创业教育、活动等方面做了大量的工作。其中，第一届中国“互联网+”大学生创新创业大赛，以“‘互联网+’成就梦想，创新创业开辟未来”为主题，由教育部与有关部委共同主办，是覆盖所有高校、面向全体高校学生、影响力最大的赛事之一。大赛旨在深化高等教育综合改革，激发大学生的创造力，培养造就“大众创业、万众创新”的主力军；推动赛事成果转化，促进“互联网+”新业态形成，服务经济提质增效升级；以创新引领创业、创业带动就业，推动高校毕业生更高质量创业就业。中国“互联网+”大学生创新创业大赛已写进本专科生国家奖学金评审办法，在学科竞赛方面取得显著成绩，在国际和全国性专业学科竞赛、课外学术科技竞赛、中国“互联网+”大学生创新创业大赛、全国职业院校技能大赛等竞赛中获一等奖（或金奖）及以上奖励可申请国家奖学金。在大学生竞赛排行榜中，中国“互联网+”大学生创新创业大赛排名第一，大赛代表了大学生创业的最高水平。还有由共青团中央、中国科协、教育部和全国学联、承办高校所在地省政府主办的“挑战杯”中国大学生创业计划竞赛，各个省、高校也有自己的大创赛事，这些赛事为大学生提供了施展才华的广阔舞台。

作为大学生，要积极参与创新创业实践活动，首先要学习好专业知识。因为理论基础和专业知识的综合应用是能力实现的基础。其次要积极参加实践项目。外语专业的重要目标是用语言为实践和科技创新服务，在实践的同时培养综合能力。最后，高年级本科生应该积极参加科研活动。经过几年较为系统的专业训练，部分高年级本科生具备一定的专业技能，也具备从事科研工作的能力，如果这些学生参加学校各类科研活动，对于提升自身的科技创新能力具有积极的推动作用。

外语专业的学生在创新创业项目的思考和选择上不能只局限于本专业，应该打造跨学科深度融合、多方向、宽口径的特色。除了“外语+语言文学”“外语+国际商务”“外语+翻译”等方向外，还有很多思路和机会，如教育培训赛道、“外语+互联网+数字经济”平台等，可根据自身想法和市场需求，在坚持语言技能学习的基础上自行选择专业方向，开拓个性化发展空间。

四、专创融合案例实训

案例实训1：头脑风暴法的应用

要求：假设你是公司的管理团队成员，如何结合之前学过的创新类型的知识，利用头脑风暴法，围绕某个特定的创新目标从众多创意中选出团队需要的创新组合，并将这个组合转换成进入市场的项目来实际地改变竞争局面，从而从这些付出中获取回报。找到解决方案并列出具体实施步骤。

参考方案：团队需要选择一个创新项目，构建一个涵盖广泛且深远的项目组合，以此来击败最顽固的竞争者，这个过程可以分成七个步骤：

1.概念导入

在采取任何重要承诺前，团队应该召开首脑会议，介绍最基本的概念与思路。如果这一有关基本概念的解说由外来者承担，那再好不过了，这样听众就不会带有偏见。在介绍结束后，团队应该召开秘密预备会议，来决定这一基本概念是否值得在公司当下采用。

2.组合分析

假设公司领导已对这个项目表示支持，下一步便是对公司的产品组合进行有关品类成熟生命周期的分析。在这个过程中，你需要回答的问题是：

•你主要的产品线位于品类成熟生命周期的什么位置？

•在竞争中产品的绩效如何？

•竞争者为了与我们拉开差距采用了什么样的创新类型？

•到目前为止，我们使用的差异化创新类型是什么？

•这些创新类型成功吗？

经过这一阶段的讨论，团队一般都会选择一个或更多的品类作为创新项目的目标。

3.分析目标品类

要对目标品类当前状态以及公司改变竞争局面机会的本质有清晰的认识。所要回答的问题可以有以下选择：

•这一品类的整体绩效如何？

•复杂系统和规模化运营产品的区分是什么？

•哪种商业构架可以使企业获得更大的成功？

•哪种商业构架对公司更合适？

•我们能够控制相反的构架吗？

•在相同的构架下，竞争对手是如何操作的？

•我们认为竞争对手的创新战略如何？

•竞争对手执行这一战略的成功度如何？

•到目前为止，我们的创新战略如何？

•我们执行这一战略的成功度如何？

•我们在抵制竞争对手方面的成功度如何？

•我们改变的时间到了吗？

这时，你与团队成员并不能确定改变创新战略是否是个好主意。如果你能确定这一点，即你相信可能有另一种比当前战略更好的创新战略，那么就坚定地继续下去。但是，不要将你当前的战略排除在考虑范围之外，除非你拥有绝对的理由这么做。当前的战略可能是你拥有的正确的战略，企业只要继续下去就能创造竞争差距。换句话说，只要当前的战略可行，你就必须保留它。

4.减少需要思考的创新类型数量

简单评价每种类型，邀请团队成员提出要被删除的候选创新类型。从长远的考虑来看，删除创新类型可以依据的主要理由包括：

•与品类当前的成熟度不一致。

•已被竞争对手抢先采用，获得竞争差距过于困难。

•与组织的核心竞争力非常不匹配。

这一阶段的目标是将候选的创新类型减少至可以掌控的数量。为了达到这一目标，可将优先选择的过程作为删除过程的辅助，创新类型被选择的理由恰与被删除的理由相反：

•与品类当前的成熟度相一致。

•还未被竞争对手深入研究。

•与组织的核心竞争力非常匹配。

经过不断地删除和优先选择，直到你拥有至少一个、至多三个创新类型作为创造市场差异化优势的强有力的后备军。

5.发展有吸引力的选择

这是整个实践过程的支点。为了推动这一过程，组建一个经理支持者联盟，每个经理都负责一个候选的创新类型。这些经理将支持跨部门团队，团队成员来自领导层以及高潜质的操作者，他们对于讨论中的创新类型拥有特殊的好感。每个团队都需要完成以下步骤：

第一步，复习目标创新类型的材料。根据材料，并结合团队成员自身经历，讨论成功公司如何利用这些创新类型来获得竞争差异。若时间与环境允许，邀请一位或多位在这个问题上有成功经历的外部专家参与讨论。突破材料的局限，结合参与者的经历，制定一个定义创新类型特性的清单。总之，使你对某种创新类型的构成理论有更加丰富与深刻的了解。

第二步，使用头脑风暴法，构想出公司可以利用这种创新类型来竞争差异的各种可能途径。你得出的清单需要达到下列目标：在你彻底执行之后，顾客将大为惊叹，竞争对手将无所适从。为了更好地完成这一过程，要求团队成员思考以下问题：

在这一维度上，我们所做的使企业的产品更富创新性的第一件事是什么？在团队共享前，首先让团队成员单独回答这个问题，在纸上记录他们的点子，然后在团队内共享。这样可以保证没有失去思考的真实性。

假设我们已经完成了所有该做的，那么为了让我们的产品真正远离竞争，我们接下来需要做什么呢？

一旦你完成了在你的能力范围内能达到的既有深度又有广度的愿望清单，将这些点子按以下标准分类与排序：

•它将吸引我们可能拥有的目标顾客吗？

•它给顾客一个有吸引力的理由去购买吗？

•考虑到公司当前的核心能力以及公司的市场进入合作伙伴的核心竞争力，它可行吗？

•它与我们最成功的竞争对手目前的所为有显著的差异吗？竞争对手要模仿我们的行为很容易吗？

•它与我们考虑的其他战术一致且能起到相互加强的作用吗？

要求每个团队成员按每个标准对每个项目排序，按1～5分制打分，5分是最佳，将结果相加后，按总分高低进行排序。这样一张按分数等级排序的战术清单就展现在你的面前，一般总是获得高分的战术群处于清单顶端。在最后几条之前划分一条分割线，团队成员需要将注意力集中于分割线之前的战术。

第三步，用团队头脑风暴来实现这些战术。

首先，列出公司组织中所有可能与产品有关的职能部门：研发、销售、服务、物流、采购、财务以及任何能想到的职能部门。此时，结合前面列出的战术清单，对其中的每个项目都用头脑风暴法来构思每个职能部门需要如何变革来使这些创新成为现实。

一般来说，你可以创建一张巨大的表格，纵栏代表职能，横栏代表战术，其中的单元便是用来执行战术的每个职能的变革。

在你完成这些后，回顾你所构建的表格，将这些创意综合成一套项目提议。每个提议都按其所追寻创造的差异化市场结果来定义。有的项目可以关注改良产品，有的项目可以关注营销的变革或服务的客户化定制等。想象一下，你在一个大型销售会议上向你的销售人员接二连三地宣布这些提议。千万别停止增加项目！直到他们所有的人都为之欢呼雀跃。

第四步，对你的项目进行财务分析。估算实现这些项目所需要投入的时间、人力、物力。怎样的市场成功，才能证明这些投资值得呢？在提交你认为能带来市场成功的项目时，你心中有多自信呢？这一成功能给整个公司带来多大的价值呢？在这些远大的市场绩效目标和现实的投资要求之间找到平衡，并相应地修改你最终的建议。

6.选择一个主要的创新类型

每个创意小组都向管理团队递交他们提议的一系列项目。管理团队可以接受报告，也可以在他们认为报告中忽视了关键的机会或包括了不恰当的解释时，退还报告。当所有的最终建议都敲定落实后，组织执行者选择其中的一个创新类型作为公司最优先考虑的品类。

此时，至关重要的是将其他所有创新类型都暂且放在一边。切记，你的目标是通过充分利用某个单一的创新类型来创造可持续的竞争差异。若你能将任何额外的创新能源投入到主要的创新类型中去，便可使你的竞争对手望尘莫及。

7.动员整个组织

当构建的清单内容逐渐清晰，创新类型被确定时，组织中的所有职能部门，都应根据这一选择重新思考自身扮演的角色以及相应的流程。为什么？因为刚刚确定了你的核心。

整个过程的目标是从外围中获取相应的资源来为这一核心服务。这便使创新类型有足够的资源支持。你完成这一目标的方式是，将你现在的资源用于加强那些将要带入市场的创新类型。一些职能部门将直接参与创新类型中最醒目的部分，其行为路径非常清晰，不过每个职能部门都有机会来加强新的价值主张。

为了让整个组织都参与其中，营销部门可以重申对创新品牌的承诺；开发部门可以描述新的产品；服务部门可以描述新的服务。在这样的环境下，其他职能部门应召开秘密会议来回答以下问题：

•在这样一个新的承诺下，我们的工作重点将是什么？

•什么将变得不那么重要？

•我们该如何差异化每日的工作来强化向顾客提供的价值主张？

•什么是我们需要停止或部分停止的工作，以使这些资源聚焦于我们正强化的工作议程？

•我们如何向市场展示公司真正拥有的市场差异化方法？

最后由最高执行官鼓励组织中每个成员加入这一快乐之旅。正是这段对于创新技法的应用过程创造了公司的亮点，正是这一亮点使得公司在激烈的竞争中脱颖而出，也使得回报如此诱人，使公司成为世界上最值得工作的地方！

案例实训2：团队成员的筛选

项目要求：在团队成员筛选和项目实施阶段，如果采用综摄法，应该如何操作？请写出解决方案和理由。

参考方案：

要有效地利用综摄法这种创意开发技术，不仅需要密切注意问题解决的全过程，还要注意参与者在使用这种方法时所扮演的角色。相对来说，这种方法是一种结构化方法，它需要一位经过训练的领导者来指导并带领小组成员通过不同的阶段，并把对原问题难点的评论意见整合起来。在寻求问题解决方案的整个过程中，除非这一过程经过精心组织策划，否则很难达到预期的心理状态，也就无法出现高质量的、有创造性的解决方案。

这种方法的创始人戈登专门制定了小组成员资格标准及小组组成标准。戈登建议小组成员应该由那些已经熟练使用类比法的人组成，这些人应该具有互相帮助的品格、积极配合的团队意识和必要的抽象概括能力。小组成员还应该具有诸如感情成熟、勇于承担风险、富有建设性等特征。小组成员应该表现出对组织以及组织目标的忠诚，小组成员的年龄最好在25~40岁之间。

相对而言，综摄法对小组成员的要求比头脑风暴法的高一些，因为小组成员的素质在很大程度上决定了这种方法能否获得成功。

一般情况下，小组成员以5～8名比较合适。其中，1名主持人、1名专家、3～6名各种科学领域的专业人士，这样的人员组合是这种方法所要求的基本组合。

主持人的角色是相对于整个方法的实施过程而言的，其作用仅仅是指导过程的展开和进展。也就是说，主持人不应该以任何方式介入有关内容的讨论之中。主持人的作用在于：

•确保小组成员信守规则。

•鼓励深思。

•管理时间。

•记录所有创意。

•与专家一起检查会议进程，观察小组的讨论是否沿着正确的方向展开。

选择主持人时应注意以下几点：

•从不介入小组成员间的竞争。

•是每一位小组成员的倾听者。

•不会让组织的任何人陷入防卫心理。

•使小组成员保持旺盛的精力。

•能调动小组成员的积极性。

•不操纵小组，不企图霸占市场。

正是因为对主持人的要求十分高，一般人无法担任，所以主持人必须经过培训。

小组成员中必须有一位专家，且是这一问题方面的专家。在不同的文献中对“专家”这个角色的称呼虽不同，但是不论称呼什么，其作用都是一样的，只不过有时有多重身份而已。

在讨论开始的时候，专家的任务是说明问题，让小组成员了解问题的背景、现状等关键因素。然后，专家就要与主持人一起对应该达到的目标进行研究，同时要广泛听取其他组员的意见。在确定要达到的目标后，专家又要在组员提出的设想中提取具有启示性的要素，激发自己的创意。尤其是应该注意在会议的前半程（即自由设想阶段），切不可因为自己是专家就对其他组员提出批评，那样很容易将别人的思路局限于自己的思想框架内，也就失去了集体创意构思的意义了。

因为通过综摄法得到的最终解决方案是为了解决实际问题的，所以专家要具有一定的能力或权威让小组集思广益得到的方案付诸实施，这样才能让小组成员得到创意成真的满足感，才会有继续创意的动力。同时在实施过程中，专家应该明确自己的期望目标是什么，当讨论进程出现偏离目标的情况时，自己不至于手足无措，这也要求专家理解这一方法的实施过程。

其他小组成员最好和会议主题没有多大的关系，可以邀请心理学、市场学、人类学、社会学等方面的专家，以及熟悉物理学、化学、生物学、通信和电子技术的专业人员参加会议。这样各位成员既可以最大限度地应用自身拥有的专业知识，又可以互相激发创造性思维，突破各自的专业局限，以便激发出更多的创意。

如果小组成员中有几位思路开阔、善于提出荒诞不经的想法的成员，那么将对整个综摄法的有效应用十分有益。

如果主持人不能将小组成员提出的设想及时地记录下来，小组成员应该动手把自己的想法以及那些未成形的奇思妙想记录下来。小组成员在讨论的时候应该互相鼓励、彼此提供支持，并在适当的时候给予同伴无私的赞美，这将会更大地提升小组的工作成效。

综摄法项目的实施过程有八个阶段：

第一阶段：提出问题。提出使用综摄法应该解决的问题，有的时候问题由小组成员提出，有的时候问题来自外界，通过主持人向小组成员宣读。

第二阶段：分析问题。对给定的问题进行简短分析，可以在主持人提出问题之后，先由专家对该问题进行解释和概要分析。虽然参加讨论的小组成员不是该问题的专家，无须作出详细说明，但是应简明扼要地介绍分析问题。这一阶段的目的在于使“陌生者熟悉”小组成员，通过使用类比的方法就可以做到这一点。

第三阶段：净化问题。这一阶段的目的是进一步厘清问题，消除由前两个步骤中隐含的僵化和肤浅的解决办法。当人们听到一个问题的时候，他们总会去构想解决方案，这一阶段正好为他们提供了方便发表自己见解的机会。在综摄法中，小组成员在这一阶段把他们的想法表述出来，由专家进行评价。专家会尽力对这些想法作出判断和评价，专家会解释为什么有的想法从他的角度看是不合适的，存在哪些问题。对小组成员来说，这样做是让每位成员能够从多个方面加以感受、观察，以达到“净化”问题的目的。

如果专家觉得某些想法是十分新颖的、带有启发性的，就会把这些有前途的想法列在事前准备好的白纸上，并作标记。

第四阶段：理解问题。这一阶段从选择问题的某一个部分分析入手，为此每位成员都要尽可能地利用类比法中所包含的多种思维形式来描述他所感受到的问题，对问题进行再次定义。在这一过程中，主持人应该鼓励小组成员畅所欲言并记录下小组成员提出的各种想法，然后可以选择一位小组成员与专家一起进行详细的分析。

第五阶段：类比畅想。这一阶段可以被视为一次远离问题的“假日”，也正是综摄法的关键所在。在本阶段，类比的操作技巧会派上用场，而使用类比来获得解决问题的方案正是综摄法的迷人之处。

第六阶段：强制整合。它有两种做法：一种做法是把类比畅想与被理解的问题进行强制配对，在这种情况下激发创意，通常会产生很具有创造性的效果；另一种做法是把两种元素强制地联系在一起，同时尽其幻想之能事，将二者联系起来。不管采用哪种做法，小组成员均需要围绕问题与类比法展开讨论和研究，直到发现看待问题的新途径。

第七阶段：实用整合。在此阶段，要结合解决问题的目标，对之前的想法进行深入研究，从类比的例子中找出更详细的启示。

第八阶段：制订方案。使用综摄法是要最终形成某种观点，即对问题的新看法和解决方法。为了制订完整的解决方案，在这一阶段要尽可能地发挥专家的作用，要求专家提供指导性意见，以便把创意构思转化为对问题的解决方案。

应该按照上述八个步骤进行操作，当然也不一定要完全照搬程式，只要在运用这种方法的时候，明白三个要点：第一，界定并分析问题；第二，加深理解，使“陌生者熟悉化”或“熟悉者陌生化”；第三，对问题进行整合，或进行强制配对。

【素养案例】

超级棉田——让农业从“新”启航

中国新疆，是世界三大棉花主产地之一，种植着3 800多万亩的棉花。棉花作为重要的生产生活物资，也是重要的战略资源，国家也给予了很多政策的支持和补贴。在这样的政策支持下，新疆棉农的种植规模逐年扩大。原来种植户大多只种植50亩到100亩的棉花地，现在很多都扩大到了2 000亩、3 000亩，甚至上万亩的规模。正是为了满足这样的市场变化，极飞科技在2014年来到新疆，设立了研发中心，专门针对新疆的棉花种植进行无人化的探索，在2021年年初的时候成立了“超级棉田”项目，目的是去探索和证明用极飞的无人化系统，可以帮助未来新疆的棉农进行大规模的无人化农田管理，并且提升他们的棉花品质，降低棉花的生产成本。

于是两个90后小伙——艾海鹏和凌磊，带着4架农业无人机，300多套智能设备，来到了新疆巴音郭楞蒙古自治州，这里全年日照达3 000小时以上，是地球上最适合生产棉花的土地之一。在这里，他们仅凭两人之力，完成了3 000亩“超级棉田”项目的从播种到采收工作。

领异标新的管理技术，与众不同的“超级棉田”

“大家好，我就是两个人管理3 000亩地的挑战者之一。”1990年出生的小伙儿艾海鹏自我介绍道。艾海鹏是新疆巴州尉犁县极飞“超级棉田”管理者之一。中新社记者近日在尉犁县采访时，看到3 000亩棉花已经开始吐絮，微风拂过，雪白的棉絮在棉田中时隐时现。等到了10月份，这里将成为“棉花的海洋”。与艾海鹏携手合作的另一名管理者是1992年生的凌磊，他们“两个人管理3 000亩棉田”的事例被当地棉农津津乐道。这个项目于2021年4月启动，今年是“超级棉田”的第三季，棉花从播种到采收只有他们两个人负责。巴州是新疆优质棉花生产基地和重要特色农产品生产基地，尉犁县棉花收入占全县农民人均纯收入的60%以上。今年巴州棉花种植面积约320万亩，其中尉犁县有100万亩。据介绍，“超级棉田”项目通过应用极飞农业无人机、农业无人车、遥感无人机、农机自驾仪等一系列物联设备及智慧农业相关系统平台，实施“水肥一体化”管理，艾海鹏和凌磊由此实现了“两个人管理3 000亩棉田”。“相较于传统农业，‘超级棉田’的日常管理不需要长工，浇水、施肥、除草、打药等农活，80%可以通过机器人来完成。”艾海鹏告诉记者，“超级棉田”项目从2021年起运营至今已3年。在此期间，他和团队研发了各种类型的机器人，努力打造一套集智能感知、智能预警、智能分析、智能决策、专家在线指导、农机自主作业的无人化农场智慧管理系统。“通过使用机器人，我们不仅节省了人力、时间、资金成本，还获取了精准的测量数据，监测农作物生长环境，科学地管理棉田。”

据了解，同周边种棉大户相比，2022年“超级棉田”每亩人力费用能够节省175元，其他生产资料每亩能够节省410元，而实现这一切，仅需每亩地多投入不到170元的智能设备改造、维护费用。此外，随着“超级棉田”基础设备和种植模式的持续优化和完善，后续投入的费用将会进一步降低。艾海鹏表示，“两个人管理3 000亩棉田”的成功实践吸引了不少周围棉农的关注，目前已吸纳2 500亩棉田作为试验田，均获得不小的收益。农户杨晓佳是受益者之一，据艾海鹏介绍，2022年杨晓佳的农场有2名管理员、12名长工，2023年管理员降为1名、长工降为8名，粗略算下来一亩地节省了50元，他种植的2 000亩棉花可节省10万元。“‘超级农场’系统操作门槛低，每个人都可以使用。希望2024年有100万亩以上的棉田使用我们的‘超级农场’系统。”艾海鹏表示，“超级农场”系统的背后是近600人组成的研发团队，其中每年都有200人左右到新疆“超级棉田”及周边农场做调研，以便更好地了解农户的需求，提升服务水准。

从“新”出发，守护家园

“对于挑战3 000亩‘超级棉田’这个项目，其实我们刚开始面临了非常多的困难。没有一个人相信我们能挑战成功。后来经过了这2年的运营，我们这种模式逐渐开始被农户认可。到后来有农户亲自跑到‘超级棉田’跟我们学习，来参观看我们是怎样运营的。”艾海鹏笑着说，“所以说‘超级棉田’这种无人农场的管理模式从最开始面临质疑，到现在农户开始相信，是非常大的一个转变。”近年来，类似“超级棉田”这样的智慧农业在尉犁县不断扩大面积。尉犁县农业农村局（畜牧兽医局）党组副书记、局长亚森·克衣木说，尉犁县的100万亩棉花地，通过高标准农田建设已经有42万亩达到了高标准农田，其中数字棉田10万亩、智慧棉田3万亩。据介绍，由于新技术的应用，巴州320万亩棉花地的播种率明显提高，成本大幅度下降。目前，巴州的320万亩棉田中已有80.1万亩建设成为高标准农田，实现了集约化、规模化和机械化，棉花的耕、种、收综合机械化率已达93%，促进了棉农的节本增收。艾海鹏表示："我们希望用机器人和农业AI来种好这3 000亩地，为未来的整个棉花产业及中国农业注入新的力量，解决现在我们劳动力老龄化、劳动力成本高以及生产效率低下的问题，让我们的作物产量更高，更安全，可以满足所有人对充足、丰富和安全的食品需求，让中国的农业更好。所以，我觉得这个事是非常有社会责任的，我非常希望在这里投入精力，把这个事情做好。我们希望能吸引更多的年轻人，能够回到农村，回到农田，加入到农业里面来。"

资料来源：郝玉，郭燕，张啸诚. 新疆："智"赋棉田向新而行［J］. 瞭望，2024，（27）.

第四章

创业导论

【导入案例】

海风教育：创新创业项目走向实践

海风教育于2010年4月创立，通过自主研发的一站式在线学习平台，以线上线下模式全面解决学生小升初、中考、高考的教育问题。经过七年快速发展和业务扩张，海风教育已经形成了一套比较成熟的教育体系。

海风教育是一家为中小学生课外辅导提供在线实时一对一式的平台化服务的教育机构。海风教育的教学系统涵盖讲义呈现、板书圈画、师生聊天、图片传送、音视频交互的功能。对包括课程讲义、手写板书以及教学录音等在内的所有教学过程中的数据都可以进行完整记录。

海风教育最初由复旦大学学生以自身受教育经历为灵感，借助互联网科技，建立一套线上交流模式，实现在线家教。转型后的海风教育在线一对一补习项目，获得2015年首届中国“互联网+”大学生创新创业大赛金奖。

师资力量

海风教育线上师资力量主要由在校本科、硕士以上学历者组成。利用微信群、QQ群等线上大学生家教群，充分发挥了资源配置作用，不仅为在校大学生提供兼职机会，解决部分贫困生的生活费等问题，而且为在线学生提供了更多的选择机会，可以自由选择自己喜欢的老师及教学风格。截至2019年，海风教育非教职员工已达1 000名，并拥有超万名来自全国各地的老师。在非教职员工中，在线学习平台的技术开发和教研研究等核心成员占比近80%；本科生占比近90%，硕士生及博士生占比达25%。

师生对接方式

海风教育为所有“211”大学生提供了平等的竞争机会，无名额限制，无时间限制，全面开放招收老师。竞选方式为8分钟录屏面试、在线工作人员视频面试。大学生接受培训后，由在线学生自由选择自己喜欢的老师，并与其商讨授课时间、授课内容，实现线上教育。最大限度地解决了安全问题和双方时间协调问题。

发展

2013年，海风教育完成全国34个省级行政区近200种考纲及教材的深度剖析；2013年年底，海风教育建成10门学科5 000余个知识点切片的独家教研系统；2014年年底，海风教育一站式学习中心网站及在线教学系统1.0版正式上线；2015年国务院主办首届中国“互联网+”大学生创新创业大赛，海风教育荣获金奖；2017年，海风教育完成数千万元B轮融资，下一步将试点VR教学；2018年7月4日，K12（基础教育）在线一对一教育品牌海风教育宣布完成C轮融资，这也是继2018年1月完成C轮融资后，海风教育半年内获得的第二笔融资。整个C轮融资金额超过1亿美元，由好未来、源码资本和某主权基金联合领投，涌铧投资、零一创投等老股东跟投。

国家关于创新创业方面的政策是高质量发展打造“双创”升级版，主要内容包括创新创业服务项目全面升级、创新创业资源共享平台更加完善等，致力于创新创业社会氛围的形成促进，海风教育正是创新创业项目走向实践的成功案例。

资料来源：作者根据相关资料整理所得。

一、创业的概念

创业是指创立基业或创办事业，即自主地开拓和创造业绩与成就，是愿意吃苦有创新精神的人，通过整合资源、捕捉商机，并且把商机转化为盈利模式的过程。创业有广义和狭义之分：狭义的创业是指创业者的生产经营活动，主要是开创个体和家庭的小企业；广义的创业是指创业者的各项创业实践活动，其功能指向是成就国家、集体和群体的大业。在高等院校创业教育中，创业是指学生以所掌握的知识为基础，以风险投资基金为资助，开创性地将教学科研中的创新成果转化为具有广阔前景的新技术、新产品和新服务，最终建立起具有发展潜力和影响力的新企业甚至新产业的一系列活动。

对创业概念的具体解释有以下几种：

创业是指某个人发现某种信息、资源、机会或掌握某种技术，利用或借用相应的平台或载体，将其发现的信息、资源、机会或掌握的技术，以一定的方式，转化、创造成更多的财富、价值，并实现某种追求或目标的过程。

创业是一种思考、推理结合运气的行为方式，它为运气带来的机会所驱动，需要在方法上全盘考虑并拥有和谐的领导能力。

创业是一个人发现了一个商机并加以实际行动转化为具体的社会形态，获得利益，实现价值。

创业是一种劳动方式，需要创业者运营、组织，运用服务、技术、器物作业的思考，推理和判断的行为，是创业者对自己拥有的资源或通过努力能够拥有的资源进行优化整合，从而创造出更大的经济或社会价值的过程。

二、创业的目的和意义

创业的目的和意义可以因人而异，但通常包括以下几点：

（一）目的

1.实现个人梦想和追求

创业可以帮助人们实现自己的梦想和追求，创造自己的事业，成就自己的价值。

2.创造价值和财富

创业有机会创造新的产品、服务或技术，为社会带来价值，也有机会获得经济上的回报和财富。

3.解决问题和满足需求

创业可以通过创新和创造，解决社会存在的问题，满足人们的需求。创业者可以开发出更好的产品或服务，提供更好的解决方案。

4.创造就业机会

创业可以帮助创业者本身，还可以为社会创造更多的就业岗位，提供更多的经济机会。

5.推动社会发展

创业可以推动社会的创新和发展，促进经济的繁荣。

（二）意义

1.实现个人价值

创业是一个实现个人潜力和价值的途径，可以让创业者发掘自己的才能、追求自己的激情，并将其转化为具体的实践和创新。通过创业，人们能够自主决策、承担风险和挑战，实现自身的成长和发展。

2.创造社会价值

创业者经营的企业或项目可以提供有价值的产品和服务，满足人们的需求，解决社会问题。创业是为了追求经济利益，更是为了改善人们的生活质量和推动社会进步。

3.促进经济发展

创业是经济发展的重要引擎。创业能带动相关产业的发展，推动经济增长和创新驱动型发展。创业者的创新思维和行动对于经济的繁荣和进步起到至关重要的作用。

4.营造创新文化

创业培养和鼓励创新思维，推动社会形成积极的创新文化。创业者通过不断尝试和创新，挑战既有的思维模式和经营方式，促进社会的进步和创新。

三、创业的要素

1.充分的资源（resource）

充分的资源包括人力和财力。创业者要具备经验、学历、流动资金、时间和毅力等。

2.可行的概念（idea）

生意概念不怕旧，最重要的是可行，可以继续开发、扩展。

3.适当的基本技能（skill）

这里的基本技能不是行业中的一般技能，而是通常性的企业管理技能。

4.有关行业的知识（knowledge）

创业者不能只陶醉于自己的理想，要有相关行业的知识储备。

5.才智（intelligence）

创业者不一定要有高智商，但要能够善于把握时机，作出明确的决定。

6.网络和关系（network）

创业者需要有人帮助和支持，应不断扩大朋友网络和打好人际关系。

7.确定的目标（goal）

明确的目标可使创业者少走弯路，有奋斗方向。

除了上述的基本条件以外，创业者还应该拥有强烈的欲望，就像当你对某样东西很感兴趣的时候，你就是想要去做那件事情，即使没有任何人给你任何好处，你还是会想要去做，对创业来说也是一样，你能持续下去的唯一原因，就是你对这件事情有强烈的兴趣和欲望，而且要尽量获得家人的支持，至少是你重视的人给你的支持。因为经营事业跟上班是完全不一样的，你将不再有固定的上下班时间，而且即使你人在别的地方，心思也全部都是工作上的事情。如果身边的人无法理解这一点，那么经营事业这条路就会走得非常辛苦。要有持续学习的心态，因为如何创业或经营事业这件事情，从小到大家长没有教，学校没有教，也没有说明书教你怎么做，所以一切都必须扎扎实实地重新学起，但千万不要从自己的错误中学习，这个代价是不可估量的，也是我们承担不了的。创业确实是想干就干，但如果从长远发展的角度来看，还是应当从长计议。有了创业的想法之后，就要综合多方面的因素，权衡利弊，从中找到最优解。

四、创业动机

（一）创业动机的概念

创业动机是创业者在自身意愿和外在环境的影响下，能够激发、维持和引导创业行为，实现创业目标的一种内在驱动力。产生创业动机的驱动因素包含两个方面：一是直接驱动因素。产生创业动机的直接驱动因素主要是指创业者内心对创业的内在需求，它直接影响创业动机的形成。二是间接驱动因素。产生创业动机的间接驱动因素主要是指推动创业者实施创业的外在环境因素，包括创业政策、就业压力、职业现状等。

（二）创业动机的分类

一是生存型动机。生存型动机一般只是因追求财务绩效和个人财富的增加而产生的创业动机，创业者关注的是如何用最小的成本获取最大的利润。

二是机会型动机。机会型动机是以实现个人理想、体现个人价值为目的的创业者抓住市场机会进行创业的动机类型。

三是混合型动机。混合型动机是由生存型动机和机会型动机交织形成的。

动机看不见、摸不到，但其重要性不言而喻，因为创业过程太难了，需要消耗太多的心理能量。我们认为，能够反映黄峥及其团队旺盛的创业动机的例证，就是2007年之后的连续创业：先是创办电子产品B2C网站欧酷网，后卖给兰亭集势；再是乐其网，为国内外品牌提供电商代运营服务；最后是面向海外的游戏公司上海寻梦信息技术有限公司。

其实，拼多多最初就是寻梦的一个创业项目，现在的拼多多可以算是第四次甚至第五次创业（如果算上拼好货）。

谈到为什么要创办拼多多，黄峥解释说："一是很喜欢和一帮自己喜欢的小伙伴披荆斩棘创造一些东西；二是自己还有一些野心，还有一些能力和能量没有释放，隐约觉得当前的机会能让自己作出一个影响面更大、成就感更强的事。”

黄峥的团队成员非常稳定，很多都是他在学生时代认识的校友。这些团队成员早就实现了财富自由，但大多数依然坚守在拼多多，并不断启动新的项目。比如，2020年8月上线多多买菜，2022年9月推出海外版拼多多——Temu，说明他们依然有强烈的创业动机。

五、创业模式

创业是复杂而灵活的，创业者必备的基本素质就是把握创业的机遇，既要承担风险，又要具有创造性。创业是自身价值的实现，需要投入必要的时间和精力，对身在校园或者初入社会的大学生来说，常见的创业模式包括以下几种：

一是制造创业模式。这种模式主要是通过生产和销售产品来创造价值。创业者需要寻找市场需求、购买原材料、雇用工人、生产产品、销售产品。这种模式的优点是能够快速满足市场需求，但需要投入大量的人力、物力和资金。因此，这种模式更加适合有理工科或者制造业背景的学生，文科专业会碰到专业壁垒，不好把控。

二是服务创业模式。这种模式主要是通过提供服务来创造价值。创业者需要提供独特的服务，满足客户的需求和期望。这种模式的优点是相对较少的初期投入，但需要提供优质的服务来吸引和留住客户。

三是兼职创业模式。这种模式是在学习工作之余再创业。例如，教师、培训师可以选择兼职培训顾问；业务员可以兼职代理销售其他产品；设计师可以自己开设工作室；编辑、撰稿人可以向媒体、创作方面发展；会计、财务顾问可以代理做账、理财；翻译员可以兼职口译、笔译；律师可以兼职法律顾问和事务所的工作；策划师可以兼职广告、品牌、营销、公关等方面的咨询工作。当然，还可以选择特许经营加盟、顾客奖励计划等。

四是网络创业模式。这种模式主要是通过互联网来创造价值。创业者可以利用互联网平台，如淘宝、京东、拼多多等，开设网店销售产品或提供服务。这种模式的优点是能够快速扩大市场，但需要不断创新和改进以适应市场的变化。

五是连锁创业模式。这种模式主要是通过复制商业模式来创造价值。创业者需要选择一个成功的商业模式，然后在不同的地区或市场复制该模式。这种模式的优点是能够快速扩张，但需要确保商业模式的有效性和适应性。

六是加盟创业模式。这种模式主要是通过加盟已有的品牌来创造价值。创业者需要支付加盟费用，获得品牌的授权和经营支持，然后在指定区域内经营加盟店。这种模式的优点是能够借助品牌的影响力和经验快速起步，但需要遵守品牌的加盟规定和管理要求。

七是自由职业创业模式。这种模式主要是通过提供自由职业服务来创造价值。创业者可以根据自己的技能和兴趣，提供专业咨询、写作、设计等服务。这种模式的优点是灵活性高，但需要具备较强的专业能力和自我管理能力。

以上是常见的创业模式，选择合适的模式需要考虑自身的兴趣、技能、市场需求和资源等因素。同时，创业者需要根据市场变化和自身发展需要，不断创新和改进商业模式，提升竞争力和盈利能力。

六、创业团队

至今为止，对于创业团队的界定并没有统一的标准。总体而言，创业团队具有两个核心特征：一是创业团队成员必须在创业初期加入，全心投入新企业的创建活动，并在新企业的核心决策中发挥积极且关键的作用；二是判断是否为创业团队成员的关键标准，以是否拥有新企业的所有权为准，但拥有所有权的比例并不是判断创业成员的依据。

（一）创业团队的组建原则和影响因素

1.组建原则

（1）目标明确合理原则：创业团队的目标必须明确、合理，能够激发团队成员的动力和创造力，共同为实现目标而努力。

（2）互补原则：创业团队成员之间应该具备互补的能力和资源，能够相互协作、互相支持，共同完成创业计划。

（3）动态开放原则：创业团队应该具备动态性和开放性，根据市场变化和业务发展需要，随时调整和补充团队成员。

（4）统一指挥与分工协作原则：创业团队应该有一个明确的领导者，负责统一指挥和战略规划，同时团队成员之间应该有明确的分工和协作，共同完成各项任务。

2.影响因素

（1）创业者：创业者的能力和思想意识是决定是否需要组建创业团队以及团队组建的时间表和人员组成的关键因素。

（2）商机：不同类型的商机需要不同类型的创业团队。创业者需要根据商机的特点和发展阶段，选择合适的团队成员和合作伙伴。

（3）团队目标与价值观：共同的价值观和目标能够激发团队成员的凝聚力和创造力，提高团队的效率和竞争力。

（4）团队成员：团队成员的能力、经验和资源是影响创业团队整体能力和发展潜力的关键因素。创业者需要选择具备互补能力和资源的团队成员，并充分发挥各自的特长。

（5）外部环境：市场、政策、行业环境等外部因素也会对创业团队的组建和发展产生影响。创业者需要关注外部环境的变化，及时调整团队战略和业务方向。

总之，创业团队的组建需要遵循一定的原则，并充分考虑各种影响因素。只有选择合适的团队成员、具备共同的价值观和目标、善于抓住机遇并适应外部环境变化的创业团队，才能够在激烈的市场竞争中获得成功。

（二）创业团队的组建程序

创业团队的组建程序通常包括以下几个步骤：

1. 明确创业目标

在组建创业团队之前，创业者需要明确自己的创业目标和发展方向，这有助于确定需要哪些资源和人才，以及如何组建团队。

2. 寻找合适的团队成员

根据业务需要，寻找具备所需技能和经验的团队成员。创业团队可以通过招聘、社交网络、人脉推荐等方式寻找合适的人才。

3. 建立核心团队

在找到合适的人选之后，确定核心团队成员，并明确各自的角色和职责。核心团队通常包括创始人、技术专家、市场人员、运营人员等。

4.制订创业计划

制订详细的创业计划，包括产品开发、市场推广、运营管理等方面的规划，这有助于团队成员了解企业目标和战略，并为实现目标而共同努力。

5.确定组织结构和分工

根据业务需要，确定组织结构和分工，明确团队成员之间的权利和责任关系。这有助于提高团队的效率和协作能力。

6.确定创业团队的职权划分

为了保证团队成员能够顺利开展工作，需要预先在团队内部进行职权的划分，确定各个团队成员的决策权、执行权和管理权等，并制定相应的规章制度。

7.建立有效的沟通机制

建立有效的沟通机制，确保团队成员之间的信息交流和协作顺畅，可以采用定期会议、在线通信工具等方式，保持团队内部的沟通与联系。

8.确定创业团队的融资计划

根据业务发展需要，制订融资计划，寻求合适的投资者或合作伙伴，这有助于扩大团队规模和提高企业的竞争力。

总之，创业团队的组建程序需要根据具体情况而定，但大致包括以上八个方面。在组建创业团队的过程中，需要注意保持团队的凝聚力和协作能力，为实现创业目标而共同努力。

（三）创业团队的构成

创业团队的构成可分为两大类：第一类称之为有核心主导的创业团队，这类创业团队一般是有一个人想到了一个商业点子或有了一个商业机会，他就去开始组成所需要的团队。

第二类称之为群体性的创业团队，这类创业团队的建立主要源自因经验、友谊和共同兴趣的关系而结缘的伙伴，大家在一起合作发现商业机会。

有核心主导的创业团队是先有创业点子再有创业团队，而群体性的创业团队则恰好相反，它是先有核心创业团队再有创业点子。此外，群体性的创业团队更强调人际关系在创业团队构成中的作用。从团队的稳定性来看，群体性的创业团队不如有核心主导的创业团队，主要原因在于有核心主导的创业团队是由一个核心人物来组成所需要的团队，他在挑选成员的时候就已经考虑到成员的性格、个性、能力、技术以及未来的价值分配模式，这保证了团队成员的能力不会因为公司规模的扩张而不适应经营的要求，同时不会出现由于团队成员间因为性格、兴趣不合，导致创业团队解散的情况。

七、外语专业大学生创业面临的问题

1. 自我能力认知不清晰

外语专业大学生通常在语言技能方面比较擅长，但在商业运营、市场营销、财务管理等方面的知识相对较少。这可能导致他们在创业过程中对商业计划书的撰写、市场分析、财务管理等方面存在困难。企业的成功创建及可持续运营的关键在于对信息、市场需求、商机等要素的判断和抉择，这要求创业者具有极高的自我能力认知，才能作出准确选择。但是，大学生创业者往往同时担负着管理者、决策者、组织实施者等多重身份，容易过高看待自己的管理能力和判断能力，无法作出正确的判断和抉择，对企业的运营造成不可逆转的伤害。比如，为了追求创新，在创业大军中独树一帜，获得投资人的青睐，大学生创业者往往在商机选择和信息甄别上极容易追求市场空白点，而忽略自身规避经营风险的能力。

创业者无法准确作出判断和选择，企业的运营一直处于不断调整状态，无法对企业核心战略、运营目标、战略资源、持续运营发展计划等运营管理模式进行准确的定位和有效实施。另外，大学生创业多集中在在读阶段，面临学业和创业双重压力，无法平衡学业与创业之间的关系，过高看待自己的能力去追求“鱼与熊掌兼得”的理想状态。

2. 企业运营管理方式缺乏科学规划

创业过程中需要遵守各种法律法规，如工商注册、税务等。外语专业大学生可能对这些方面了解不足，需要寻找专业的法律和咨询服务。作为一个企业，要想获得成功就必须具备核心的战略管理目标，要想企业实现可持续发展就必须具备科学系统的运营管理方式。但是在大部分大学生创业者的思想中能否“赚取第一桶金”决定着企业能否继续运营发展，而忽略企业运营发展过程中其他关键因素，企业发展目标制定单一，造成企业的运营管理缺乏总体性、系统性、战略性。比如，在产品或服务的定价上随意多变，缺乏专业定价管理。

财务管理作为企业运营管理最重要的一部分，影响不容小觑。大学生创业者的财务管理方式比较单一，为了节省费用，企业的财务管理一般有两种方式：一是企业现有人员自己负责；二是将财务外包给代理记账公司。但是，二者都存在各自的弊端。企业现有人员自己负责，虽然没有额外费用的支出，但要求管理人员具备专业会计能力，不仅要完成记账的简单工作，还要完成报税等较为复杂的工作，内容冗杂，一旦处理不好容易造成偷税漏税问题。外包给代理记账公司，不仅每年需要交付一定的代理费用，在财务的来往过程中还容易出现创业者不清楚账目的来龙去脉等问题。

3.内部管理体系不合理

大学生创业企业内部成员大多集中在2~5人，企业中所涉及的管理角色众多，所承担的职责众多，这些诸多重要管理职责就落在这2~5人身上，势必会出现“一人多职”的现象。有人既是决策者又是执行者，既是高层管理者又肩负着基层管理者职责，并且决策权往往掌握在法人一个人手里，管理架构混乱，管理体系不合理。

企业内部成员属于“同学找同学”类型的群体。而这种类型的组队方式还掺杂着最重要的感情因素，按照这样的内部管理体系管理，久而久之势必会造成利润分配不均、权责不明等问题的产生，进一步出现团队的可持续性问题，最终产生创业成员的退出、同学朋友间出现情感裂缝等诸多问题，影响内部管理体系的稳定性，降低管理效率。

在创业企业中，创业者的身份首先是大学生，其次才是创业者。虽然创业者在企业的管理上具有较为丰富的理论知识，但是对于一个“活生生”的企业，其实践经验匮乏，缺乏专业管理人才。

4.信息获取渠道狭窄

有限的信息获取渠道，直接影响创业企业的运营。由于大学生对诸多优惠政策、市场关键信息、企业有效运营管理经验等信息的获取能力有限，将会导致企业运营阻力变大，相较同行竞争者，付出的运营成本增大。

大学生对创业政策的获取方式主要有创业课程、创业大赛、社团创业活动、创业讲座、网络媒体、创业网站等校园宣传、网络传播方式。但是，对价值信息的汲取结果却非常有限。比如，在对政府提出的“各地级市或大学校园的众创空间和集群注册的企业实行免场地费、建立创业培训基地”等创业相关利好政策的调查中，大部分大学生创业者则持“没听说过”“听说过但不了解”的态度。

大学生对其他信息的获取途径主要集中在学校、电视、网络等渠道，大学生之间信息沟通占比非常小。但是，大学生与创业企业之间的信息获取和沟通是非常重要的，这间接关系到企业运营管理经验的获取，以及产品或服务等业务渠道的构建。

5.资金限制创业者的“想象力”

外语专业大学生的创业项目通常与语言服务有关，如翻译、教育培训等。然而，这些领域市场竞争激烈，新的创业者很难与已经成熟的企业竞争。运营管理是与产品的生产和服务相关联的管理工作过程，在这个过程中，资金发挥着重要的作用，资金的短缺直接影响运营过程，与产品生产和服务相关的管理工作都无法顺利进行。资金的多少直接关系到产品的质量和服务水平的高低。大学生群体消费水平有限，创业初期运营资金多集中在5 000元以下，资金筹集方式多集中在创业成员出资和家庭投入，数额十分有限。

另外，大学生的社会人际圈有限，在融资方面缺乏理论和实践经验，找不到有力的可信赖的融资渠道，资金短缺，在企业运营管理的创新和改进方面，直接限制了大学生的“想象力”。

6.产品销售或提供服务的渠道有限

外语专业大学生通常没有足够的资金、人脉等资源来支持他们的创业项目。他们可能需要寻找投资人或者合作伙伴来支持他们的项目。产品销售或提供服务的渠道是大学生创业的关键，也是企业盈利的主要通道。多样的销售或服务渠道直接影响企业业务的拓展，间接影响企业的可持续。但是，对大学生来说，产品或服务一部分依靠自己来销售，另一部分依靠老师、熟人的关系来拓展销售渠道，同样渠道十分有限。自己谈业务，谈判经验有限，效果不佳；依靠老师、熟人介绍，销量有限，利润颇少。

八、外语专业大学生创业方向和策略

创业是一项系统工程，现在大多数的创业项目都需要跨专业合作，无论哪个学科的大学生，都无法做到面面俱到。即使这样，外语专业的大学生也应该有明确的定位，找到适合自己的方向，利用在学校读书的阶段，想好自己要做什么，如何去做，有目的地去学习相关知识和培养必要的能力。

商业知识和技能：外语专业大学生可以通过自学、参加培训课程或寻求导师指导等方式，提高商业知识和技能水平，提高创业成功率。根据自己的兴趣和需求选择合适的商业培训课程，如市场营销、财务管理、创业管理等。这些课程通常由经验丰富的导师授课，能够提供系统的商业知识和技能。自学不仅是理论学习，还是实践应用。大学生可以将所学的商业知识应用到实际项目中，如校园创业项目或社会实习等，以检验自己的学习成果并积累经验。

市场调研与分析：在创业前，大学生应进行充分的市场调研和分析，了解市场需求和竞争情况，制订合适的商业计划。

寻找资源和支持：大学生可以通过社交网络、创业孵化器、政府部门等途径，寻找资金、人脉等资源，并寻求专业人士的支持和建议。大学生可以通过社交媒体、行业活动或校园社团等途径找到合适的导师。这些导师通常具有丰富的商业知识和经验，能够为大学生提供宝贵的建议和指导。大学生与导师建立信任关系是非常重要的。大学生需要尊重导师的时间和经验，积极向他们请教问题并汇报自己的进展。同时，大学生需要保持开放的心态，积极接受导师的反馈和建议。

持续沟通与反馈：寻求导师指导是一个持续的过程。大学生需要定期与导师沟通，汇报自己的进展和遇到的问题，并寻求解决方案。通过与导师的持续沟通和反馈，大学生可以不断完善自己的商业知识和技能，提高创业成功率。

法律咨询与合规操作：在创业过程中，大学生应寻求专业的法律咨询服务，确保遵守相关法律法规，避免不必要的法律风险。

创新与差异化：通过创新和差异化来提升竞争力。外语专业大学生可以利用语言优势和文化背景，提供独特的语言服务或开发具有文化特色的产品；可以专注于特定领域的语言服务，如法律翻译、医学翻译、金融翻译等，这些领域对语言的专业性和准确性要求更高，因此能够提供更高质量的服务；可以开发跨文化教育产品，如语言学习课程、文化体验活动等，帮助人们更好地理解和欣赏不同文化；还可以提供具有文化特色的旅游服务，如为游客提供目的地的文化解读、导游讲解等，让游客在旅行中获得更丰富的文化体验。

团队协作与领导力：在创业过程中注重团队协作和领导力的培养。一个优秀的领导者能够更好地应对挑战和机遇，带领企业走向成功。

持续学习与改进：创业是一个不断学习和改进的过程。外语专业大学生应该保持开放的心态，不断学习和改进自己的商业模型和运营策略，以适应市场的变化和挑战。除了语言技能外，还可以通过跨学科学习来增强自己的创新能力。例如，学习商业管理、市场营销、创新管理等相关课程，帮助自己更好地理解和应对商业环境中的挑战。大学生还可以通过与其他领域的专业人士合作和分享经验来提升自己的创新能力。例如，与设计师、工程师、营销专家等合作，共同开发具有创新性和竞争力的产品或服务。

财务管理与融资：大学生应学习基本的财务管理知识，了解如何制订财务计划、管理现金流和进行有效的融资，了解不同类型的融资方式，如天使投资、风险投资等，并根据自己的需求选择合适的融资渠道。

品牌建设与营销策略：大学生应建立独特的品牌形象和定位，通过有效的营销策略来推广产品和业务；利用数字营销、社交媒体等渠道来扩大品牌知名度和吸引潜在客户。

跨文化沟通与合作：在外语专业大学生的创业项目中，通常涉及不同国家和文化背景的客户或合作伙伴，大学生需要具备良好的跨文化沟通能力和合作技巧，以促进有效的交流和合作。

风险管理：大学生应了解创业过程中可能面临的风险，并制定相应的风险管理策略，包括市场风险、财务风险、法律风险等。通过合理的风险控制和应对措施，降低潜在的损失和不确定性。

持续关注行业趋势：大学生应了解所处行业的最新动态和发展趋势，及时调整战略和业务模式。通过参加行业会议、阅读行业报告等方式，保持对行业发展的敏感度和洞察力。

培养积极心态和抗压能力：创业过程中会遇到各种困难和挑战，大学生需要具备积极的心态和抗压能力。通过培养自信心，学会应对压力和管理情绪的方式，保持乐观和坚韧不拔的精神状态。

综上所述，外语专业大学生可以通过利用自己的语言优势和文化背景来实现创新和差异化，提供独特的语言服务或开发具有文化特色的产品。同时，大学生还需要持续关注市场趋势、进行跨学科学习和与他人合作分享，不断提升自己的创新能力和竞争力。这样，大学生才能在市场中脱颖而出，为自己的创业项目赢得更多的机会和成功。

【素养案例】

云上白子——国产功能+手冲咖啡启航者

三七与咖啡相遇，养生和文艺融合，一位白族青年的大胆创意，正在悄然走进我们的生活。

2020年9月，杨杰，一个土生土长的云南白族小伙子，怀揣梦想来到青岛酒店管理职业技术学院求学，在校读书期间，他系统学习了咖啡知识，对咖啡的制作有了更深入的了解。作为咖啡发烧友，专业知识的学习让他对咖啡有了自己的认识和理解。杨杰的家族一直从事三七的生意，目前“杨氏三七”专卖店已遍布全国16个城市。一次偶然的机会，杨杰将三七须根粉与咖啡溶液混合到了一起，一个大胆的想法让他兴奋不已。如果将三七周边产品与咖啡融合，打造出一款甚至一系列以云南特色农产品为原料的功能性咖啡，是否会获得市场的认可？脑洞打开之后，就是青年人奋进的创业之旅。

在此之后，杨杰便联系志同道合的大学同学成立团队，开始调研市场、拜访专家、科学论证、配方研发等一系列工作，一群年轻人走进田间地头，深入科研机构，启动了“云上白子”项目，与北京同仁堂青岛药店有限责任公司共同研发制作功能性咖啡产品。在最初创业的1年里，“云上白子”项目团队经历过挫折、遭受过失败，由于配方比例稳定性不足、口味欠佳，因此销售量极为有限，项目进入了整改阶段。“看似寻常最奇崛，成如容易却艰辛。”杨杰与团队成员痛定思痛，合作研发多种产品，从养生功效、口感等角度来满足不同消费者的需求。以商品分成的模式合作，共同研发出“云上白子”草本、花影产品，黑白主题系列陆续出品。团队锚定原点人群，瞄准利基市场，将更多中草药配方加入咖啡中调和，打造出了“产品尖兵”。2022年6月，阿罗思咖啡有限公司在青岛注册成立，“白子云咖”品牌也应运而生。目前，公司已经拥有1款新型功能咖啡主打产品，1项国家专利，产品的市场反应热烈，多个联名款产品正在研发之中。

该项目逐渐成熟之后在杨杰的老家云南落地，挖掘云南本土原材料，赋能产区乡村振兴。项目服务云南本地三七、咖啡种植基地近3 000亩，带动就业超5万人。项目聚焦产品源头、助农增收累计卖出三七咖啡2万杯，惠及农户近5万人。同时，项目采取“分级帮扶+资源置换”模式，实行受益对象分级帮扶，个体农户做服务，小微企业做品牌。与此同时，发挥母校旅游专业优势，助力研学开发，大力发展云南亲子旅游研学，开发旅游路线2条，助力云南乡村旅游产业发展。

2023年3月17日，第十三届“挑战杯”中国大学生创业计划竞赛终审决赛开赛，经过了重重选拔，杨杰团队的“云上白子——国产功能+手冲咖啡启航者”项目在大赛中一举夺得了金奖，体现出了他们的创新创业意识、工匠精神和凝聚力。

项目负责人杨杰指出，项目的灵感来源于对专业知识的熟练掌握和积累，从先前一点点的研究到后面的不断试验，咖啡成为他生活中的一部分。之后，灵感的火花被点燃，再加上联想性创新思维的应用，将中药材三七加入咖啡中，打造出具有特色卖点的创新产品。除了独特的想法之外，杨杰团队还坚持实干精神。在灵感和商业直觉的基础上，他们深入社会实践，前往咖啡豆和三七的生产地取材实验，听取专家学者们的经验，进一步改良产品。同时，与家乡产业协同合作，推行“分级帮扶+资源置换”模式，既帮扶个体种植户，带动就业，拉动收入增长，又盘活了资源，进一步开拓市场，带动家乡咖啡产业链的发展。

由于杨杰母校的旅游专业具有优势，因此他又将家乡游览观光产业与学校旅游特色相结合，延长了产业链，发展了一条咖啡特色的旅游业。杨杰及其团队打造的“云上白子——国产功能+手冲咖啡启航者”项目是典型的可持续发展性高的优秀项目。

资料来源：廉德忠，李代玉.匠心火热“咖啡梦”——记青岛酒店管理职业技术学院学生杨杰［EB/OL］.（2023-04-17）.http：//sdjyb.com.cn/content/2023-04/17/030882.html.

第五章

创业项目选择

【导入案例】

大四CEO张轩——“创业是一项长期工程”

眼前这位身材高瘦，鼻梁前架着一副眼镜的张轩俨然还是一个初出茅庐的学生样。仔细打量，衬衣得体地束在深蓝色牛仔裤的裤腰中，休闲不失沉稳。很难想象，他是一位和土地、蔬菜等农作物打交道的“菜贩子”。

90后会种菜已经很不可思议了，把种菜当事业来做更让在座的同学们都惊呆了。“农产品生产事业是我创业的起点，我希望这也会是我事业的归宿。”张轩如是说。就读于南京农业大学金融学院会计专业的张轩，从高中起，创业的种子就在他内心萌芽。受农村出身的外公影响，又身处农业大学，他在耳濡目染之下开始关注农业生产。“外公听到毒黄瓜、毒豆芽时竟然老泪纵横……如今食品的不安全性已经远远超过了他们的良知所能承受的了……”张轩谈起创业初期的灵感时，强调了一种责任意识在创新中起到的关键作用。

获得第七届“挑战杯”江苏省大学生创业计划竞赛银奖之后，他遇到了伯乐，一家风险投资公司资助了他的项目。经过许多磨炼，他和4个合伙人共同成立了南京金麦云农业科技有限公司，采用物联网感应设备，控制采集系统、温感、光感等设备，建立起一个“透明农场”。张轩担任公司CEO。张轩的团队研发了网络平台上的农场监控和订购系统，客户不仅可以在网络上订购蔬菜，还可以通过登录网络平台看到蔬菜的养殖生长状况。可谓是让客户“看着蔬菜长大”，当然也就吃得放心了。尽管这里的蔬菜比一般市场上的贵，但透明的种植模式还是让许多居民心动了。

“对市场有充分的洞察力时，客户就会跟着你走。”如今他的公司已初具规模，才本科四年级的张轩已经有了自己的一套商业价值观念，谈起创业精神，他只用两点概括——理想主义和现实主义。崇高的理想是他支撑到现在的精神支柱，“没有理想的人，是不可能坚持下来的。”但是面对现实中遇到的种种问题，如资金短缺、资源有限、缺乏经验等，张轩又说：“有时候真是苦到心里。”也许正因为他并不是一个纯粹的理想主义者，也不是极端的现实主义者，才造就了现在的张轩和现在的金麦云。“仰望星空的人，才更懂得要脚踏实地。”他果真是土地的孩子。

理想不能复制，但精神可以传递。“他来找我的时候是很悲伤的，他的父亲得了重病，但在他们的国家无法医治。”张轩说的是他的一位非洲同学，这个非洲小伙当时看到了家乡的落后，想要把张轩的这套农产品生产销售体系复制到家乡。张轩理性地告诉他，国情差异这么大，盲目复制是行不通的。但在张轩的鼓励和建议下，非洲小伙找到了自己的出路，做起了中非服装贸易，实现了创业梦想。

张轩帮扶大学生创业的希冀促使他和一些志同道合的创业者们共同建立了创业联盟，整合资源、孵化项目、激励更多的高校青年参加创业。

资料来源：人民网教育频道.第九届中国大学生年度人物候选人张轩事迹[EB/OL].(2014-04-12). http://stu.people.com.cn/n/2014/0412/c383283-24888248.html.

一、创业项目的含义、特征和种类

（一）创业项目的含义

创业项目通常是指一个新的或具有创新性的商业主意或计划。同时，它也可以被定义为创业者为了达到商业目的具体实施和操作的工作。创业项目分类很广，按照不同的标准，创业项目可分为很多种，如技术型项目、服务型项目、互联网项目等。按照行业来分可分为餐饮、服务、零售等门类，按照性质来分可分为互联网创业项目和实体创业项目。从更大的范围来说，加盟一个品牌，开一间小店，实际上也算是一个创业项目。这些项目可能是一个全新的产品或服务，也可能是一种新的商业运作模式，甚至可能是一种全新的行业。创业项目选择是创业者根据一定的原则、标准、方法和程序从众多创业项目中选择出最适合自己并能较好获得市场认可和份额的可行性分析过程。

（二）创业项目的特征

1. 创新性

创业项目的核心就是创新。从产品创新到服务创新、从技术创新到营销创新、从运营模式创新到营销模式创新，任何一个领域的创新都能为创业项目带来质的飞跃。只有通过不断创新，才能使创业者在激烈竞争中立于不败之地。

2. 风险性

创业项目通常面临多种不同的风险，这些风险可能来自市场方面，也可能来自技术、财务等方面。由于创业项目的独特性和创新性，其面临的风险往往比传统企业更大，因此创业者需要有足够的风险意识和应对策略，以确保创业项目的顺利发展。

市场风险是创业项目中最为常见的一种风险。由于市场竞争激烈，新进入市场的企业往往面临来自其他企业的竞争。此外，市场需求的变化和政策环境的变化也会对企业的经营产生不利影响。技术风险也是创业项目中不可忽视的一种风险。随着科技的不断发展，新技术的不断涌现，如果创业者不能及时跟上技术发展的步伐，就会面临被市场淘汰的风险。财务风险也是创业项目中必须考虑的一种风险。财务风险包括资金流动风险、投资风险等。由于创业初期的资金往往比较紧张，因此创业者需要做好财务管理和资金调度工作，以确保企业的正常运营和发展。

创业者需要有足够的风险意识和应对策略，以确保创业项目的顺利发展。除了要有敏锐的市场洞察力和应变能力外，创业者还需要具备坚定的信念和勇气，以应对创业过程中可能遇到的各种风险和挑战。

3.资源需求

创业项目通常需要集合各种资源以支撑其顺利实施，其中最基本也是最关键的资源包括资金、人力和物力等。这些资源的获取与整合对创业者而言是极其重要的，也是创业成功的关键因素之一。

首先，资金是创业项目得以顺利推进的基础之一。无论是初创阶段还是发展阶段，资金都是企业生存和发展的关键。创业者需要综合考虑资金来源和资金使用两个方面。其次，人才是创业项目成功的关键资源之一。创业者需要有强大的团队支撑，包括技术、市场、管理等方面的人才。团队的能力和素质直接决定了项目的执行效果和成果水平。因此，创业者需要重视团队建设，通过各种途径吸引和选拔优秀人才，打造一支高效、专业的团队。最后，物力也是创业项目实施中不可忽视的资源之一。这包括企业的生产设备、办公场地、仓储物流等方面的资源。物力的合理配置和有效利用可以提升企业的生产效率，降低成本，提高在产品质量和服务水平等方面的优势，从而增强企业的市场竞争力。

创业者需要具备资源整合的能力，充分获取和利用各种资源，并对不同资源进行科学合理的配置和使用，从而保障创业项目顺利推进并取得成功。

4.高成长性

创业项目的目标是实现商业价值。创业项目是指创业者通过创新和创意，在市场经济中开展的各种商业活动。这些项目的目标都是实现商业价值，即为投资者创造利润，为创业者实现自我价值。在当今快速发展的商业环境中，创业项目的成长性和发展潜力是评估项目成功与否的重要因素。

创业项目需要具备创新性、可扩展性和可持续性三个关键要素。评估一个创业项目的成长性和发展潜力需要考虑市场、技术、商业模式、团队和财务等多个因素。通过深入了解这些因素，投资者可以更好地评估项目的潜力和风险，从而作出更明智的投资决策和战略规划。

5.团队支持

创业项目的实施是团队合作和支持的结果。一个团队不仅需要拥有优秀的领导者，更需要全体成员的协作和配合，以推动项目的发展和进步。一个好的团队能够有效地将每个成员的知识和技能汇集在一起，帮助项目更加顺利地完成。

首先，优秀的团队拥有一个富有创意和远见的领导者。这个领导者能够制订出具有可行性的计划，为团队指明方向。这个领导者还会定期制定目标，并有效地分配任务，让每个成员都有机会发挥自己的才能。其次，优秀的团队拥有良好的沟通和协作能力。团队成员之间能够相互理解和尊重，彼此协作完成项目任务。在面对问题和挑战时，团队成员之间会及时沟通和协商，共同寻找解决方案。另外，优秀的团队还拥有一个高效的工作环境。团队成员能够在需要的时候获得必要的资源和支持，从而把时间和精力都用于实现目标上。高效的工作环境不仅能够提高工作效率和质量，还能够帮助团队成员保持愉悦的心情和状态。

创业项目的实施需要团队的协作和支持。一个优秀的团队可以使项目更加成功。创业者必须重视团队的构建和管理，并不断寻求优化和改进的空间。只有这样，才能够为项目的成功打下坚实的基础。

（三）创业项目的种类

1.技术创业项目

技术创业项目主要是指利用新的科学技术或独特的产品设计，以满足市场中尚未被充分满足的需求的新型创业项目。在当今的市场环境下，技术创业项目越来越受到关注，成为创业领域的重要发展方向之一。

对技术创业项目来说，其成功的关键在于对科技和市场有深入的理解，并具备将技术转化为商业产品的能力。技术创业项目需要从市场需求出发，通过技术创新和产品设计来满足这些需求，同时需要不断探索和发现新的商业机会，以便更好地实现商业价值。

一般来说，技术创业项目的开发需要经历市场调研、产品设计、技术开发、市场推广等多个阶段。在每个阶段都需要有专业的团队成员来负责不同的任务，从而确保项目的顺利进行。

2.服务创业项目

服务创业项目主要是关注于开发新的或者改进的服务，以满足特定市场的需求。在当今竞争激烈的市场环境中，了解客户需求以及提供高质量服务是至关重要的。因此，服务创业项目的主要目标是创造出能够满足客户需求的优质服务，并在这个基础上实现商业成功。

服务创业项目的实施通常需要进行深入的市场研究。这种研究旨在深入了解客户的需求、期望和偏好。通过这种深入的市场研究，服务创业项目能够更好地调整其服务以满足市场需求。在这个过程中，对于市场的动态变化保持敏感并能够及时调整服务策略是至关重要的。

3.模式创新创业项目

在当今的商业环境中，许多企业面临不断变化的市场需求和日益激烈的竞争，需要他们不断进行创新和改进来保持竞争力。因此，模式创新创业项目应运而生。这些项目通过对现有商业模式的改进和创新来提高企业的效率和盈利能力。

在进行模式创新创业项目时，创业者需要对市场和商业模式的运作进行深入的研究和分析。市场动态是不断变化的，因此项目需要考虑当前市场的发展趋势、消费者的需求和竞争对手的策略，还需要了解现有商业模式的不足之处，并针对这些不足进行改进或创新。

一般来说，模式创新创业项目的实现需要进行以下五个步骤：

步骤一，分析市场和商业模式。对当前市场的趋势、消费者的需求和竞争对手的策略进行分析，对现有的商业模式进行深入的剖析，找出其不足之处。

步骤二，确定创新方向。根据分析的结果，确定创新的重点和方向，提出具有可行性的方案。

步骤三，制订实施计划。根据提出的方案，制订具体的实施计划，包括时间表、人员分工、预算等方面。

步骤四，实施创新方案。按照计划开始实施创新方案，并对实施过程进行监控和调整，以确保项目的顺利进行。

步骤五，评估和总结。对实施完成的项目进行评估和总结，分析项目的成果和不足之处，并提出未来改进的方向。

模式创新创业项目是一种具有挑战性和潜力的商业领域，需要创业者深入理解市场和商业模式的运作，还需要创业者具备创新思维和实践能力。通过不断的模式创新，企业可以保持竞争优势并实现可持续发展。

4.营销创业项目

营销创业项目是一种创新的企业发展模式，通过实施独特的营销策略和手段，在竞争激烈的市场中建立品牌声誉并吸引目标客户。这类项目旨在通过深入理解市场和消费者行为，来具备创建和维护品牌的能力，为企业创造可持续的竞争优势和商业价值。

营销创业项目的核心是建立品牌声誉。品牌声誉是消费者对品牌的认知度和信任度，通过在消费者心中建立积极的品牌形象和声誉来创造持续的商业价值。为了建立品牌声誉，营销创业项目需要制定有效的品牌战略，包括确定品牌的定位、个性和价值主张，以及制定与品牌形象相一致的市场营销策略。

二、创业项目的分析与评估

（一）分析创业项目

1.行业分析

行业分析包含对该行业周期、要素集约度、社会环境因素、风险因素等情况进行分析。

（1）行业周期。

行业周期可分为启动期、成长期、成熟期、衰退期。在不同的时期，采取的策略也不一样：

启动期：解决用户认知的问题，重点在于传播。

成长期：解决用户转化的问题，重点在于运营。

成熟期：解决用户留存的问题，重点在于品牌建设。

衰退期：解决产品转型和创新的问题。

（2）要素集约度。

根据集约度可以把行业归类为以下几种：

资本密集型行业：需要大量的资本投入的产业。比如，房地产大基建、冶金工业、石油工业、机械制造业等。

技术密集型行业：技术含量较高。比如，飞机制造业、高铁制造业、工业物联网等。

劳动密集型行业：主要依赖劳动力。比如，纺织业、制鞋业等。

知识密集型行业：依靠创意设计等智慧投入。比如，创意产业、传媒广告业、影视业等。

资源密集型行业：依赖资源消耗。比如，农、林、牧、渔业，矿产采掘业。

判断出自己所选的行业是归属于以上哪一类，将有助于找到项目发力的关键点。

（3）社会环境因素。

当前国家政策是否支持你所选的行业？你所选的行业受地域环境影响的程度？市场需求是大众化，还是小众化？这些问题对项目未来发展都至关重要。

2. 市场分析

（1）市场规模。

市场容量有多大？目前的解决方案已经实现多大的规模？这实际上是创业项目天花板的问题。市场的容量可以通过地区类比、用户构成等方法来测算。

（2）市场增长情况。

创业项目是属于增量市场还是存量市场，增量的比例又是多少？从取巧的角度来看，选择一个属于上升增量的市场会比做存量市场更容易，机会也更大些。

（3）竞争情况。

从同行的数量来看竞争度，从同行的解决方案中来发掘产品差异，从同行的价格和目标人群定位来发掘市场机会，从同行的成交情况来判定市场情况，从同行的过往履历来辨别经验教训，取长补短，优化自身。

3.内部分析

（1）商业模式与要素创新。

商业模式就是三个商业对象和四个通道。

三个商业对象是指提供产品的公司、产品、接受产品的用户（客户）。

四个运行通道是指如何制作产品、如何获取用户、如何服务用户、如何获取营收。

如何制作产品：产品制作通道包括上游供应商、生产技术、仓储、物流等要素。

如何获取用户：用户触达通道包括市场营销策略、客户触达和成交方式等要素。

如何服务用户：产品交付通道包括产品交付方式、服务方式等要素。

如何获取营收：付费营收通道包括盈利方式、营收类型、营收对象等要素。

（2）资源与技术。

在现有资源下，你所做的产品或服务是怎样的？能够满足多大的市场需求？与预期目标还有多大的差距？减少差距的方式有哪些？从MVP（最小可行性）模型到完整的目标产品是否容易实现？财务预算是否支持运营？

（二）评估项目的指标及内容

1.营收、利润及成本控制

营收和利润是衡量企业财务健康状况的重要指标。创业者应该确保产品或服务有足够的市场需求，并且能够盈利。这也与控制成本密切相关，要确保企业能够在长期内持续盈利。创业者应该优化生产流程，降低成本，并且寻找更有效的供应商和合作伙伴。

2.客户满意度

客户满意度是衡量一个企业是否成功的重要指标。满意是指一个人将其对某产品的可感知绩效（或结果）与其自身期望相比后所形成的愉悦或失望的感觉状态。客户满意度就是客户满意水平的量化。创业者应该收集客户的反馈信息，并根据反馈的信息来改进产品或服务，进而提高企业的竞争力。

3.战略规划与团队建设

创业者需要制定长期的战略规划，以确保企业能够在未来保持竞争力和增长潜力。注重考虑市场趋势、新技术和竞争对手的动向，并且制定相应的策略来应对。在未来战略实施的过程中，人才必不可少。一个强大的团队应该寻找有才华和经验的员工，并且提供培训和发展机会，以激励员工的积极性和创新能力来实现目标战略。

4.反脆弱性与附加值

（1）反脆弱性。

具有反脆弱性的项目如同在杠铃的两头下注，增加可选择性，可避免两头皆输，提升抗风险的能力。这样的好处是损失有下限，收益无上限。符合“杠铃策略”的项目就容易从不确定性中获益。企业可以在多个方面发展，以此来确保企业的可持续运营。

（2）附加值。

哈耶克曾说过：“如果允许个人自由地选择，那么他必然要承担选择的风险，并且他因此所得的报酬肯定将不取决于目的的好与坏，而是取决于对其他人的价值。”

例如，创业者在挣钱的同时，结识了诸多志同道合的人，拓展了人脉。这便是额外的收获，是附加值。所以，有没有附加值决定了这个项目是否优质。

（三）分析和评估创业项目的意义

就业或创业是大学生人生的重要选择，创业选择是一种重要的经济行为，这种行为受到“看不见的手”的引导，表现为“经济人”的理性选择。

1.创新创业过程中的痛点

首先，创新创业过程中面临很多不确定性和挑战。市场的变化、政策的变化、竞争的变化都会对创业者产生影响。其次，创新创业所涉及的领域和行业不同，所面临的痛点也不尽相同。例如，科技创新领域中技术风险和资金不足是比较普遍存在的痛点；而传统产业升级中的技术壁垒和人才匮乏则是另外的难题。尤其对于文科背景出身的外语专业大学生，这些痛点所带来的负面影响更加突出。

因此，创业者不仅要从自身实际出发，还要深刻了解目标领域和行业，并细致分析所面临的痛点，寻求避免或者解决这些问题的方案，才有可能提高创新创业的成功率。

2.分析与评估项目的意义

正因为创业项目普遍存在痛点，所以对创业项目的分析与评估是不可或缺的。分析和评估项目能够帮助创业者确定并形成创业方向，深入了解市场及竞争环境，规划资源与资金的分配，以及助力创业团队的组建和发展，也能够帮助创业者理清思路，找到核心竞争力，从而提高创业成功的可能性。同时，创业项目的构思也是一个不断迭代优化的过程，可以随着市场变化作出相应的调整，使创业项目适应市场。

三、创业项目的选择

（一）选择原则

1.从市场中寻找机会，要以市场需求为本

任何创业活动的载体不外乎产品或服务。任何创业活动都会因为产品或服务无人购买而缺乏生命力并最终消亡。以市场需求为导向是选择创业项目的首要原则，而其核心是要知道顾客的现有或潜在需求是否得到满足。对顾客这些需求的了解可以从顾客抱怨的问题入手。换言之，问题就是商机，问题是层出不穷的，商机也是无尽的。

案例链接：

“剃须之王”公司的创业故事

说起剃须刀，人们立即会联想到吉列公司，因为它在剃须刀及相关产品市场上具有王者地位。英国人威尔·金于1993年创立了“剃须之王”公司，生产男士剃须护理油。生产男士剃须护理油的创业灵感来自于威尔·金在剃须中遇到的问题。威尔·金皮肤敏感，刮胡子时经常出疹子，并红肿感染，疼痛难忍。为剃须方便，他在剃须前用了女友的护肤油，发现用了护肤油脸上就不会出疹子。这一发现令他痴迷于研发针对男性皮肤过敏的剃须护理油，通过与化学家合作，成功推出了泡沫不同的剃须护理油，因其体积小且润滑效果好而大受年轻人及商务人士的青睐。产品的走俏使“剃须之王”公司发展成为专注于剃须护肤品的公司，在男士护肤品市场上成为继妮维雅和欧莱雅之后的第三大品牌。“剃须之王”公司的创业故事是问题产生商机的一个经典佐证。从这个例子可以看出，基于消费者问题而产生的创业项目才具有生命力。从事创业项目选择指导服务的相关人员要指导创业者密切关注市场，从消费者遇到的问题出发去选择创业项目。

2.从消费者购买力出发

从问题出发只是发现顾客的需求是否得到满足，只是为选择创业项目提供了一个可能的机会，但要真正形成创业机会，还要依据问题创造出来的产品或服务是否能真正地形成消费者的购买力。消费者需要和需求的区别是，消费者需要是产品或服务对消费者产生的使用价值，如汽车对消费者而言是代步的工具；而消费者需求是消费者有钱购买，是消费者的购买力，如果汽车的价格高到消费者不能承受，即便汽车具有代步的功能，消费者也会因没有足够的经济实力而放弃购买。因此，创业项目的选择不仅要了解消费者遇到了什么问题，还要看消费者是否具有购买力。创业者要将产品问题和价格问题结合起来考虑，才能形成真正的商机。

案例链接：

坎普·吉列的创业故事

美国人坎普·吉列从16岁辍学后整整做了24年推销员，生活一直没有什么起色。在他40岁的一天，当他手托双腮深思生活的不易时，未刮干净的胡须茬扎了他的双手，这一扎带给他一个灵感，并改变了他的命运。扎手的胡须茬使他想到自己刮胡须的诸多不便，联想到世界上每个男人都有和他同样的问题，而解决问题的办法就是要有一把方便的剃须刀。由此，吉列放弃推销员的工作，致力于剃须刀的开发。经过一番努力后，吉列于1902年开始批量生产自己研制的新型剃须刀。然而，令吉列没有想到的是，这种在他看来方便的产品却并不好卖。经过对消费者的深入了解，吉列终于弄明白了产品卖不动的原因，除了消费者还不了解新剃须刀的好处和不太习惯使用新剃须刀这两个因素外，最重要的是消费者的购买力问题。消费者需要的是廉价、方便、一次性的产品。为此，吉列创造了“剃刀和刀片定价”刺激消费者购买力的模式，即以55美分的价格销售成本2.5美元的刀架，而把成本1美分的刀片卖到了5美分。这一定价策略的改变，使小小的吉列剃须刀风靡市场，让世界上所有的男人改变了剃须的方式，也使吉列从推销员变成了成功的企业家。这个例子生动地说明，一个创业项目仅考虑解决消费者遇到的问题还不够，还要考虑消费者能否买得起，考虑消费者的购买力，只有形成消费者需求的创业项目，才真正是有市场生命力的项目。因此，创业项目选择指导服务人员在指导创业者选择项目时，要提示创业者结合消费者的经济状况去选择创业项目。

3.从创业者自身的资源出发，从自己熟悉的领域中寻找机会

人们常说，做熟不做生。这里的“熟”指的是熟悉某个行当，包括有没有与这个行当相关的资源、技术、能力、经验等。比如，返乡农民工在选择创业项目时，最好是从家乡当地的自然资源入手，再结合自己的技术、能力、经验等，可能会比在城里更容易找到可行的创业项目。大学生可以结合自己所学专业、自己的科研成果、自己掌握的技术去选择创业项目。对已经有工作经历的人来说，则可以从自己所具有的人脉关系、所了解的市场信息、所掌握的技能等方面去寻找创业机会。从创业者的资源优势出发去寻找创业项目的好处是便于把握项目机会，便于把所拥有的资源与企业的生产经营活动结合起来。

案例链接：

亚洲首富李嘉诚初始创业故事

李嘉诚14岁时因父亲病故而开始打工，承担起养家糊口的重任。他先在一家钟表公司工作，后又到一家塑胶厂当推销员。由于在塑胶厂工作出色在20岁时被老板提升到总经理的位置。凭借自己对塑胶行业的了解和在工作中积累的经验，22岁的李嘉诚便开始独立创业，开设了一家生产塑胶玩具及家庭用品的工厂，取名“长江塑胶厂”。1957年年初的一天，李嘉诚在阅读新一期的英文版《塑胶》杂志时看到一条消息：意大利一家公司利用塑胶原料制造塑胶花，全面占领欧美市场。他敏锐地意识到，塑胶花也会在香港流行。于是，李嘉诚到意大利考察，回港后率先推出塑胶花，随即成为热销产品。长江塑胶厂由默默无闻的小厂一下子蜚声香港塑胶业，成为世界最大的塑胶花生产厂家，通过开拓世界市场，并成为“塑胶花大王”。李嘉诚选择在塑胶花领域创业，是一个从创业者熟悉的领域选择可行创业项目的典型例子。因此，从事创业项目选择指导服务的相关人员应指导创业者多选择与自身资源优势相关的创业项目，或选择自己熟悉的项目，降低创业的风险和成本。

4.将市场需求与自身能力相结合

具有市场潜力并拥有自身资源优势，可将市场潜力变成现实的创业项目，才是最稳妥的创业项目。一个可行的创业项目一定是既具有市场需求的潜力，又具有自身资源优势的。

案例链接：

福耀创始人曹德旺选择汽车玻璃作为创业项目

曹德旺生产汽车玻璃的商机源自他到武夷山旅游的一个偶然事件。曹德旺去武夷山旅游，为母亲买了根拐杖，当他把拐杖往旅游车上放时，司机警告他说：“你小心点，不要把我的玻璃碰碎了，几千元一片玻璃呢。”曹德旺是做水表玻璃的，尽管汽车玻璃和水表玻璃差别很大，但依他对玻璃行业的了解，估计一片玻璃也就值100多元，不至于卖到几千元的天价。事后他跑到汽车玻璃市场一调查，商家的报价让他十分惊讶，原来司机说得一点不假。发现全球80%的汽车玻璃市场被日本、法国、英国和美国公司垄断，当时国内汽车市场上的玻璃基本上从日本进口。曹德旺敏感地判断，制造汽车玻璃大有可为。今天，福耀已发展成为全球知名的汽车玻璃制造商，在国内占据50%以上的市场份额。这个例子告诉从事创业项目选择指导服务的相关人员，在指导创业者选择创业项目时，一定要周全考虑，既要向外找市场商机，又要向内看自身优势。

（二）如何选择创业项目

1.进行市场调查，了解市场

当确定了创业项目之后，接下来就要对该项目的市场进行详细的调查，了解真正的市场需求、了解自己的客户群体、了解这个项目产品的市场认可度和受欢迎程度，充分结合市场，以客户的需求为前提才能得到更好的发展。

2.制订详细的规划，确定发展策略

创业是一个长时间的过程，只有先做好规划，制定相应的发展策略，才能知道接下来的每一步该怎么走。创业者提前做好规划，也能为自己在以后的创业过程中减少一些不必要的麻烦。创业者做好创业规划和策略就是为自己找到了创业指南，在正确的引导下做好每一项工作。

3.参加创新类活动，培养创新思维

创业者应积极参与创新创业竞赛，如大学生创新创业训练计划项目、“互联网+”中国大学生创新创业大赛和“挑战杯”系列竞赛等。

同时，创业者还应积极参与创新创业培养课程，了解基础理论知识，促进自身创新思维更新。

4.发挥自身优势，寻求跨领域合作

创业项目是不分学科界限的，任何企业的发展过程都是具有各种专业背景的成员共同努力的结果。打破专业壁垒，跨领域合作才是把项目做大做久的正确思路。外语专业大学生在跨文化沟通、外文资料检索、信息敏感度、创意想法、沟通协调、组织管理等方面具有优势，在把好的想法付诸实施的过程中，可能需要应用其他学科知识，此时我们可以积极寻求相关领域专业人士的合作，这样才能取长补短，合作共赢。

四、专创融合案例实训

项目一：跨国文化交流平台

利用英语作为通用语言，创建一个平台，促进不同文化背景的人之间的交流和学习。这个项目可以涉及文化交流、语言学习、旅游等领域。

创建一个跨国文化交流平台作为外语专业创业项目是一个涉及多个方面和步骤的复杂过程。以下是一个可能的实施步骤列表：

1.市场调研与需求分析

研究当前市场上的类似平台，了解它们的优点和不足。通过问卷调查、访谈等方式收集目标用户（外语学习者、语言教师、翻译从业者等）的需求和期望。分析竞争对手和市场趋势，确定平台的市场定位。

2. 平台规划与设计

根据市场调研结果，制订平台的功能规划，如在线语言学习、文化交流活动、翻译服务等。设计平台的用户界面，确保用户能够轻松上手和使用。确定平台的商业模式，如“免费+”增值服务、广告收入、会员制等。

3. 技术选型与开发

选择适合的开发框架和技术栈，如前端可以使用React或Vue.js，后端可以使用Node.js或Python。搭建开发环境，进行平台的前端和后端开发。集成第三方服务，如支付接口、短信通知等。

4. 内容制作与资源整合

整合优质的外语学习资源，如语言课程、听力材料、词汇库等。邀请语言专家、教师、翻译员等参与平台内容的制作和审核。与文化机构、旅游机构等合作，获取文化活动的信息和资源。

5. 测试与优化

进行平台的内部测试，修复发现的问题和漏洞。进行公开测试（如Beta测试），收集用户反馈的信息，进行迭代优化。对平台性能进行压力测试，确保在高并发情况下的稳定性和可用性。

6. 市场推广与营销

制订市场推广计划，包括线上广告、社交媒体营销、合作伙伴推广等。建立社交媒体账号，定期发布内容，增加平台曝光度。与教育机构、语言学校等建立合作关系，推广平台并吸引更多用户。

7. 运营与维护

建立专业的运营团队，负责平台的日常运营和维护。定期更新平台内容，保持用户的活跃度和黏性。建立用户反馈机制，及时处理用户的问题和建议。

8.数据监控与分析

建立数据监控体系，收集并分析用户行为数据、使用习惯等。根据数据分析结果，优化平台功能和用户体验。定期评估平台的运营效果和市场表现，调整策略和方向。

9.拓展与升级

根据市场需求和用户反馈，不断拓展平台的新功能和服务。升级平台技术架构，提高性能和安全性。探索新的商业模式和盈利点，推动平台的持续发展。

通过以上步骤，可以逐步构建一个功能完善、用户体验良好、市场影响力较强的跨国文化交流平台。需要注意的是，每个步骤都需要细致的规划和执行，并保持其灵活性和创新性，以适应不断变化的市场环境。(以下案例都可以采用以上步骤)

项目二：在线教育平台

利用互联网和技术，创建一个在线教育平台，提供英语和其他语言的教育服务。这个项目可以涉及在线课程、一对一辅导、语言学习等领域。

项目三：文化翻译服务

为国内外客户提供文化翻译服务，帮助他们跨越文化障碍，更好地理解和交流。这个项目可以涉及翻译、口译、文化咨询等领域。

项目四：跨文化营销平台

创建一个跨文化营销平台，为企业提供跨文化营销服务，帮助企业进入国际市场。这个项目可以涉及市场调研、品牌策略、广告等领域。

项目五：语言技术项目

利用自然语言处理和机器学习技术，开发语言技术项目，帮助机器理解和处理人类语言。这个项目可以涉及自然语言处理、机器学习、人工智能等领域。

【素养案例】

海瓯翼行："讲好中国故事"，海外传播第一民聚力

"海瓯翼行"团队的负责人是一个叫徐靓的姑娘。在与外国人交流学习时，徐靓总被问到很多令人啼笑皆非的问题："你养过熊猫吗？""你坐过火车吗？"来到温州大学读书后，她加入了"海瓯翼行"公益对外传播团队，这个团队凝聚了一群想要传播中国声音的外国留学生。

徐靓在温州大学就读期间是大学生创新创业联盟主席，积极推动本校学生与留学生的创新交流活动。在交流过程中，徐靓知道了目前外国人了解中国的渠道仍然受限且内容单一，甚至在部分外国人眼中，中国仍然是贫穷落后、脏乱危险、无知愚昧的国家，这也让徐靓产生了立志将中国故事传递给国际社会，对外传播好中国声音的想法，于是徐靓便寻找志同道合的伙伴一起付诸实践。一段时间之后，随着伙伴数量越来越多，大家集思广益，想法和创意不断完善，有人提议组建一个对外传播公益的团队来统一运行，于是"海瓯翼行"团队应运而生。2018年，在市委宣传部和侨团的支持下，团队正式成立了温州市海外传播中心，数百位外籍主播与团队成员一起用视频、图片、文字等记录生活，以最喜闻乐见的方式，助力美丽温州城市建设，展现可信、可亲、可敬的中国形象。

整体的项目团队以人文学院学生为主导，集合中美两国青年构

成，致力于通过真实、有趣、生活化的内容，以外国青年的视角，讲述喜闻乐见的中国故事，向海外宣传真实、立体、全面的中国风采。团队成员会根据工作、角色属性等做到台前、幕后分工合理化，确保项目运转高效化，持续有效发挥外国成员（海外传播官）的传播优势，打造了创新创业项目国际合作新模式。同时，依托学校的"侨"特色，立足学校"侨"优势，整合学校"侨"资源，打造海外传播官，推动中国文化跨"侨"出海。

在项目运行的几年间，项目团队遍及24个省、自治区、直辖市，联动120所高校，组建了300多支拍客团队，制作了500多期内容，结合各地特色复制并成功推广了这种项目模式。不仅极具地方特色，体现了温州优异的资源禀赋和国际传播力量，还契合国家对外宣传与海外形象塑造的方针政策，是新时代背景下，浙江省作为"重要窗口"打造的有力体现。项目团队获得了227次的央媒报道和多项荣誉与批示，也受到了中央领导的来访与接见，他们展现的"中国风采"受到了广泛好评。对于下一步的计划，负责人徐靓信心满满："未来，我们将立足温州、服务全省、面向全国、辐射全球，讲好中国故事，传播好中国声音。"

资料来源：孟佩佩. 第八届"互联网+"大赛国赛金奖案例——海瓯翼行——成功"讲好中国故事"，海外传播第一民聚力［EB/OL］.（2022-12-19）. https：//mp.weixin.qq.com/s?__biz=MzIwMDY0ODAzNQ==&mid=2651127532&idx=1&sn=f89799cf84bc53b8e87f208a53b6ec1c&chksm=8d09aae0ba7e23f6facc676cbbde0708804c668cd5eaab343d37b06f04c55bd059cd02aa36d6&scene=27.

第六章

创业机会与创业风险

【导入案例】

聚果盆——脉冲电场助力乡村挖掘水果金矿

“聚果盆——脉冲电场助力乡村挖掘水果金矿”作为第六届中国国际“互联网+”大学生创新创业大赛“红旅”赛道金奖项目，通过对水果实现深加工，促进产业转型。在短短2年的时间里，项目就应用到11种水果，覆盖至全国8个城市，项目创始人唐忠盛更是坦言，“聚果盆”的发展不会局限于水果，在科技助农的路上要发展成为带动一方经济的聚宝盆。

“在学校组织的暑期三下乡活动中，我们整个团队在云南省云县进行的课题，就是帮助当地果农实现白花木瓜深加工。通过联系食品加工企业，增加科技赋能农产品的能力。”唐忠盛介绍说。

云南省云县是华南理工大学的对口帮扶县，2013年，同学们去到云县调研，看见掉落遍地的白花木瓜无人问津，任其腐烂，心疼不已。“我们当时就在思考，能否通过加工一种水果，带动一个产业，惠及一方经济?”本着这样的想法，同学们一回到学校，就开始收集相关资料信息，反复讨论是否可在白花木瓜的精深加工方面提供有力帮助，既能使特色水果资源得到有效利用，又能为果农增加收入。最后的结论是：对水果进行深加工，延伸价值链，是解决“保质期”难题的重要途径。华南理工大学的同学们认为，深加工应用各式各样的方法和技术，推出果汁、果片、果脯、水果醋、水果酒等附加值产品，就能有效带动水果走出“巷子”，保证果农增收。2019年12月，在共同努力下，“聚果盆”创业项目成立，团队结合当地的资源特性，辅助开发相应的产品设备，致力于为云南等地乡村（尤其是经济欠发达地区的农村）提供服务。

在一致确定创业方向和扶贫路径之后，大家说干就干，第一件事是提升木瓜处理效率，并用“聚果盆”脉冲电场技术来延长保质期，提升木瓜附加值。项目以水果“吃干榨净”为目标，发明了全球领先的脉冲电场水果精深加工核心技术，实现对处理物料的快速放电，破坏细胞结构，具有“高效率、高得率、高活性”的技术优势。这项技术能够保证木瓜酒口感更饱满，对消费人群几乎没有任何限制。这形成了对木瓜产量产能的新需求，不仅能够解决水果滞销问题，还能够带动产销、运输、保存等整个链条的发展，满足多重消费需求，提升当地产业竞争力。同时，团队还提升了加工效率，让季节水果颗粒归仓，开发出了木瓜系列产品，改良酸涩口感，让白花木瓜走向了全国市场。

“聚果盆”团队采用全国首创的缩微闪电脉冲技术实现了白花木瓜的全果利用，不仅助力云县白花木瓜的种植面积从9.4万亩增至30万亩，而且带动4万贫困人口年均增收2 618元，成功助力云县脱贫摘帽，白花木瓜也由当地特色水果升级为特色产业，有了“水果金矿”之称。如今，团队技术已应用到国内8个省、自治区、直辖市、15个县区的11种水果，为项目技术设备应用及产品开发的企业和周边地区城乡提供了大量劳动力和可观的经济收入，并借助技术装备孵化相关国家、省部级项目多项，进一步扩大了科技创新应用范围。

未来，“聚果盆”将致力于科技赋能水果精深加工领域，推动产业升级，助力乡村振兴，并把技术从食品领域扩展到生物医药、营养保健领域。莫林凡说：“‘红旅’给我们提供了这么好的平台，我们更要用创新创业成果继续服务乡村振兴战略。”

资料来源：刘文静. 聚果盆代表：扎根祖国大地 继续服务乡村振兴战略［EB/OL］.（2022-06-24）. https://baijiahao.baidu.com/s?id=1736505471913794189&wfr=spider&for=pc.

一、创业机会识别

创业机会是适于创业的商业机会。商业机会一般分为两类：一类是昙花一现的商机，这是一般性的商机；另一类是能持续一段时间，且不需要较多的起始投入的商机，这一类才是适合创业的商机，即创业机会。创业机会是具有商业价值的创意，表现为特定的组合关系。创业机会来自一定的市场需求和变化。创业机会作为创业关键要素，其对于创业者的重要性不言而喻。

创业的核心是创新，创新机遇是最好的创业机会来源。创新机遇有七个主要的来源，分别是意外之事、不协调之处、流程需要、产业和市场结构的变化、人口结构、观念变化和新知识。

（一）创业机会的来源

1. 意外之事

意外的成功或失败都有可能引发新的商业机会，尤其是意外的成功所提供的创新机遇，风险小，求索的过程也不艰辛；而经过精心设计、规划及小心执行后的失败又常常反映了隐藏的变化，以及随之变化而来的机遇。

2. 不协调之处

不协调是指现状事实与“理应如此”之间，或客观现实与个人主观想象之间的差异，这是创新机遇的一个征兆。这些不协调包括产业的经济现状之间的不协调，产业的现实与假设之间存在的不协调，某个产业所付出的努力与客户的价值和期望之间的不协调，程序的节奏或逻辑的内部不协调等。

3. 流程需要

流程需要与其他创新来源不同，它并不始于环境中（无论是内部还是外部）的某一件事，而是始于需要完成的某项工作。它以任务为中心，需要完善一个业已存在的程序、替换薄弱的环节，或者用新的知识，重新设计一个旧程序等。在评估流程需要时，需考虑三个要求：一是是否清楚地了解该需要；二是所需的知识是否能够获得；三是解决的办法与操作者的期盼是否一致。

4. 产业和市场结构的变化

产业和市场结构通常会发生变化，这是由于客户的偏好在改变。另外，特定产业的快速增长也是产业结构变化的可靠指标。

要预见产业结构的变化，就看这一行业是否出现快速增长，市场领导者是否制定了不协调的市场细分战略，是否出现了技术趋同，业务做法是否有迅速变化等迹象。

5. 人口结构

人口结构，通常被定义为人口数量、人口规模、年龄结构、人口组合、就业情况、受教育状况以及收入情况。相比于其他来源，人口结构的变化是最可靠的一个来源。比如，我国生育政策的调整，当前我国已经放开了三孩政策，在国家鼓励生育的大背景下，婴幼儿领域的创业将会有很大的发展前景。又如，我国人口老龄化的问题不会在短期内改善，因此瞄准“银发经济”作为创业方向也是一个不错的选择。

6. 观念改变

观念是人们对事情的主观与客观认识的系统化的集合体，人们会根据自身形成的观念进行各种活动。随着社会经济的发展，人们的观念也在不断发生变化，如果创业者或者创业企业不能够意识到这种变化，不能及时抓住相应变化，可能就会影响企业的发展和创业的成功。

观念转变的创新应该是从具体化开始，并从小规模开始。从一个小的细分市场进入，提供一个“爆款”产品，有利于对人们原有的观念形成强大的冲击，从而改变其消费习惯，快速赢得市场认可。

7.新知识

基于知识的创新是企业家精神在互联网时代的鲜明体现。尽管它难以管理、无法预见、花费较高，需要较长的生产准备时间，但是它引人注目、令人兴奋，目前多数组织在创业机会各种来源中依然首先强调新知识。不过基于知识的创新往往不是基于一个因素，而是基于几种不同知识的汇合，所以单一组织难以成功地引进以新知识为基础的创新，也难以在短期内实现该创新。需要强调的是，知识并不一定是科技方面的，基于知识的社会创新甚至更加重要。

（二）创业机会识别的关键要素

从众多创意中识别出创业机会，需要具备一定的知识，了解相应的识别方法。识别和认识创业机会，需要顺应时代发展，解决需求问题、发现市场空隙、洞悉政策导向。

1.顺应时代发展

顺应时代发展，引领时代潮流的创业项目容易成功；逆潮流的或者与社会发展趋势相反的项目则容易走向失败。所以，创业者应在众多的创新性想法中，从政治、经济、社会和科技的角度进行分析，选择符合发展趋势的创业机会。

在政治趋势方面，政治制度的变革为创业机会提供了基础；政府规章制度的变化，也会为创业者创建差异化的企业提供支撑。对于那些依赖政府支持性规定存在的企业，在规章制度发生变化后生存就会受到威胁，如烟草行业和高档酒店行业。因此，创业者在进行机会识别时，要关注机会和政治制度的关系。

在经济趋势方面，对于经济趋势的理解和观察，有助于确定创业机会的适宜领域和回避领域。经济因素的影响还涉及创业机会所提供的产品和服务的主要消费群体，应该考虑该群体的购买力。经济因素导致的另一个趋势是企业受到持续成本上升的压力。例如，随着人力成本的上升，温州眼镜业就开始用机器人替代人，以降低成本，并尝到了甜头。

在社会趋势方面，社会趋势的发展会对大多数创业机会形成非常大的影响。因为，所有产品或服务存在的原因主要是满足了社会需求，且不仅仅是物质层面的需求。例如，O2O餐饮的快速增长，不是因为大家喜欢快餐、喜欢在家吃外卖，而是在竞争日益激烈的情况下，人们的工作太忙，没有时间亲自做饭；社交类网站的流行，也是基于人们忙碌之中的交往需求。人们对环保和健康的关注，以及三孩生育政策的放开等都会带来相当多的创业机会。只要用心观察、善于分析社会趋势就能够找到适合创业的机会。

在科技趋势方面，科技趋势常常与社会、经济趋势等相结合，共同创造创业机会。对于科技趋势的预测和利用，可以用来满足人们日益提高的生活品质需求。

案例链接：

由新华通讯社新闻信息中心和湖北省教育厅联合组织的湖北省第四届“长江学子”优秀大学毕业生评选中，经高校推荐、专家评审、社会公示等环节，武汉东湖学院2014级播音与主持艺术专业学生邓洋从湖北省2018届普通高等教育应届毕业生（含高职高专、本科、硕士研究生、博士研究生）中脱颖而出，荣获“长江学子”创业奖。

邓洋，2014—2018年就读于武汉东湖学院播音与主持艺术专业，在完成学业的同时每年寒暑假还去北京刻苦实习学习。大二暑假开始创业，创办了汇洋传媒（武汉）有限责任公司，主营动漫影视配音和影视制作，公司发展迅速，制作的多部作品在中央电视台及各大省级电视台播放。在北京和深圳分别开设了分公司和制作基地，月营业额最高时达300余万元。代表作品有《阿鲟的寻根之旅》、武汉市商务局蔡林记、老汉口等47个老字号声音设计、诺贝尔文学奖《十字军骑士》小说演播等。公司成立3年，市场占有率已达到50%。

资料来源：李键．我校优秀毕业生邓洋获“长江学子”创业奖［EB/OL］．（2018-08-29）．https：//www.wdu.edu.cn/gljg/cmxy/xyxw/201808/t4156955.shtml.

2.解决需求问题

创业机会应该能够真正解决市场中消费者的需求，满足当前供给中的不足。因此，从身边出发，关注日常的需求，从他人的抱怨中深入思考，就会发现很多不错的创业机会。抱怨本身就是商机的隐身地。发现抱怨、解决抱怨中的问题是比较不错的识别商机的方法。

市场需求会遵循从空白到饱和的规律，当一个市场的供需趋于饱和时，往往创业的机会就变少，所以对创业者来说，要尽量避开红海而去寻找蓝海，只有这样，才可以开拓出更加广阔和低风险的创业领域。比如，改革开放以来，我国城市商品消费市场发展逐步走向成熟，创新创业机会相对难以发掘，但是随之而来的是广大农村人口对美好生活需求的增长，国家也出台了一系列涉农政策，解决乡村振兴、农业农村现代化、城乡社区发展中遇到的各类问题。广大农村人口对于美好生活的追求为创业者提供了巨大的商机，如果创业者能够基于科学严谨的创新过程，遵循创新规律，运用各类创新的理念和范式，结合技术发展方向，从兴农惠农的角度出发开发出适合农村市场的产品或者商业模式，扎根中国大地了解国情民情，遵循发现问题、分析问题、解决问题的基本规律，将所学专业知识、技能和方法应用于乡村振兴和农业农村现代化，就会发现很多的创业机会。

3.发现市场空隙

许多新产品的出现，就是因为消费者的需求无法在特定市场得到满足或者市场中根本不存在。此时，如果创业者意识到其他人也深有同感，市场空隙就会被识别出来。嗅觉敏锐、目光长远的创业者往往会看到这些貌似还不成熟但有着巨大发展空间的机会。其中，技术变革便是创业机会的最重要来源之一。技术变革改变了社会面貌，它以高科技手段大大提高了人们办事的效率，改变了人们日常行为的方式，制造了许多空白的市场空间，使创业成为可能。

案例链接：

杨浩是厦门大学嘉庚学院人文与传播学院的学生，在创业氛围浓厚的嘉庚学院，杨浩很早就有自主创业的想法。2017年，他创办了厦门奇迹山科技有限公司（以下简称奇迹山公司）。同时，他所带领的奇迹山公司与阿里巴巴、腾讯、华为等巨头企业密切合作，搭建了一个资金、人才、新媒体共融的优质平台。在抖音、快手等短视频平台逐渐风靡网络的时代，杨浩洞察到其中的创业机会。2019年，他所负责的“奇迹山：聚合短视频内容生态的赋能者”项目，获得了第五届中国“互联网+”大学生创新创业大赛国赛银奖。毕业后，杨浩尝试将所学专业和市场最新潮流相结合，对自身未来创业方向进行了精准定位，选择在内容型MCN新媒体领域开始自己的创业之路。目前，奇迹山公司已经成为抖音、快手、微博等各大信息流平台排名前十的头部MCN机构，全网总粉丝量超4亿人。

资料来源：林济源. 厦门大学嘉庚学院两位校友登上福布斯30岁以下精英榜［EB/OL］.（2020-11-13）. https：//news.xmu.edu.cn/info/1004/38020.htm.

4.洞悉政策导向

国家新出台的政策就是经济走势的晴雨表和指南针，对市场拥有敏锐嗅觉的创业者往往会从新出台的政策中看出国家扶持的方向，并顺势而为，找到适合创业的机会。跟着国家政策的导向走，一方面会直接切换到朝阳产业赛道上，省却了很多试错的风险，使得创业过程少走弯路；另一方面，如果做得出色，达到规定的标准，还有可能获得国家或者地区的政策扶持或者经费补贴，从而在一定程度上解决创业的资金需求，使创新创业之路如虎添翼。

例如，为了加快转变经济发展方式，推动产业结构调整和优化升级，完善和发展现代产业体系，2013年2月16日国家发改委和国务院有关部门公布了《国家发展改革委关于修改〈产业结构调整指导目录（2011年本）〉有关条款的规定》。2017年10月13日，国务院办公厅印发《关于积极推进供应链创新与应用的指导意见》（以下简称《意见》），这是国务院首次就供应链创新发展出台指导性文件，将对提升我国供应链发展水平发挥重要作用。

《意见》提出了六项重点任务：一是构建农业供应链体系，提高农业生产组织化和科学化水平，建立基于供应链的重要产品质量安全追溯机制，推进农村产业融合发展；二是推进供应链协同制造，发展服务型制造，促进制造供应链可视化和智能化；三是应用供应链理念与技术，推进流通与生产深度融合，提升供应链服务水平，提高流通现代化水平；四是推动供应链金融服务实体经济，有效防范供应链金融风险，积极稳妥发展供应链金融；五是大力倡导绿色制造，积极推行绿色流通，建立逆向物流体系，打造全过程、全链条、全环节的绿色供应链发展体系；六是积极融入全球供应链网络，提高全球供应链安全水平，参与全球供应链规则制定，努力构建全球供应链。

《意见》提出的几大重点任务，体现了我国在供应链创新与应用方面的扶持和发展方向，那么能够从中发现商机的企业自然会在发展的大潮中占据潮头的位置。

案例链接：

青岛啤酒是中国历史悠久的啤酒制造厂商，近年来，由于渠道多元化、订单碎片化趋势愈发明显，青岛啤酒的供应链管理的复杂度呈指数级增长，传统的依靠人工测算的计划方式难以通盘考虑供应链端到端的复杂因素，满足前端需求和成本优化无法得以兼顾。京东物流看到了这个商机，提出为青岛啤酒提供月度供应计划系统，在优化端到端成本的同时，满足销售需求、平衡全国工厂产能利用率、指导调度主生产计划和运输计划、监控库存水位，提升青岛啤酒的供应链全局数字化水平。

在京东物流的网络规划咨询项目助力之下，通过系统化工具全局考量需求计划、供货规则、生产成本等各类供应链因素，青岛啤酒实现了供应链端到端的成本优化，提高效率；同时，京东物流提升了青岛啤酒供应链计划的敏捷性和供应链数字化水平。

京东物流发挥一体化供应链优势，凭借对物理世界与数字世界的深刻理解，以及对商业的深入洞察，为快消品行业合作伙伴提供供应链解决方案，携手推动供应链数字化升级，实现降本增效、获得新增长，使自身企业和客户企业实现双赢。在国家大力提倡和推动产业结构调整和供应链创新应用的大背景下，京东物流敏锐洞察到了市场动向和潜在商机，为自身开拓了市场空间，在创业行为上属于占据了时间优势，抓住了新兴的创业机会，这一合作案例对于各自企业来说都是遵循国家政策导向顺势而为的验证。

资料来源：佚名. 京东物流与青岛啤酒合作再升级：从基础物流延伸至供应链计划，携手打造供应链数智化标杆［EB/OL］.（2023-08-10）. https://baijiahao.baidu.com/s?id=1773841438544614477&wfr=spider&for=pc.

（三）有助于创业机会识别的因素

一件事情发生时，对有些人来说就是很好的创业机会，对于大部分的人则只是一件普通的事情。拥有识别创业机会技巧的少数人抓住了创业机会，取得了创业成功，不了解创业机会识别因素的大多数人则白白丧失了很多良机。一般来说，经验和认知、人际关系网络、分析问题的科学方法和创造性等都是有助于创业机会识别的关键因素和技巧。

1. 经验和认知

先前经验。按照“走廊原理”，在某个产业工作的个体，相比于那些在产业外的人来说，基于其在该产业的经验和对于产品的认知，更可能识别出未被满足的利基市场。先前的创业经验则可以使创业者形成求改变、求创造的思维模式，产生“资源整合”的路径依赖，有更强的创业导向，也更容易获得所需资源，取得创业成功。

认知因素。近年来，众多学者从创业认知理论出发，研究个体在机会识别方面存在差异性的原因，认为个体层次上认知因素的差别是区别创业者和非创业者的关键要素。机会识别可能是一项先天技能或一种认知过程，多数创业者认为他们比别人“更警觉”，就是这种警觉性可以激发创造性思维，能发现比他人更多的创业机会。

2. 人际关系网络

所谓人际关系网络，是指为达到特定目的，人与人之间进行信息交流的关系网。它基本上是由节点和联系两个部分构成。节点是网络中的人或机构，联系则是交流的方式和内容。按照小世界理论的观点，任何两个陌生人之间所间隔的人不会超过6个。也就是说，最多通过6个中间人，你就能够认识任何一个陌生人。因此，找到关键的6个节点是打造人际关系网络的第一步。我们可以利用熟人介绍、参与社团、利用网络等途径拓展自己的人际关系，以互惠互利、诚实守信、分享、保持等为原则，换位思考、善于倾听等技巧扩充人脉，扩大自己的人际关系网，为未来的事业发展做准备。

3.科学的问题分析方法

一个好的创业者是能够发现问题，并能找到好的解决方法的人。要找到好的解决方法，就需要有科学的问题分析方法。多数机会都可以通过科学系统的问题分析得以发现。

4.创造性

创造性有助于产生新奇或有用的创意。从某种程度上来讲，机会识别是一个创造过程，是不断反复的创造性思维过程。及时抓住富有创造性的思维，采用具有创造性的做法，不但可以引发革命性的变革，带来颠覆式的创新，更有利于创业机会的实现。

二、创业机会的评价策略

创业机会的评价主要可以从创业机会的吸引性、可行性、适时性、匹配性、持久性五个方面进行。

1.评价机会的吸引性

创业机会有很强的吸引性，才能够得到潜在客户的关注。在创业机会实施以前，可以通过市场调查或市场测试的方法，对项目的吸引性进行验证。

2.评价机会的可行性

分析创业机会的可行性可以从宏观、中观、微观的角度分别展开分析。宏观角度的分析可以采用PEST分析法，从创业机会的政治、经济、社会和科技的角度入手；中观角度的分析主要是行业层次的分析，常用的方法是波特的五力分析模型，从进入壁垒、替代品威胁、买方议价能力、卖方议价能力以及现存竞争者之间的竞争对行业的竞争情况进行分析。除此之外，还需要通过对行业数据的分析了解行业的生命周期，判断是不是“机会窗口”打开的时机，即对创业机会实施的时机进行判断；微观方面借助SWOT分析法深入了解外部环境中的机会和威胁，以及创业项目自身的优劣势，对创业机会的可行性进行把握。

3.评价机会的适时性

机会具有转瞬即逝的特性，因此创业者一定要适时抓住机会，开发利用机会。适时性是指在恰当的时间做恰当的事情，过早或过晚的机会都可能是“伪机会”。通常情况下，只有那些很快满足某项重大的需要或愿望，或者尽早帮助人们解决一些重大问题的机会，才有较大的胜算，在开发过程中容易取得成功。及时抓住消费者的“痛点”是创业成功的关键之一。

4.评价机会的匹配性

对任何人而言，有些机会只能看见，却不能为自己所把握。即使创业机会的价值潜力再大，如果自己缺乏相应的必备条件和因素，盲目行动带来的后果往往也可能是血本无归。

5.评价机会的持久性

创业机会的持久性是指机会持续时间长短与市场成长性。一般来说，好的创业机会一般具有可持续开发的潜力，并且能够为企业带来持续的竞争优势。

知识链接：

PEST分析法

PEST分析是指对宏观环境的分析，P是政治（politics），E是经济（economy），S是社会（society），T是技术（technology）。这四大类是影响行业、企业的主要外部环境因素。PEST分析要素如图6-1所示。

政治环境：PEST分析中，构成政治环境的关键指标有政治体制、经济体制、财政政策、税收政策、产业政策、投资政策、国防开支水平、政府补贴水平、民众对政治的参与度等。

经济环境：PEST分析中，构成经济环境的关键指标有国民生产总值及增长率、进出口总值及增长率、利率、汇率、通货膨胀率、消费价格指数、居民可支配收入、失业率、劳动生产率等。

社会环境：PEST分析中，构成社会环境的关键指标有人口规模、性别比例、年龄结构、出生率、死亡率、妇女生育率、生活方式、购买习惯、教育状况、城市特点、宗教信仰状况等。

技术环境：PEST分析中，构成技术环境的关键指标有新技术的发明和进展、折旧和报废速度、技术更新速度、技术传播速度、技术商品化速度、国家重点支持项目、国家投入的研发费用、专利个数、专利保护情况等。

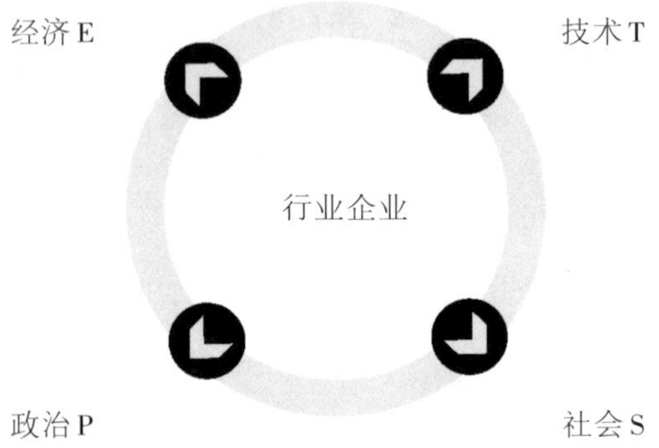

图6-1　PEST分析要素

资料来源：作者绘制。

知识链接：

波特的五力分析模型

五力分析模型是迈克尔·波特（Michael Porter）于20世纪80年代初提出，对企业战略制定产生全球性的深远影响（如图6-2所示）。用于竞争战略的分析，可以有效分析客户的竞争环境。五力分别是供应商的议价能力、购买者的议价能力、潜在竞争者进入的能力、替代品的替代能力、行业内竞争者现在的竞争能力。五种力量的不同组合变化最终影响行业利润潜力变化。

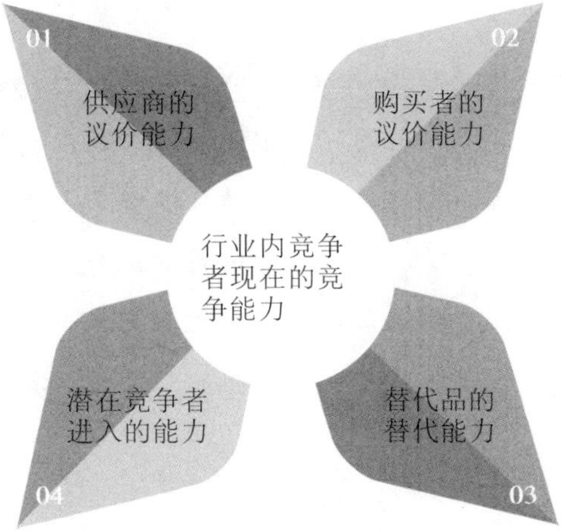

图6-2　五力关系

资料来源：作者绘制。

供应商的议价能力（bargaining power of suppliers）：供方主要通过提高投入要素价格与降低单位价值质量的能力，来影响行业中现有企业的盈利能力与产品竞争力。

购买者的议价能力（bargaining power of buyers）：购买者主要通过议价与要求提供较高的产品或服务质量的能力，来影响行业中现有企业的盈利能力。

新进入者的威胁（threat of new entrants）：新进入者在给行业带来新生产能力、新资源的同时，希望在已被现有企业瓜分完毕的市场中赢得一席之地，这就有可能会与现有企业发生原材料与市场份额的竞争，最终导致行业中现有企业盈利水平降低，甚至有可能危及这些企业的生存。竞争性进入威胁的严重程度取决于两个方面的因素，即进入新领域的障碍大小与预期现有企业对于进入者的反应情况。

替代品的威胁（threat of substitutes）：两个处于同行业或不同行业中的企业，可能会由于所生产的产品是互为替代品，从而在它们之间产生相互竞争行为，这种源自替代品的竞争会以各种形式影响行业中现有企业的竞争战略。

同业竞争者的竞争程度（the intensity of competitive rivalry）：大部分行业中的企业，相互之间的利益都是紧密联系在一起的，作为企业整体战略一部分的各企业竞争战略，其目标都在于使得自己的企业获得相对于竞争对手的优势，所以，在实施中就必然会产生冲突与对抗现象，这些冲突与对抗就构成了现有企业之间的竞争。现有企业之间的竞争常常表现在价格、广告、产品介绍、售后服务等方面，其竞争强度与许多因素有关。

知识链接：

SWOT分析法

1.什么是SWOT分析法

SWOT分析法，也称态势分析法、优势分析法，是在20世纪80年代由美国旧金山大学的管理学教授韦里克提出来的，包含了四个要素：优势（strengths）、劣势（weaknesses）、机会（opportunities）和威胁（threats）。SWOT分析模型如图6-3所示。

要素	优势（S）	劣势（W）
机会（O）	SO——优势强化策略 （进攻策略，最大限度利用机会）	WO——劣势改进策略 （调整策略，战略转型）
威胁（T）	ST——差异化竞争策略 （调整策略，多种经营）	WT——战术规避策略 （生存策略，监控竞争对手）

图6-3　SWOT分析模型

资料来源：作者绘制。

这四个要素又分为两个方向，优势和劣势属于内部环境，机会和威胁属于外部环境。所以，SWOT分析法实际上是综合分析对象的内外部环境，分析其优劣势、面临的机会和威胁的一种方法。这种方法被广泛应用于企业、个人、战略规划上。

2.SWOT模型各要素自查清单

优势自查清单：竞争优势是一个企业超越竞争对手的能力，或是企业所特有的、能提高自身竞争力的东西。比如：

•在细分市场中的差异化优势；

•充足的现金流；

•良好的企业形象；

•技术创新方面的能力；

•在某一细分市场中的规模优势；

•客户口碑中的产品或服务质量；

•有竞争优势的市场份额；

•研发和交付中的成本优势；

•渠道覆盖程度；

•对上下游产业链的控制能力；

•企业独有的专业壁垒和知识型员工；

•对核心资源拥有专利权；

•拥有自主的知识产权获得的成本优势；

•同样等级产品在研发成本、销售成本、服务成本上的成本优势和盈利优势。

劣势自查清单：竞争劣势是指一个企业与竞争对手相比，做得不好或没有做到的，使自己处于不利的位置。比如：

•内部管理混乱；

•缺少关键性技术；

•没有独立的知识产权；

•采用的技术落后，不能为业务赋能；

•现金流不足；

•采用回应者战略，被动跟随竞争对手的步伐；

•经营不善；

•在行业的重点客户面前，口碑不好；

•应收账款积压；

•在产品、团队、资质等方面，竞争力差；

•团队成员缺少行业知识和经验；

•与竞争对手无差别的产品或服务；

•竞争对手优先进入主流渠道，并占据有利口碑。

机会自查清单：企业经营者应该确认并充分把握每一个机会，评估每一个机会给企业带来的成长和利润空间。比如：

•新一波政策红利；

•消费者出现了新需求；

•出现新的细分市场；

•新产品；

•各种准入壁垒消除；

•竞争对手出现失误；

•技术创新下的新兴市场；

•借助合作伙伴联盟全面升级目标客群；

•进入具有吸引力的新的细分市场；

•某一细分市场的领导者力量薄弱。

威胁自查清单：威胁是一些不利的因素所形成的挑战。如果不采取果断的措施，这些不利因素将会导致企业的竞争地位受到削弱。政策环境、经济环境、社会环境、技术壁垒、竞争对手等都是对企业当下或未来造成威胁的因素，企业经营者应该一一识别，并予以规避或采取相应的对策，以降低经营风险。比如：

•市场上出现了新的竞争对手；

•整个行业竞争陷入价格战；

•市场上出现了很多替代品；

•目标市场正在收缩；

•行业政策发生变化；

•经济下行；

•客户购买偏好发生改变；

•新政策和新法规构建了新的壁垒。

3.SWOT模型使用流程

第一步：根据以上类别，列出需要审查的因素。

利用PEST模型、客户调研、五力分析模型对政策信息、市场、行业、竞争对手展开调研，并用MECE法列举相关因素。

第二步：构建SWOT矩阵。

按照上述各个因素填入矩阵对应的象限里，见表6-1。

表6-1 SWOT矩阵

因素	内容
S	
W	
O	
T	

资料来源：作者绘制。

对企业业务发展有直接影响的因素，按重要程度、迫切性、影响程度等对每个象限里的要素进行排序。表6-2是SWOT分析评分表。

表 6-2　　　　SWOT分析评分表

<table>
<tr><td colspan="9">机会要素：消费者出现了新的需求</td></tr>
<tr><td colspan="3">评分</td><td colspan="3">评分</td><td colspan="3">评分</td></tr>
<tr><td rowspan="5">重要程度</td><td>5</td><td>非常重要</td><td rowspan="5">迫切性</td><td>5</td><td>非常迫切</td><td rowspan="5">影响程度</td><td>5</td><td>影响非常大</td></tr>
<tr><td>4</td><td>很重要</td><td>4</td><td>很迫切</td><td>4</td><td>影响很大</td></tr>
<tr><td>3</td><td>重要</td><td>3</td><td>迫切</td><td>3</td><td>影响大</td></tr>
<tr><td>2</td><td>不重要</td><td>2</td><td>不迫切</td><td>2</td><td>影响不大</td></tr>
<tr><td>1</td><td>很不重要</td><td>1</td><td>很不迫切</td><td>1</td><td>影响很小</td></tr>
<tr><td colspan="9">根据这三项的评分，合计出总分，作出优先级排序</td></tr>
</table>

资料来源：作者绘制。

● SO——优势强化策略：例如，利用在某一细分市场中的领先优势、利用充足的现金流拓展新业务、利用规模优势整合上下游产业链、借力合作伙伴的关系扩大客户群等。

● WO——劣势改进策略：例如，压缩组织层级、组建自治型团队提升效率等。

● ST——差异化竞争策略：例如，利用专业壁垒和行业经验提供一体化解决方案、利用渠道优势建设长尾商业模式等。

● WT——战术规避策略：例如，服务好1～2个客户，在某一细分市场树立行业标杆等。

三、创业机会评价的方法

常用的创业机会评价方法主要有以下几种：史蒂文森法、隆杰内克法、巴蒂选择因素法、标准打分矩阵法和普坦辛米特法。

1. 史蒂文森法

霍华德 • 史蒂文森（Howard Stevenson）认为可以从以下方面来评价创业机会：

第一，机会的大小、存在的时间跨度和成长性；

第二，潜在的利润是否可以用来弥补资本、时间和机会成本的投入，并获得令人满意的收益；

第三，机会是否开辟了额外的扩张、多样化或综合的商业机会选择；

第四，在可能的障碍面前，收益是否会持久；

第五，产品或服务是否真正满足了真实的需求。

2. 隆杰内克法

隆杰内克（Longenecker）认为，以下五个方面对于一个好的创业机会至关重要：

第一，对产品有明确界定的市场需求，推出的时机也是恰当的；

第二，投资的项目必须能够维持持久的竞争优势；

第三，投资必须具有一定程度的高回报，从而允许一些投资中的失误；

第四，创业者和机会之间必须互相合适；

第五，机会中不存在致命的缺陷。

3. 巴蒂选择因素法

巴蒂（Baty）选择了11个对创业机会有重要影响的因素，让使用者据此对发现的创业机会进行评价。如果某个创业机会只符合其中的6个或更少的因素，则这个机会很可能不可取；相反，如果某个创业机会符合其中的7个以上的因素，则这个机会将会大有希望获得成功。具体内容见表6-3。

表6-3　　巴蒂选择因素法

序号	选择因素
1	这个创业机会在现阶段是只有你一个人发现了吗？
2	初始的产品生产成本是否可以承受？
3	初始的市场开发成本是否可以承受？
4	产品是否具有高利润回报的潜力？
5	是否可以预期产品投放市场和达到盈亏平衡点的时间？
6	潜在的市场是否巨大？
7	你的产品是否是高速成长的产品家族中的第一个成员？
8	你是否拥有一些现成的初始用户？
9	是否可以预期产品的开发成本和开发周期？
10	是否处于一个成长中的行业？
11	金融界是否能够理解你的产品和顾客对它的需求？

资料来源：作者绘制。

4.标准打分矩阵法

该方法是选择对创业机会成功的重要影响因素，经由专家打分，据此对不同的创业机会进行比较。每一个因素由专家根据其重要程度给出1～3分的分值，1为一般、2为好、3为很好。标准矩阵打分表见表6-4。

表6-4　　标准矩阵打分表

标准	专家评分			
	很好（3分）	好（2分）	一般（1分）	加权平均分
易操作性				
质量和易维护性				
市场接受度				
增加资本的能力				
投资回报				
专利权状况				
市场的大小				
制造的简单性				
广告潜力				
成长潜力				

资料来源：作者绘制。

5.普坦辛米特法

普坦辛米特法是一种让创业者填写针对不同因素的不同情况，预先设定好权值的选项式问卷方法。对每个因素来说，不同选项的得分可以从−2分到+2分，通过对所有因素得分的加总得到最后的总分，总分越高说明特定创业机会成功的潜力越大。只有那些最后得分高于15分的创业机会，才值得创业者进行下一步的策划，低于15分的都应被淘汰。具体内容见表6−5。

表6−5　**普坦辛米特法选择因素表**

序号	选择因素
1	对于税前投资回报率的贡献
2	预期的年销售额
3	生命周期中预期的成长阶段
4	从创业到销售额高速增长的预期时间
5	投资回收期
6	占有领先者地位的潜力
7	受商业周期的影响程度
8	为产品制定高价的潜力
9	进入市场的容易程度
10	市场试验的时间范围
11	销售人员的要求

资料来源：作者绘制。

四、创业风险的识别、评估与应对

创业风险识别是创业者对创业过程中可能发生的风险进行感知和

预测的过程。首先，风险识别应根据风险分类，全面观察创业过程，并从风险产生的原因入手，将引起风险的因素分解成简单的、容易识别的基本单元，由此找出影响预期目标实现的各种风险。创业者可以采用绘制创业流程图、制作风险清单、建立风险档案、头脑风暴、市场需求调查等方法进行风险识别。

创业风险评估包括风险估计和风险评价。

1. 风险估计

风险估计是在充分考虑所有不确定性和风险要素后，确定创业过程中各种风险发生的可能性以及发生之后的损失程度。风险估计主要是对风险事件发生的可能性、可能的结果范围和危害程度、预期发生的时间、风险因素所产生的风险事件的发生频率四个方面进行估计。创业者在进行风险估计时应充分考虑风险因素及其影响，对潜在损失和最大损失作出估计。

2. 风险评价

风险评价是针对风险估计的结果，应用各种风险评价技术来判定风险影响大小、危害程度高低的过程。创业者应针对不同的风险选用不同的方法进行评价，并客观对待评价结果，做好风险预警工作。

创业风险应对是创业者在风险评估的基础上，选择最佳的风险管理技术，采取及时、有效的方法进行防范和控制，并用最经济、合理的方法来综合处理风险，以实现最大安全保障的一种科学管理方法。常用的风险应对方法有风险避免、风险自留、风险预防、风险抑制和风险转嫁等。

风险应对策略矩阵见表6-6。

表6-6　　**风险应对策略矩阵**

标准	高频率	低频率
高程度	风险避免 风险抑制 风险转嫁	风险避免 风险抑制
低程度	风险避免 风险预防	风险自留

资料来源：作者绘制。

风险可以分为系统风险和非系统风险。系统风险是由某种全局性的共同因素引起的，创业者或创业企业本身防控不了或无法施加影响，并难以采取有效方法消除的风险，诸如商品市场风险、资本市场风险等；而非系统风险是指源于创业者或创业企业本身的商业活动和财务活动，并且可以通过一定的手段进行预防和分散的风险，如团队风险、技术风险、财务风险等。因此，我们重点介绍非系统风险防范的可能途径。

（1）机会选择风险的防范。创业者在创业准备之初就应该对创业的风险和收益进行全面衡量，将创业目标和目前的职业收益进行比较，并结合当下的创业环境、自己的职业生涯规划进行权衡分析。

（2）人力资源风险的防范。人力资源是创业活动中最重要的资源，由此产生的风险对创业企业来说往往也是致命的风险，因此一定要予以充分关注。人力资源风险可以通过充实自己、管理团队、科学合理地对成员进行绩效评价、招聘拥有与岗位相匹配技能的员工等方式进行防范。

（3）技术风险的防范。技术创新能够给拥有者带来丰厚的回报，但掌控不好也可能会使创业者颗粒无收。因此，创业者一定要通过论证创新技术方案可行性、加强自身能力建设或建立创新联盟等方式来减少技术风险发生的可能性。

（4）管理风险的防范。通过提高管理者的素质，改变管理和决策等方式可以有效应对创业企业的管理风险。

（5）财务风险的防范。筹资困难和资本结构不合理是很多创业企业明显的财务特征和主要财务风险的来源。有效规避财务风险，要求做到以下几点：

第一，创业者要对创业所需资金进行合理估计，避免因筹资不足而影响创业企业的健康成长和后续发展；

第二，要学会建立和经营创业者和创业企业的信用，提高获得资金的概率；

第三，创业者或团队一定要学会在企业的长远发展和眼前利益之间进行权衡，设置合理的财务结构，从恰当的渠道获得资金；

第四，管理好创业企业的现金流，避免因现金断流而造成财务拮据，甚至破产清算的局面。

五、创业资源

创业资源是企业创立以及成长过程中所拥有或所能支配的有助于实现目标的各种要素以及要素的组合，是新创企业在创造价值过程中所需要的特定资产。创业资源包括有形资源和无形资源，无形资源往往是撬动有形资源的重要杠杆。

（一）创业资源获取的路径

一般来说，获取创业资源的途径可分为市场途径和非市场途径两类。

1.通过市场途径获取资源

市场途径获取资源的方式包括购买、联盟和并购。

资源购买是指利用财务资源杠杆，通过市场购入的方式获取外部资源，主要包括购买厂房、装置、设备等物质资源，购买专利和技术，聘请有经验的员工及通过外部融资获取资金等。当创业所需要的资源有活跃的市场，或者有类似的可比资源进行交易时，就可以通过购买的方式获得。

资源联盟是指通过联合其他组织，共同开发一些难以或无法通过自己进行开发的资源。很多创业培训放在孵化园或咖啡厅，其实就是一种资源联盟的方式，一方面培训方节约了场地租金，另一方面孵化园或咖啡厅通过提供场地吸引了很多潜在的客源，无形中为自己做了宣传。

资源并购是通过股权收购或资产收购，将企业外部资源内部化的一种交易方式。资源并购的前提是并购双方的资源，尤其是知识等新资源具有比较高的关联度。

2.通过非市场途径获取资源

非市场途径获取资源的方式主要有资源吸引和资源积累等。

资源吸引是指发挥无形资源的杠杆作用，利用新创企业的商业计划，通过对创业前景的描述及创业团队的声誉来获得或吸引物质资源（如厂房、设备）、技术资源（如专利、技术）、资金和人力资源（如有经验的员工）。

资源积累是指利用现有资源在企业内部通过培育形成所需的资

源，主要包括自建企业的厂房、装置、设备，在企业内部开发新技术，通过培训来增加员工的技能和知识，通过企业自我积累获取资金等。一般来说，人力资源和技术资源的积累非常重要，可以保证企业发展需要的关键人才和核心技术。

（二）创业资源获取的技能

为了及时足额并以较低的成本获得创业所需要的资源，创业者需要掌握一定的创业资源获取技巧。

1.充分重视人力资源的获取

人力资本在创业资源中的决定性作用，要求创业者必须充分重视人力资源的获取。创业者一方面应努力增强自身能力的培养，另一方面应充分重视创业团队的建设。一个知己知彼、才华各异、能力互补、目标一致和彼此信任的团队是创业资源中最为重要的资源，也是创业成功必不可少的保证。因此，在创业初期创业者需要花大量时间在人力资本的培养和获取上。

2.以能用和够用为原则

在筹集资源时，创业者应坚持能用的原则，只有满足企业需求、可以支配并使其充分发挥作用的资源，才是需要花力气筹集的资源。另外，在筹集创业资源时，创业者应该本着够用的原则，满足企业经营所需，不会因为筹资过多而承担较高的成本。

3.尽可能筹集多用途资源和杠杆资源

一般来说，时间资源、人力资源是用途最多，也是最具有杠杆性质的资源。创业者要善于进行时间管理，把有限的时间用在刀刃上，要善于通过授权将精力集中在关键的决策上，有效发挥团队成员的作用，利用团队成员的能力去撬动更多的资源。

六、创业融资

创业资金是指一家新公司为满足其初始成本而筹集的资金。其作为创业的重要因素之一，对创业者以及一家公司的持续运营有着重要的现实意义。创业资金的相关问题包括创业资金的分类、测算、融资渠道、融资原则四个方面。

（一）创业资金的分类

按照资金投入企业的时间，创业资金可分为投资资金和营运资金。

1.投资资金

投资资金发生在企业开业之前，是企业在筹办期间发生各种支出所需的资金。投资资金包括企业在筹建期间为取得原材料、库存商品等流动资产投入的流动资金，购建房屋建筑物、机器设备等固定资产，购买或研发专利权、商标权、版权等无形资产投入的非流动资金，以及在筹建期间发生的人员工资、办公费、培训费、差旅费、印刷费、注册登记费、营业执照费、市场调查费、咨询费和技术资料费等开办费所需的资金。

2.营运资金

营运资金是从企业开始经营之日到企业能够做到资金收支平衡为止的时间内（即营运前期），企业发生各种支出所需的资金，即投资者在开业后需要继续向企业追加投入的资金。营运前期的资金投入一般主要是流动资金，既包括投资在流动资产上的资金，也包括用于日常的费用性支出。

营运前期的时间跨度往往依企业的性质而不同。一般来说，贸易企业可能会短于一个月，制造类企业则是从开始生产之日到销售收入到账这段时间，可能要持续几个月，甚至几年；对于不同的服务类企业，企业营运前期的时间会有所不同。

在很多行业中，营运资本的资金需求要远远大于投资资本的资金需求，对营运资金重要性的认识有利于创业者充分估计创业所需资金的数量，从而及时、足额筹集资金。

（二）创业资金的测算

测算创业资金需要充分考虑投资资金和营运资金的需求。

1.投资资金测算

创业者需要按照资金分类中提到的投资资金项目，逐一测算每项资金的需求数量，然后加总得到开业前需要投入的资金金额。创业者可以搜索同行业其他企业投资的数据进行参考。

2.营运资金测算

由于创业之初企业经营的不确定性较大，对于营运资金的测算需要分月度进行，逐月分析生产经营过程中需要发生的各种支出及其具体金额，同时考虑经营过程中的资金流入，计算资金流入和资金流出的差额。分月计算营运前期时段内每个月资金流出大于资金流入的金额，其结果就是需要追加的资金数额。创业者可以运用创业资金计算表（见表6-7）计算创业资金的数量。

（三）创业融资的渠道

企业筹集的资金按照投资者在企业享有的权益不同，可分为股权资金、债权资金和政府资金融资。

股权资金也称权益资本、自有资本，是企业依法取得并长期持有可自主调配运用的资金。广义上的股权融资包括内部股权融资和外部股权融资。

表 6-7　**创业资金计算表**

项目/时间	开业前/投资资金	开业后/营运资金			
房屋		1	2	…	合计
设备					
办公家具					
办公用品					
员工工资					
创业者基本支出					
营业税费					
业务开拓费					
广告费					
房屋租金					
水电费					
电话费					
保险费					
设备维护费					
软件费					
……					
资金支出合计					
资金收入					
投入资金数额					

资料来源：作者绘制。

创业企业在创建的启动阶段及较早发展阶段，内部积累显得格外重要。采用内部积累方式，符合优序融资理论的要求，也是很多创业者的必然选择。内部积累的资金来源主要是企业在经营过程中赚取的利润。外部股权融资的途径主要有个人储蓄和亲友投资、天使投资和风险投资、债权融资、政府资金支持等形式。

1. 个人储蓄和亲友投资

创业者个人积蓄的投入，表明了创业者对于项目前景的看法，是创业者日后继续向企业投入时间和精力的保证，也是对债权人债权的保障，还有利于创业者分享投资成功的喜悦。因此，个人积蓄是创业融资最为根本的渠道。

将个人合伙人或个人股东纳入自己的创业团队，利用团队成员的个人积蓄是创业者最常用的筹资方式之一。就中国现状而言，家庭作为市场经济的三大主体之一，在创业中起到重要的支持作用。以家庭为中心形成的亲缘、地缘、商缘等为经纬的社会关系网络，对包括创业融资在内的许多创业活动产生重要影响，因此创业者及其团队成员的家庭储蓄一般归入个人积蓄的范畴。

如果亲友既看好创业项目，又信任创业者，则可能会对项目投入部分资金，这部分资金也是创业初期股权融资的主要渠道。小米能融资成功的原因也一样，在小米的初期每个员工都几乎把全部身家拿出来投给小米，这就能让投资人相信，创业者是真正破釜沉舟地愿意去参与创业。

2. 天使投资和风险投资

天使投资是自由投资者或非正式机构对有创意的创业项目或小型初创企业进行的一次性的前期投资，是一种非组织化的创业投资形式。曾经的创业者、传统意义上的富翁、大型高科技公司或跨国公司的高级管理者都是天使投资者的主要来源，在部分经济发展良好的国家中，政府也扮演天使投资人的角色。天使投资属于广义的风险投资的一种。

狭义的风险投资是由专业机构提供的投资于极具增长潜力的创业企业并参与其管理的权益资本。风险投资往往以股权的方式进行投资，投资者会积极参与企业的创业过程，以整个创业企业作为经营对象，比较看重“人”的因素，是一种高风险、高收益的组合投资。根据风险投资的潜规则，一般真正的风险资金是不希望控股的，只占30%左右的股权，投资者更多地希望创业企业的管理层能对企业拥有绝对的自主经营权。因此，创业者在创业初期选择风险投资时合理融资，以便未来在企业需要进一步融资时，不至于稀释更多的股份而丧失对企业的控制权。

3.债权融资

债权融资形成企业的债务资本，也称借入资本，是企业依法取得并依约运用、按期偿还的资本。向亲友借款、向金融机构借款、交易信贷和租赁、向其他企业借款等都是常用的债权融资方式。

个人积蓄不足时，创业者可以向亲朋好友借入资金，亲友借款也是创业融资的主要方式之一。需要提醒的是，在向亲友融资时，创业者必须用现代市场经济的游戏规则、契约原则和法律形式来规范融资行为，保障各方利益，减少不必要的纠纷。

金融机构贷款是指企业向银行或非银行类金融机构借入的款项。比较适合创业者的金融机构贷款形式主要有抵押贷款和担保贷款两种。既缺乏经营历史又缺乏信用积累的创业者，是难以获得信用贷款的。

交易信贷是指企业在正常的经营活动和商品交易中由于延期付款或预收货款所形成的企业间常见的信贷关系。企业在筹办期以及生产经营过程中，均可以通过商业信用的方式筹集部分资金。例如，企业在购置设备或原材料、商品的过程中，可以通过延期付款的方式，在一定期间内免费使用供应商提供的部分资金。

创业者也可以通过融资租赁方式筹集购置设备等长期性资产所需的资金。融资租赁是指实质上转移与资产所有权有关的全部或绝大部分风险和报酬的租赁。融资租赁是集融资与融物、贸易与技术更新于一体的新型金融业务。由于其融资与融物相结合的特点，出现问题时租赁公司可以回收、处理租赁物，因此在办理融资租赁时对企业的资信和担保要求不高，非常适合中小企业融资。

中小企业间的互助贷款是指中小企业在向银行融通资金的过程中，根据合同约定，由依法设立的担保机构以保证的方式为债务人提供担保，在债务人不能依约履行债务时，由担保机构承担合同约定的偿还责任，从而保证银行债权实现的一种金融支持制度。信用担保可以为中小企业的创业和融资提供便利，分散金融机构的信贷风险，推进银企合作，对已经将企业创办起来的创业者来说，可以借助这种方式筹集所需的资金。

4.政府资金支持

政府资金支持是中小企业资金来源的一个重要组成部分。综合世界各国的情况，政府资金支持一般占到中小企业外来资金的10%左右，其方式主要包括税收优惠、财政补贴、贷款援助和开辟直接融资渠道等，其种类有再就业小额担保贷款、科技型中小企业技术创新基金、中小企业国际市场开拓资金等。

（四）创业融资的原则

1.合法性原则

创业融资作为一种经济活动，影响着社会资本及资源的流向和流量，涉及相关经济主体的经济权益，创业者必须遵守国家的有关法律法规，依法依约履行责任，维护相关金融主体的权益，避免非法融资行为的发生。

2. 合理性原则

在创业的不同时期，企业资金的需求量不同，能够采用的融资方式可能也不同。创业者应根据创业计划，结合创业企业不同发展阶段的经营策略，运用相应的财务手段，合理预测资金需求量。详细分析资金的筹集渠道，确定合理的资本结构，包括股权资金和债权资金的结构，以及债权资金内部的长短期资金的结构等，为企业持续发展植入一个“健康的基因”。

3. 及时性原则

市场经济条件下，机会稍纵即逝，这就要求创业者必须能够及时筹集所需资金，将可行的项目付诸实施，并根据企业投放时间的安排，使融资和投资在时间上协调一致，避免因资金不足影响生产经营的正常进行，同时防止资金过多造成的闲置和浪费，将资金成本控制在合理的范围之内。

4. 效益性原则

创办和经营企业的根本目的是获得一定的经济利益。所以，创业者应在进行成本效益分析的基础上决定资金筹集的方式和来源。投资收益和融资成本的对比是创业者在融资之前要做的首要工作，只有投资的报酬率高于融资成本，才能够使创业者实现创业目标。由于投资所需的资金量决定了融资的数量，而对创业项目投资资金的估计也会影响融资的方式和成本。因此，创业者应在充分考虑投资效益的基础上，确定最优的融资组合。

5. 杠杆性原则

创业者在筹集创业资金时，应选择有资源背景的资金，以便充分利用资金的杠杆效应，在关键的时候为企业发展助力。大多数优秀的投资者往往在企业特殊时期会与企业家一起，将有效的资源进行整合，如选择投行、券商，进行IPO路演等，甚至会参与到企业决策中来。这种资源是无价的，因此创业者不能盲目地奉行“拜金主义”，找到一个有资源背景的基金更有利于企业的持续快速发展。

【素养案例】

民心聚力，古厝新生：村落传统民居自助式保护模式的构建研究

在第十七届“挑战杯”全国大学生课外学术科技作品竞赛中，福州大学古建筑保护实践队以“民心聚力，古厝新生：村落传统民居自助式保护模式的构建研究——基于福建永泰八村百厝调研”项目首夺全国特等奖，他们用3年的时光行走、静坐于偏远村落的古厝，用专业知识活化古厝，守护着文化的根脉，留住了最后的乡愁。

谈及加入古厝保护项目的初衷，队员们给出了不同的答案：有的人从小就在家乡的古厝里长大，对古厝有着特殊情怀，想为古厝真正做点事；有的在本科期间做了许多关于古厝的调研，恰好团队有需要，所以加入了团队；有的想借此增进对古厝文化的了解，同时积累大赛经验。无论是想提升专业技能，还是对传统文化的一片热忱，他们都怀着相同的愿景：让大山里不起眼的古厝重新勾连起文化的血脉。

2021年寒假，队长柴茂源带领团队前往永泰盖洋乡调研，发现村子已经很久没有外人来了，村民们对古厝的保护以及村子的未来有着迫切期望，但苦于各种原因，古厝修不起来，村子也难以发展。于是，团队成员开始收集资料、实地测绘，针对古厝“量大、面广、分布散”“古建筑空心化，长期处于闲置状态”的痛点，将调研计划分为三个阶段：一是基于对全省传统村落随机抽样，形成“5市20村”

的样本点，开始前期调查，明晰古厝保护困境；二是聚焦永泰地区，参考永泰庄寨保护的典型范例总结对策；三是探索多方协同模式，让古厝保护模式落地转化。

在永泰的“三对厝”的启发下，团队成员意识到村民才是古厝保护的主力军，乡村振兴的主体是农民，乡村振兴要为农民而兴，乡村建设要为农民而建。因此，团队成员总结提出通过村民古厝保护理事会实现居民自治，通过权力分置来化解权属争议，最终形成居民主导、上下联动、多元参与的“自助式保护模式”。随着自助式保护模式的逐步推广，一座座古厝“活”了，一座座古村也“火”了，古厝被打造成“农、旅、文、教”相融合的产业平台，闲置的村落盘活成为乡村振兴的资源优势，带动青年人返乡创业，曾经无人问津的村落随着人流的到来呈现欣欣向荣的场景。正如团队成员所希望的那样：“当具有岁月感的古厝遇到富有青春朝气的青年一代，便是一种文化传承。”

古厝是福建宝贵的文化资源且具有鲜明的地域特色，“古厝保护”是习近平总书记一以贯之的理念与情怀，“守护古厝，传承文脉”任重道远。团队成员始终坚持“多学科融合、师研本协同”的原则，以“保护古厝、传承文脉”为目标办队，围绕“古厝活化与保护问题”开展调查研究。他们深扎乡村，以“工科生做哲学社科研究”的思路，聚焦“困难为什么、根结是什么、今后怎么办”三大任务开展三阶段主题调研，走遍永泰8个传统村落、百余栋古厝，深度访谈村民110余人、整理有效问卷630余份、建立100余栋古厝信息档案与数百页的村落资料，成果丰富。总结了古厝保护的现状与问题，探究了造成保护困境的根本原因，为村落古厝的活化与保护创新性地提出并完善“自助式保护模式”，并依托企业实现模式落地，为村民参与乡村振兴与文化遗产保护提供了新路子、新模式，让村民从旁观者变成了主力军，社会影响广泛，在竞赛中也展示出了全国特等奖优秀作品的应有水准。

资料来源：佚名．榜样力量||“挑战杯”国赛特等奖团队专访：百折不挠，不负青春［EB/OL］．（2022-04-19）．https：//mp. weixin. qq. com/s？__biz=MzA5NzAyNDMwOA== &mid=2650097577&idx=1&sn=2f372666afb6f4ac91febf3f81648e26&chksm=88a6c7f2bfd14ee4d66fd92b6d9fd549970446693902ce9bc67b7d47116f70cb8f674d3ccd78&scene=27.

第七章

创业计划与商业模式

【导入案例】

拼多多打着“拼着买，更便宜”的口号吸引了大部分对价格敏感的客户。而在同类产品中，争夺购物用户比例变得尤为重要。数据显示，拼多多超过80%的用户与淘宝用户重叠，超过50%的用户与京东用户重叠，相比之下，多数用户更加愿意使用拼多多以满足其低价采购的需求，这也使得这些早期的电商巨头的用户不断地流向拼多多平台。从侧面可以看出，当前大部分用户对于价格低、质量不差的商品更加青睐，这是拼多多相比竞争对手的非常重要的一个商业优势。那么，拼多多是怎样规划版图和商业模式的呢?

1.“裂变式”营销。拼多多通过分享式拉团购物的消费方式，让用户在微信或者朋友圈中转发购物链接，通过好友点击链接助力，从而提高商品的浏览量。另外，还有一系列方式，如限定人数拼团成功时团长可以获得免费购买资格、砍价次数达到一定次数之后可以免费采购等，这些都是为了充分利用用户分享的能力来提高曝光度。拼多多抓住了微信兴起后”社交裂变”这种极限的传播方式的机会，过去很难让一个物品在一天之内传给几万人甚至上千万人，微信却做到了，而拼多多又把它做到了极致。拼多多的“裂变式”营销策略充分利用了社交平台的传播优势，通过用户分享和助力，实现了商品的广泛传播和快速销售。这种创新的营销方式不仅降低了营销成本，还提高了用户黏性和活跃度，为拼多多的快速增长提供了有力支持。

2.利用产品的廉价吸引客户参与拼单。拼多多对少数用户来说是消费降级，而对大多数用户来说却是消费升级。淘宝、京东能够满足一二线城市的用户需求，却忽视了三四线城镇、农村这种地方的用户需求，这些用户在当地可能用着没有品质的商品，更买不到正品的东西，而拼多多恰好满足了这类用户的需求，满足了一个非常庞大的需求。拼多多的成功首先源自其精准的市场定位。它针对价格敏感型用户，特别是那些被主流电商平台忽视的三四线城镇和农村市场的用户，提供了低价、质量不差的商品。这种独特的市场定位使拼多多能够满足特定用户的需求，从而在竞争激烈的电商市场中脱颖而出。

3.完成了供应链改造。做到工厂到用户的点对点直达。过去，用户购买商品，这些商品从工厂到用户手上中间会有很多环节，每个环节都有成本，商家也需要赚钱。而拼多多省去大部分的中间环节，以超低的商品价格来举办各种活动吸引用户分享帮砍、下单购买，形成增强回路，进一步扩大传播。

4.广告收益和商家抽成。除了传统的商品销售收入外，拼多多还通过广告收益和商家抽成等方式增加了多元化收入来源。拼多多和品牌商合作，利用分销传播的曝光度赚取品牌宣传费。此外，还利用用户拼团购物享受优惠制度，鼓励用户在自己的交际圈大量转发购物链接，从而大大提高产品和商家的曝光度；助力的好友需要完成平台注册才可以助力到位，通过这种方式也提高了平台的注册率，从而获取大量用户。这种多元化的收入结构为拼多多的盈利提供了更多可能性。

拼多多的成功在于其创新的商业模式，该模式精准地满足了特定用户的需求，利用社交裂变实现了快速增长，优化了供应链降低了成本，并实现了多元化收入来源。拼多多在互联网购物平台几乎被两大巨头垄断的市场中独辟蹊径，说明了商业模式的重要性。对创业者来说，合理且创新的商业模式是确保企业成功的关键之一。创业者一定要制订合理的创业计划，建立适合的商业模式，这样才能为企业后期发展提供保障和动力。

资料来源：作者根据相关资料整理所得。

一、创业计划的作用及意义

创业计划是创业者计划创立的业务的书面摘要。它用来描述与拟创办企业相关的内外部环境条件和要素特点，为业务的发展提供指示图和衡量业务进展情况的标准。

（一）创业计划的作用

1.指导商业决策

创业计划可以帮助创业者确定他们的业务方向、市场定位、产品或服务特性、融资需求和运营策略等商业决策。通过制订创业计划，创业者可以更好地了解他们想要开展的业务，从而作出更加明智的商业决策。

2.提高融资能力

创业计划可以帮助创业者更好地了解市场和融资需求，从而更好地吸引投资者或合作伙伴。创业计划还可以向投资者或合作伙伴展示创业者的商业计划和愿景，从而提高融资能力。

3.指导市场营销和运营

创业计划可以帮助创业者制定营销策略和运营计划，从而更好地推广他们的产品或服务，并管理公司日常运营。创业计划还可以提供详细的市场分析和竞争对手分析，帮助创业者更好地了解市场趋势和竞争环境。

4.降低风险

创业计划可以帮助创业者降低创业风险。通过制订商业计划和风险管理计划，创业者可以更好地管理公司的财务、运营和风险。创业计划还可以为创业者提供融资和合作伙伴的选择，从而更好地管理业务风险。

5.提供经验和资源

创业计划可以为创业者提供宝贵的经验和资源。通过制订创业计划，创业者可以更好地了解他们的业务和目标市场，从而更好地管理和运营公司。此外，创业计划还可以为创业者提供相关的行业信息和资源，帮助他们更好地开展业务。

（二）创业计划对于大学生创业的现实意义

近年来，政府加大了对大学生创业的扶持力度，先后出台了针对大学生创业的新政策，积极开展大学生自主创业的培训工作，将大学生创业与当地经济发展结合，为自主创业的大学生提供银行贷款、专业指导等服务，帮助大学生成功创业。除了政府之外，高校和社会也对大学生创业投入了更多关注，很多地区和高校定期举办各种大学生创新创业大赛，激发大学生的创业热情，使大学生自主创业形成规模，并得到进一步发展和落实。

在就业越来越难的背景下，自主创业成为大学生新的选择，逐步成为市场洪流中一股新的力量，也是不可阻挡的一种趋势。

对大学生来说，自主创业能够让大学生实现自我价值，是非常重要的就业途径。目前，越来越多的人开始认同大学生创业的重要性，自主创业成为非常普遍的现象。随着自主创业的大规模普及，大学生的创业行为将更加趋于理智。在前期的自主创业中，很多大学生都没有正确认识自己的能力，仅凭一时冲动而走上创业道路，最终发现创业并不像自己想象中的那样简单，如果经营不善，很可能导致创业失败。随着大学生自主创业培训服务的增加，大学生开始理性地思考自己的行为，认真对比自主创业与就业，根据自己的实际情况来进行选择，而不是一味地跟随创业潮流，从而使大学生创业的成功率提升。当前，很多大学生都会制订一份详细的创业计划并对其可能性进行分析，再投入生产经营，使得自主创业的随意性降低，创业过程中需要的各种要素都能够科学管理，从而使创业蓝图得以实现。

二、创业计划的撰写

撰写创业计划是一项集辛苦、创造性和重复性为一体的工作。新的见识、新的灵感常会在写作过程中“灵光一现”，初始前景尚不明朗的商机可能会显示出较大的发展潜力；同时在撰写过程中还能够促使创业团队仔细考虑企业的各个方面，使一些最重要的目标和事项达成一致。可见，撰写创业计划的重要价值在于帮助创业者理清创业思路，明晰企业发展蓝图、战略资源以及人员匹配要求。

一份完整的创业计划一般由以下部分构成：执行总结；项目背景；产品技术或服务；市场分析；营销策略；公司管理（包括公司战略、管理团队、人力资源、生产组织、采购供应等）；投资分析；财务分析；风险分析；风险资本的退出；附录。

创业计划的撰写要遵循逻辑严谨、分析规范、文字通畅、排版规范的原则，避免言过其实，突出关键风险因素，突显优秀创业团队信号。一份高质量的创业计划，有助于创业者成功实施创业蓝图，有助于新企业获得更多的创业资源。

创业计划通常是市场营销、财务、生产、人力资源等职能计划的总和。

（一）写好创业计划要思考的问题

1. 关注产品

2. 敢于竞争

3. 了解市场

4. 表明行动的方针

5. 展示你的管理队伍

6. 勾画出清晰的商业模式

7. 出色的计划摘要

（二）创业计划的结构

一般来说，在创业计划中应该包括创业的种类、资金规划及基金来源、资金总额的分配比例、阶段目标、财务预估、营销策略、可能风险评估、创业的动机、股东名册、预定员工人数。具体内容一般包括以下方面：

1. 封面

封面的设计要有良好审美观和艺术性，一个好的封面会使阅读者产生最初的好感，形成良好的第一印象。

2. 计划摘要

计划摘要浓缩了创业计划的精华。计划摘要涵盖了计划的要点，以求一目了然，以便读者能在最短的时间内评审计划并作出判断。

计划摘要一般包括以下内容：公司介绍；管理者及其组织；主要产品和业务范围；市场概貌；营销策略；销售计划；生产管理计划；财务计划；资金需求状况等。摘要要尽量简明、生动。特别要说明自身企业的不同之处以及企业获取成功的市场因素。

3.企业介绍

这部分的目的不是描述整个计划，也不是提供另一个概要，而是对你的公司作出介绍，因而重点是你的公司理念和如何制定公司的战略目标。

4.产品（服务）介绍

产品介绍应包括以下内容：产品的概念、性能及特性；主要产品介绍；产品的市场竞争力；产品的研究和开发过程；发展新产品的计划和成本分析；产品的市场前景预测；产品的品牌和专利等。

在产品（服务）介绍部分，企业家要对产品（服务）作出详细的说明，说明既要准确，又要通俗易懂，使不是专业人员的投资者也能明白。一般来说，产品介绍都要附上产品原型、照片或其他介绍。

5.行业分析

在行业分析中，应该正确评价所选行业的基本特点、竞争状况以及未来的发展趋势等内容。

关于行业分析的典型问题：

（1）该行业发展程度如何？现在的发展动态如何？

（2）创新和技术进步在该行业扮演着一个怎样的角色？

（3）该行业的总销售额有多少？总收入为多少？发展趋势怎样？

（4）价格趋向如何？

（5）经济发展对该行业的影响程度如何？政府是如何影响该行业的？

（6）是什么因素决定着该行业的发展？

（7）竞争的本质是什么？你将采取什么样的战略？

（8）进入该行业的障碍是什么？你将如何克服？该行业典型的回报率有多少？

6. 人员及组织结构

在企业的生产活动中，存在人力资源管理、技术管理、财务管理、作业管理、产品管理等。而人力资源管理是其中很重要的一个环节。

社会发展到今天，人已经成为最宝贵的资源，这是由人的主动性和创造性决定的。企业要管理好这种资源，就必须遵循科学的原则和方法。

在创业计划中，必须对主要管理人员加以阐明，介绍他们所具有的能力、他们在本企业中的职务和责任，以及他们过去的详细经历及背景。此外，在这部分创业计划中，还应对公司结构进行简要介绍，包括公司的组织机构图、各部门的功能与责任、各部门的负责人及主要成员、公司的报酬体系、公司的股东名单、公司的董事会成员和各位董事的背景资料等。经验和过去的成功比学历更有说服力。如果你准备把一个特别重要的位置留给一个没有经验的人，你一定要给出充分的理由。

7. 市场预测

对市场错误的认识是企业经营失败的最主要原因之一。市场预测应包括以下内容：用户需求预测、市场现状综述、竞争厂商概览、目标顾客、目标市场和产品的市场地位等。

8. 营销策略

在创业计划中，营销策略应包括以下内容：市场机构和营销渠道的选择、营销队伍的管理、促销计划和广告策略、价格决策。

9. 制造计划

在创业计划中，制造计划应包括以下内容：产品制造和技术设备现状、新产品投产计划、技术提升和设备更新的要求、质量控制和质量改进计划。

10.财务规划

在创业计划中，财务规划一般包括以下内容：现金流量表、资产负债表和损益表的制备。

流动资金是企业的生命线。企业在初创或扩张时，对流动资金需要预先进行周详的计划和进行过程中的严格控制。

损益表反映的是企业的盈利状况，它是企业在一段时间运作后的经营结果。资产负债表则反映在某一时刻的企业状况，投资者可以用资产负债表中的数据来衡量企业的经营状况以及可能的投资回报率。

11.风险与风险管理

这个主题通常需要思考以下问题：

（1）你的公司在市场、竞争和技术方面都有哪些基本的风险？

（2）你准备怎样应对这些风险？

（3）你认为公司还有一些什么样的附加机会？

（4）在你的资本基础上如何进行扩展？

（5）在最好和最坏的情形下，你的5年计划表现如何？如果估计不那么准确，应该估计出误差范围到底有多大。如果可能的话，对关键性参数做最好和最坏的设定。

（三）创业计划的编写步骤

准备创业计划是一个展望项目的未来前景、细致探索其中的合理思路、确认实施项目所需的各种必要资源、再寻求所需支持的过程。

需要注意的是，并非任何创业计划都要完全包括上述大纲中的全部内容。创业内容不同，相互之间差异也就很大。

1.第一阶段：经验学习

2.第二阶段：创业构思

3.第三阶段：市场调研

4. 第四阶段：方案起草

经过以上四个阶段的准备，就可以正式进行撰写了。写好全文，加上封面，将整个创业要点抽出来写成提要，再按下面的顺序将全套创业计划排列起来：

（1）市场机遇与谋略。

（2）经营管理。

（3）经营团队。

（4）财务预算。

（5）其他与听众有直接关系的信息和材料，如企业创始人、潜在投资人，甚至家庭成员和配偶。

5. 第五阶段：最后修饰阶段

首先，根据你的报告，把最主要的内容做成一个 1 ~ 2 页的摘要，放在前面；其次，检查一下，千万不要有错别字之类的错误，否则别人对你是否做事严谨是有怀疑的；最后，设计一个漂亮的封面，编写目录与页码，并打印、装订成册。

6. 第六阶段：检查

可以从以下方面加以检查：

（1）你的创业计划是否显示了你具有管理公司的经验。

（2）你的创业计划是否显示了你有能力偿还借款。

（3）你的创业计划是否显示了你已进行过完整的市场分析。

（4）你的创业计划是否容易被投资者所领会。创业计划应该备有索引和目录，以便投资者可以较容易地查阅各个章节，还应保证目录中的信息流是有逻辑的和现实的。

（5）你的创业计划中是否有计划摘要并放在了最前面，计划摘要相当于公司创业计划的封面，投资者首先会看它。为了保持投资者的兴趣，计划摘要应写得引人入胜。

（6）你的创业计划是否在文法上全部正确。

（7）你的创业计划能否打消投资者对产品（服务）的疑虑。

（四）创业计划的编写概念（6C模式）

第一个C是概念（concept）。在创业计划中，要让别人可以很快地知道要卖的是什么。

第二个C是顾客（customers）。明确顾客的范围，如所有的女人都是顾客，那么50岁以上的女人也能用产品吗？5岁以下的女童也是顾客吗？适合的年龄层在哪里要界定清楚。

第三个C是竞争者（competitors）。产品有没有人卖过？如果有人卖过，是在哪里？有没有其他产品可以取代？这些竞争者跟你的关系是直接的，还是间接的？

第四个C是能力（capabilities）。要卖的产品自己会不会、懂不懂？比如，开餐馆，如果师傅不做了，又找不到人，自己会不会炒菜？如果没有这个能力，至少合伙人要会做，再不然也要有鉴赏的能力，否则最好是不要做。

第五个C是资本（capital）。资本可以是现金，可以是资产，也是可以换成现金的东西。那么，资本在哪里、有多少，自有的部分有多少，可以借贷的有多少，要很清楚。

第六个C是永续经营（continuation）。当事业做得不错时，将来的计划是什么？

任何时候只要掌握6C模式，就可以随时检查、随时做更正，不怕遗漏什么。

三、商业模式

商业模式是一个企业用来创造、交付和获取价值的逻辑和方式的描述。商业模式就是你能提供什么样的产品，给用户创造什么样的价值，在为用户创造价值的过程中用什么方法获取商业价值。

（一）商业模式的六要素

1.用户需求

用户需求是设计任何一种商业模式的前提，它是商业模式要考虑的核心要素。一个好的商业模式首先需要清晰地找到目标客户以及目标客户的问题与痛点，满足他们的需求从而为用户提供独特的解决方案。例如，滴滴解决的是人们出行中打车难、打车贵的问题；摩拜、OFO解决的是用户短途便利出行的问题。

2.产品与服务

产品与服务作为商业模式的核心，在识别完用户的需求以后，为用户提供解决方案。企业受产品驱动。企业为用户提供什么样的产品与服务，这些产品与服务有什么与众不同之处，为用户创造什么样的价值，以及如何提供这些产品与服务，是通过外包生产还是自己生产，这都是商业模式需要回答的问题。

3.营销与销售

营销与销售是指在拥有产品与服务后，如何将其触达客户、实现交易的方法和手段。销售方式多种多样，如广告营销、会议营销，电话营销、线上销售、线下销售、直销分销。如何选择合适的营销方式以获得最大的利益，对众多创新型企业而言，这是一个难点。例如，以小米为代表的互联网手机企业，它们最初是以互联网营销与电商销售为主。而线下品牌OPPO、VIVO选择冠名热门综艺在线下渠道销售。经过几年的竞争，互联网手机企业遇到了瓶颈，而像OPPO、VIVO这样的深耕线下的品牌异军突起。因此，小米大力拓展小米之家这些线下渠道，开始线上与线下渠道并重，同时将自有渠道如小米网、小米商城与苏宁、国美这样的第三方电商平台相结合，不难看出营销和销售渠道的选择是根据销售状况变化而变化的，并非一成不变。

4.盈利模式

任何商业模式都需要解决赚钱的问题，无论是短期盈利还是在未来实现盈利，如何采取对应模式实现这一目标就是盈利模式，即如何获取商业价值。企业要想盈利，收入就必须能够覆盖住成本与费用，商业模式需要对收入、成本、费用与利润有一个精准的测算。基于产品和用户画像，以下是几种常见的商业模式：一是直接提供产品或服务。这是最常见的商业模式，无论是智能科技企业，还是生物科技企业，均采用这种商业模式。二是佣金模式。这一模式大部分集中于一些信息不对称的领域，如打车软件和民宿软件。三是流量模式。这一模式常见于电商平台与广告营销。

5.市场空间

这是企业决定是否进入这个市场的一个重要依据。决定市场空间的因素有：产品或服务的现有市场规模、企业的竞争者数量与竞争强度。

6.战略合作关系

在互联网时代，企业变得越来越开放，建立外部战略合作关系正日益成为商业模式的重要组成部分，很多企业都是通过建立战略联盟来优化商业模式，获取资源，降低风险。

（二）商业模式如何创新及设计

随着时间的变化，不同时期企业采用不同的商业模式，并呈现出不同的特点。例如，前文提到的小米手机为逆转销售劣势，更改销售方式，转为线上线下相结合。

商业模式各阶段的发展变化表现出很强的时间顺序性和历史演化的特征。商业模式发展的阶段性划分，以时间顺序为轴，以新商业模式的出现为重要节点，结合具有普遍性意义的商品个性化的商业模式，通过前述分类特征研究，把商业模式划分为三个阶段：第一阶段是传统经销模式；第二阶段包括传统直销模式和复杂捆绑模式，以及电视台出现以后的第三方模式；第三阶段是以互联网为基础和标志的第三方模式、电子商务模式和闭环生态模式等新兴模式。这样的划分有助于理解科技进步、基础设施变迁和商品特性对商业模式的影响和作用。

商业模式创新是指企业通过重新设计其价值链、客户关系、收益来源等方面，从而创造新的商业价值和竞争优势。在当今充满竞争的市场环境中，商业模式创新对于企业的生存和发展至关重要。本单元将探讨商业模式创新的意义、方法以及一些成功的实践案例。

（三）商业模式创新的意义

1.创造竞争优势

通过商业模式创新，企业可以打破传统行业壁垒，提供独特的产品或服务，从而在竞争激烈的市场中获得竞争优势。

2.适应市场变化

商业环境不断变化，消费者需求也不断演变。通过创新的商业模式，企业可以更好地适应市场变化，满足消费者的需求。

3.创造增长机会

商业模式创新可以帮助企业发现新的增长机会，创造新的市场空间，实现持续的增长。

（四）商业模式创新的方法

1.重组价值链

通过重新组织企业的价值链，将原本分散的资源整合起来，实现效率的提升。

2.变革消费者体验

通过改变产品或服务的交付方式，提供更好的消费者体验。

3.创造新的收益来源

通过创造新的收益来源，提升企业的盈利能力。

4.建立跨界合作

通过与其他行业的公司合作，共享资源和知识，创造新的商业模式。

（五）成功的商业模式创新案例

1.案例一

Airbnb是一个在线房屋共享平台，成立于2008年，总部位于美国加利福尼亚州旧金山市。该平台通过连接个人房东和旅行者，为后者提供独特的住宿体验。房东可以在Airbnb平台上发布自己的房源，包括整套房屋、独立房间或共享空间，而旅行者则可以根据自己的需求和预算在这些房源中选择合适的住宿。

Airbnb的市场定位是提供一个更具个性化、价格合理的住宿选择，以满足旅行者的需求。与传统的酒店相比，Airbnb的房源更具特色和多样性，能够给旅行者带来更加本地化的体验。Airbnb的主要收入来源是向房东收取服务费用。具体来说，每当房东的房源成功出租给旅行者时，平台会从房东那里收取一定比例的佣金。此外，该平台还提供了一系列增值服务，如预订保险、特色活动等，以增加收入来源。

由于Airbnb的房源来自个人房东，因此平台上的房源数量庞大且多样化。这使得旅行者可以根据自己的需求和预算找到心仪的住宿，无论是价格、位置、风格还是设施等方面，都能满足个性化需求。与传统酒店相比，Airbnb的房源通常更具特色和个性化。旅行者可以体验到更加本地化的生活氛围，与房东交流了解当地文化、风俗习惯等，从而获得更加丰富的旅行体验。Airbnb的运营模式主要依赖于互联网技术进行房源信息发布、交易撮合等，这使得平台能够以较低的成本实现快速扩张，并在竞争激烈的市场中保持领先地位。Airbnb为旅行者提供了更加多样化、个性化的住宿选择，从而激发了人们的旅游热情。越来越多的人开始选择通过Airbnb预订住宿，这推动了全球旅游业的发展。

由于房东和租客之间的交易是通过互联网平台进行的，因此信任问题成为一个重要的挑战。Airbnb通过严格的身份验证、评价系统等措施来保障双方的权益，但仍需要不断完善和优化这些机制。

随着在线房屋共享市场的不断发展，越来越多的竞争者涌现出来。Airbnb需要不断创新和改进服务，以保持领先地位并吸引更多用户。展望未来，随着技术的不断进步和消费者需求的不断变化，Airbnb有望继续引领在线房屋共享市场的发展潮流。

2.案例二

网易云音乐是中国的一家主流音乐流媒体平台，成立于2013年，隶属于网易公司。它以其独特的音乐版权保护模式、个性化的音乐推荐和分享功能，吸引了大量用户，迅速成为中国最受欢迎的在线音乐平台之一。

网易云音乐通过先进的算法技术，根据用户的听歌历史、喜好等信息，为用户推荐个性化的音乐内容。这种推荐模式大大提高了用户的使用体验，也让用户更容易发现自己喜欢的音乐。网易云音乐还提供了丰富的社交分享功能，用户可以将自己喜欢的歌曲、歌手、歌单分享给朋友，或者在平台上与其他用户交流音乐心得。这种社交属性让网易云音乐不仅是一个音乐播放平台，还是一个音乐社区。

由于与众多音乐人、唱片公司建立了合作关系，网易云音乐拥有庞大的音乐资源库，涵盖了各种类型的音乐。这使得用户可以在平台上找到几乎所有想听的歌曲，并且能够准确捕捉用户的喜好，为用户提供个性化的音乐推荐。这种推荐算法不仅提高了用户的使用体验，还增加了用户对平台的黏性。

用户可以在平台上发表自己的音乐见解，与其他用户交流互动。这种社区氛围不仅增强了用户的归属感，还让平台更加具有吸引力。

网易云音乐的出现推动了整个音乐产业的发展。它通过与音乐人建立直接合作关系，保障了音乐人的权益，激发了音乐人的创作热情。同时，网易云音乐也为音乐产业带来了新的商业模式和发展机遇。未来，随着音乐产业的不断发展和用户需求的不断变化，网易云音乐需要不断创新和改进服务，以应对各种风险和挑战。同时，平台也需要继续关注版权问题和技术挑战，确保为用户提供更加优质、便捷的音乐服务。

四、外语专业相关的商业模式

（一）设计商业模式

设计商业模式是指为一个企业或组织创建一种可以产生利润和长期可持续发展的框架。商业模式设计主要包括以下几点内容：

1.客户细分

客户细分是指公司所瞄准的消费者群体。这些群体具有某些共性，公司能够针对这些共性创造相应的价值。定义消费者群体的过程也被称为市场细分。

2.价值主张

商业模式的核心是为客户提供有吸引力的价值主张。价值主张是指企业通过产品或服务解决客户问题、满足客户需求或带来业务价值的独特组合。一个好的价值主张应该有差异化和创新，能够与竞争对手区分开来。

3.客户关系

客户关系是指公司和消费者群体之间所建立的关系。这些关系包括个性化的服务、售后支持、社区互动等。通过建立良好的客户关系，企业可以增加客户忠诚度、提升品牌形象和口碑。

4.渠道通路

渠道通路指的是企业向目标客户传递价值主张的方式。传统的渠道通常包括零售商、分销商等中间商，而现在数字技术的发展使得在线渠道成为越来越重要的选择。企业需要选择适合自己的渠道，并不断改进和优化渠道以提供更好的用户体验。

5.合作伙伴

合作伙伴是指公司同其他公司之间为有效提供价值并实现其商业目标而形成的合作关系网络。合作伙伴可以帮助企业降低成本、扩展市场或加速创新。

6.成本结构

企业在现行商业模式下所使用的工具和方法的货币描述。

7.关键资源

商业模式需要明确企业需要什么样的资源来支撑运营和实现价值主张。这些关键资源可以是物质资源（如原材料、设备等），也可以是无形资源（如技术专利、品牌声誉等）。企业需要根据自身情况合理配置关键资源，确保能够有效地创造和交付价值。

8.分配收入

确定如何在企业内部分配收入，以保证可持续发展和回报投资者。分配收入包括资本回报、股东分红、再投资等。

9.评估风险与回报

识别并评估可能面临的风险，并确保企业的商业模式可以提供足够的回报来抵消这些风险。这需要谨慎的财务规划和风险管理。

（二）与外语专业相关的商业模式

1.教育培训

英语作为全球通用的商务语言，许多企业需要提升员工的英语能力。英语从业人员可以开设英语培训机构或提供在线英语教育服务，帮助企业和个人提升英语水平。如何利用外语专业优势，将外语培训更加专业化、定制化，从而开创出有特色的商业模式？以下是一些建议和策略：

了解目标受众的需求：不同的企业或个人对于英语培训的需求可

能有所不同。有些人可能需要提高口语能力以进行商务谈判，而有些人则可能需要提高写作能力以完成工作报告。因此，首先要了解目标受众的具体需求，以便为他们提供量身定制的培训课程。

设计专业化、定制化的课程：根据目标受众的需求，设计专门的培训课程。例如，为企业员工设计商务英语课程，帮助他们提高在商务场合中的英语沟通能力，或者为个人提供个性化的培训方案，以满足个人在英语学习上的特殊需求。

利用现代科技手段：利用在线学习平台、移动应用技术等，为学员提供更加便捷、高效的学习方式。这些科技手段可以根据学员的学习进度和需求，为他们提供个性化的学习资源。

建立专业的师资团队：拥有专业的师资团队是提供专业化、定制化培训的关键。可以聘请具有丰富教学经验和行业背景的外语教师，他们可以根据学员的需求和实际情况，提供有针对性的指导和建议。

提供持续的评估和反馈：定期对学员的学习进度进行评估，并提供及时的反馈和建议。这样可以帮助学员更好地了解自己的学习情况，及时调整学习方法和策略。

建立与企业的合作关系：与企业建立合作关系，了解他们的员工培训需求，为他们提供定制化的培训服务。这样可以增强培训机构与企业的联系，提高培训的实用性和针对性。

不断更新和优化培训内容：随着全球商务环境的不断变化和英语语言的发展，需要不断更新和优化培训内容，以确保培训的时效性和实用性。

综上所述，通过这些策略和实践，可以为企业提供更加高效、实用的英语培训服务，帮助个人提高英语能力，满足全球商务环境的需求。

2.翻译和交传服务

许多企业需要将商业文件、合同、产品说明等翻译成英语或从英语翻译成其他语言。英语从业者可以提供翻译和交传服务，帮助企业进行国际化的业务扩展。

3.跨境电商

英语是国际贸易中主要使用的语言之一，英语专业学生可利用英语技能帮助企业开展跨境电商业务，协助企业与海外客户进行沟通、销售和物流安排。

4.商务咨询

英语在国际商务交流中起到了重要的作用，相关从业人员可利用自己的英语能力提供商务咨询服务。通过帮助企业理解和适应全球市场、制定国际营销策略等方式，为企业提供专业的商务指导。

五、创业计划与商业模式的重要性

创业计划在创业过程中起到了重要的作用。它提供了创业者所需的全面指导和规划，帮助他们明确目标、制定战略、评估风险，并与投资者和团队成员进行有效的沟通。创业计划是创业成功的基础，可以为创业者提供信心和清晰的方向，从而增加他们在竞争激烈的市场中获得成功的机会。

创业计划帮助创业者明确和定义他们的目标和愿景。它促使创业者思考他们想要实现的目标，以及他们的愿景是什么。这有助于创业者聚焦并为未来制订明确的规划。

创业计划为创业者提供了制定战略和方向的框架。它帮助创业者分析市场、竞争对手和目标受众，从而找出如何在市场中定位自己的策略。创业计划还提供了一套行动计划和时间表，以确保创业者朝着实现目标的方向前进。

创业计划对于外部融资和与投资者的沟通至关重要。投资者需要看到一个清晰、有吸引力和可行的商业计划，以便决定是否投资。创业计划帮助创业者展示商业模型、市场机会和盈利能力，从而吸引潜在投资者。

创业计划帮助创业者评估和管理风险。它鼓励创业者进行市场研究、竞争分析和可行性评估，以便了解市场潜力和可能的风险因素。这使创业者能够制定相应的风险管理策略，以最大程度地减少失败的可能性。

创业计划对于内部沟通和团队合作也起到重要的作用。它帮助团队成员了解公司的目标、策略和行动计划，并确保所有人都朝着相同的方向努力。创业计划还可以促进合作和协作，鼓励团队成员共同努力实现共同的目标。

商业模式是企业的经营模式，是企业盈利的基础和核心要素之一。商业模式不仅决定了企业的运营方式，还决定了企业的竞争优势和市场地位。商业模式的重要性主要体现在以下几个方面：

首先，商业模式确定了企业如何通过提供产品或服务来创造价值。它帮助企业理解客户的需求，并开发出能够满足这些需求的创新解决方案。一个有效的商业模式可以确保企业在市场上提供有价值的产品或服务，并为客户创造满意的体验。

其次，商业模式决定了企业如何将价值转化为利润。它涉及收入来源、成本结构和成本控制等方面。一个良好的商业模式应该能够确保产品或服务的价格高于生产成本，并为企业带来可持续的盈利能力。

最后，商业模式可以帮助企业发展出独特的竞争优势。创新的商业模式可以使企业在市场上脱颖而出，并建立起与竞争对手的差异化。一个具有竞争优势的商业模式可以帮助企业在竞争激烈的市场中取得领先地位，保持市场份额，并吸引投资者。

商业模式不仅要关注短期的盈利能力，还要关注企业的长期可持续发展能力。一个好的商业模式应该能够适应市场的变化和技术的进步，具备灵活性和扩展性，还应该能够有效应对外部环境的挑战，并为企业提供持续发展的机会。

一个具有吸引力的商业模式可以帮助企业吸引投资者的注意和支持。投资者看重企业的盈利潜力和竞争优势，而一个创新、可持续的商业模式可以增加企业吸引投资的机会。

六、创业计划和商业模式的制定

在制订创业计划之前，首先要进行市场调查和分析，了解目标市场的规模、需求、竞争格局等信息，这有助于企业找准市场定位，制定出有针对性的产品与服务策略。

其次，企业需要明确自己的竞争优势。它可以是产品特性、技术优势、品牌影响力等。在创业计划中，要详细描述这些竞争优势，并说明如何在市场中发挥作用。

最后，根据市场调查结果，企业需要制定出有效的营销策略，包括产品定价、渠道选择、促销活动等。营销策略应该与企业的竞争优势相匹配，以实现市场份额的增长。

此外，企业还需要设计出合理的组织结构和运营流程，以提高管理效率和降低成本。在创业计划中，要详细描述这些组织和管理要素，并说明它们如何支持企业的商业模式。

在创业计划中，还需要包括财务预测和风险管理的内容。企业需要预测未来几年的收入、成本和利润情况，并分析可能面临的风险。同时，还需要制定相应的应对措施，以确保企业的稳健发展。

企业要想制定一个有效的商业模式，首先需要分析目标市场的需求和趋势。市场需求是指消费者对某种产品或服务的需求量，而市场趋势是指市场发展的方向和趋势。为了确定目标市场，企业需要考虑市场规模、增长潜力和竞争情况等因素。

其次，需要明确产品或服务的定位。产品或服务的定位是指将其与竞争对手进行区分并满足特定市场需求的方式。在确定产品或服务定位时，需要考虑其独特性、功能、性能、品质等因素。

再次，需要明确企业的核心竞争优势。竞争优势是指企业相对于竞争对手在产品、技术、成本、品牌声誉等方面的优势。了解竞争对手的优势和弱点是确定竞争优势的重要一环。通过独特的产品特点、创新的技术、成本优势或品牌价值等，可以建立企业的竞争优势。

最后，需要确定盈利模式。确定企业如何从产品或服务中获得经济收益。盈利模式应该是可行的、稳定的、可持续的。一种常见的盈利模式是直接销售产品或服务并从中获得利润；另一种盈利模式是通过广告费、订阅费、许可费或佣金等方式获得收益。在确定盈利模式时，企业需要考虑市场接受度、竞争情况和长期盈利能力。

在不断变化和竞争激烈的商业环境中，企业需要不断创新和调整商业模式。合作是一种方式，通过与其他企业或行业合作，可以获得不同的资源、技术和市场机会。此外，企业还应该保持灵活性和敏捷性，及时适应市场变化和客户需求。

七、专创融合案例实训

英语学习APP的商务模式分析

“英语流利说”是胡哲人、林晖在2012年共同创立的一款创新型英语学习APP，包括流利说英语、流利说阅读、流利说发音等细分的软件。以下是这款APP的运营模式：

（一）产品模式

1.产品定位

“英语流利说”是利用人工智能技术帮助英语学习者随时随地开口说英语的一款英语教学APP，产品理念是“让你忍不住，开口说英语”。

2.基本功能

“英语流利说”是一款练习英语口语的应用，针对不同用户的不同需求及痛点，提供不同的学习内容。

一是个性定制。

（1）训练营。任何用户都可以参加训练营，训练营以学习主题的方式开展，根据学习情况，每天会解锁一部分内容，保持课程学习的循序渐进，以比较轻松愉快的方式提高英语能力。

（2）定制学，即懂你英语，是“英语流利说”的核心课程。从课程内容上来看，有8个级别，每个级别有3个单元和1个测试，每个单元有4个部分，每个部分的学习是由2个listening，2个vocabulary，2个dialogue，以及关于听、说、读、语法为主题的游戏组成。

二是口语练习。

三是培养语感。

四是模仿英语。

“英语流利说”把经典的视频截取部分出来，形成各大类别，用户可以自己选择感兴趣的部分进行模仿练习，也可以模仿自己喜欢的明星，进行配音。

五是学以致用。

“英语流利说”提供了情景实战课，该课程最大的特色是用户可以完全按照自己的想法进行对话，来推进不同的剧情。每次练习后会有一个学习报告，有总体评分，有对话过程的语音记录，并根据你所回答的内容进行指导改进，可以知道自己有哪些不足的地方，如发音、回答方式等。

（二）推广模式

1.推广渠道

产品可以通过官网、广告、各大应用搜索，或者通过分享到微信、QQ、微博等社交平台触达用户。

2.奖励式推广方式

•普通用户

通过分享、连续登录等方式体验钻石课。这有两大好处：让用户更好地体验产品带来的价值，以增大付费学习的机会；扩大了产品的宣传，通过社交平台进行分享，很好地给产品带来了新的流量，如此反复，让用户越来越多，收益也就越来越多。

•付费用户

主要提供三种机制：

一是奖学金机制。达到学习时长和学习得分，可以得到奖学金。

二是保证提升等级机制。达到一定的学习时长，产品保证会提升三个等级。

三是打卡机制。通过分享宣传来赠送付费课程，以达到随时随地宣传产品的作用。

3.公益活动

“英语流利说”团队与许多公益活动合作，提高企业社会责任感，树立企业的社会形象。

（三）收入模式

1.免费模式

通过免费模式来吸引大量用户，并实现留存用户，为后续用户付费打下基础。

2.定制模式

通过售卖英语直播课程来盈利。

请撰写一个报告，从各角度分析“英语流利说”APP的商业模式。

参考思路：

1.政策及行业背景分析

在互联网和移动设备的普及下，在线教育应运而生。打破传统的教学方式，使教育的内容、形式、主体等发生全方位的改变。在2013年，我国的在线教育在资本的推动下开始了进一步的发展，直到2017年直播模式的出现，在线教育实现了规模化。近年来，在线教育多个领域细分走向成熟，相关的政策法规也在不断地配套完善。由国家网信办主管的中国网络社会组织联合会成立了在线教育专业委员会，专业委员会的全体成员单位还共同发布了《促进在线教育行业健康发展倡议书》。在线教育不断发展，人们对于英语课程的需求越来越大，市面上的英语课程也越来越多，用户的选择越来越多样。对于不同的人群，实际需求是不一样的。例如，部分学生是为了应试选择英语课程，而上班族则是选择提升实际运用能力的英语课程。

2.盈利模式分析

“英语流利说”的主要盈利模式是内容收费和售卖直播课程。

（1）内容收费。

内容收费是在线教育平台最普遍的一种盈利模式。比如，低价课转高价课、免费课转付费课。

“英语流利说”的具体做法为：

一是推出1元核心课程体验7天的活动，结合运营转高价课，即以低价吸引用户再转高价来实现内容收费。

二是关注公众号可以免费领取资料，同时引导用户通过分享给好友可以获取0元学习课程，来促进用户增长。只要用户数足够，就会有用户为产品付费，认可产品的价值，最终就会盈利。

（2）直播盈利。

“英语流利说”通过直播课程来吸引用户，相较于视频教学，直播教学可以让用户更有体验感和参与感，因此大多数的用户都会参与到直播课程中，“英语流利说”既可以通过售卖课程进行盈利，又可以通过流量变现进行盈利。吸引的用户越多，观看人数越多，盈利增长就越快。小班教学、1V1教学等都是直播的方式。

3.优势分析

（1）根据用户需求制定课程。

“英语流利说”的用户定位十分准确且细致。例如，通过看英语短剧、用英语写作、浏览外国网站等方式来为有单词需求的大学生制订计划，有效地增加了用户的黏性及兴趣。而对一些职场人士来说，最需要的是商务工作沟通、求职面试、英语演讲等，“英语流利说”则会为这些职场人士提供情景实战课程，并对其对话录音等进行指导改进。

对英语学习者来说，培养良好的语感几乎是每个人期望的目标，通过每日一词、每日一句等简单有趣的方式，可以让用户学习起来轻松，最重要的是不会花费大量的时间就能满足用户每日学习进步的需求。

（2）课程产品品类多。

“英语流利说”旗下涵盖了口语、阅读、发音等课程，形式多样，有懂你英语AI小课程，有AI一对一外教课，还有真人直播课，可以覆盖不同的用户；市面上的其他英语课程，要么是以直播课为主，要么是以APP自主学习课程为主，要么以是外教课为主，这个是“英语流利说”的优势之一。

4.痛点分析

（1）产品的功能稳定性不强。

在学习使用的过程中，偶尔会出现还没说完就自动结束录音的情况，或者结束录音功能在录音完成后不能及时结束。

（2）缺乏正确的学习指引。

所有的学习过程需要用户的主观能动性非常强，自己去摸索和尝试，对于用户的要求较高。

（3）用户学习难以坚持。

虽然目前“英语流利说”有很多个性化的课程可以供用户来选择，但是缺少人性化的学习方式，可以通过设置一些多样性的游戏等功能来吸引和引导用户继续学习。

（4）缺乏主观表达的学习环节。

所有的课程都以用户的复述跟读以及听力选择为主。无论是复述跟读还是听力选择等都是有固定的内容和文本，对用户来说并不是真正的脱口而出。

（5）售后问题。

用户课程到期，希望可以按照原价续费或者以更优惠的价格续费，而不是像新用户一样，希望有更多更超值的区别于新用户的服务或者待遇。

【素养案例】

大唐不夜城——在现代商业中传播传统文化

好的文化商业街，鼓励人们“边走边吃，边看边买”。人的体验来自视觉、嗅觉、触觉、味觉、听觉的刺激，即“体验五感”。同时提供的感官刺激越多维，人的体验感就越强烈，留下的印象越深刻。

到访文化商街的人，大多不是为买而逛，消费者期待的是获得有别于他处的体验感。商业街就要提供可以随时观赏、购买、品尝、体验的业态，让人一直处于立体丰富的体验当中。

大唐不夜城通过小铺、花车、小吃、文创、游戏等方式实现了丰富多变、一路尽兴的内容安排。不仅让消费者在场时获得满意的购买与游逛体验，离场后伴随的愉悦和满足也会加深和提升对再次到访的激励。

欢庆氛围

新年满天的礼花、迪士尼的花车巡游、气氛热烈的演唱会……每个人都会受到情绪激发，产生一种忘我的兴奋和投入。这也是文化商业街运营时需要关注的。

通过广场剧目、快闪演艺、街头活动等营造出弥漫整个街区的节庆氛围，点燃到访者的欢乐情绪，让他们投入其中、融入其中。

大唐不夜城在唯美的古建背景下，融合色彩、灯饰、光影营造出热烈的场域氛围，让身在其中的消费者和游客都不自觉地被感染。叠加节日节点排布，古装演艺和音乐声浪，更起到了高潮助推的效果，形成峰值体验和记忆高潮点。

小尺度街巷

宽街会让人感觉到空旷，而窄街营造了一种压迫。这正来自人对于尺度的感知。好的文化商业街应该考虑偏小的尺度，不能过宽，以便使人可以时刻处在“建筑围合的文化氛围里”。

大唐不夜城的原有宽度超过了通常商业街区的2倍，后期通过新增的花车店铺、市集分割，形成了独立的小尺度街区，塑造了市集、店铺、主力店的三级层次，营造出多彩的街区氛围。在人与店、人与景、人与人的紧密关系下，使人自然产生一种隐身感和真切的融入感。

IP传播符号

当提到北京，人们会想到京剧、小吃；提到西安，会想到西安的美食、盛唐文化。也就是说，打造文化商业街时，除了塑造文化之外，还需要挖掘地方特色，关注IP符号传播的塑造。事物的特征符号是其快速传播的基础，一个不可描述或没有显性差异的事物传播难度很大，因为越浓缩、越符号化，交流才越高效，越能产生共鸣。

打造文化商业街时，可以引入一些大尺度的名人雕塑、老字号的总店，也可以通过保留古建、真迹，或者腾挪古宅，建立所在地原生IP的传播符号。这样就在传播讲述时拥有了鲜明“抓手”，也为每个到访者创造了一个可以长久存留的记忆“锚点”。

大唐不夜城的不倒翁小姐姐就是个典型的好例子。有趣形式与唐风美女形象的趣味性结合，给到访者提供了参与性和惊喜感，激发了自媒体、朋友圈等社交媒体平台的自发传播，形成了影响力的指数级裂变，塑造了IP引导下的项目独特话题，在传播中华传统文化的同时，也提供线下谈资的线索。

资料来源：李卫.【省文化和旅游厅】陕西文旅业一路繁花［EB/OL］.（2024-04-25）. http：//www.shaanxi.gov.cn/xw/ldx/bm/202404/t20240425_2327216_wap.html.

第八章

创新创业实践训练

【导入案例】

KidTopia——以爱之名，打造专属于孩子的乌托邦

第十二届全国大学生电子商务“创新、创意及创业”挑战赛（以下简称“三创赛”）跨境电商实战赛总决赛于2022年7月17日落幕，武汉大学“WHU先行者CC”代表队从近万支队伍中脱颖而出，斩获全国特等奖。“WHU先行者CC”团队获奖项目“KidTopia——以爱之名，打造专属于孩子的乌托邦”以跨境电商独立站为竞赛载体，完成市场调研、品类选择、网站设计、内容营销相关要求，通过学习跨境电商独立站的成功案例，实践多渠道的流量投放。项目着眼于KidTopia玩具品牌创造，致力于服务全世界新一代父母，为每一个儿童构建美好的童年，用蕴藏天马行空创造力的玩具影响下一代的孩子，促使孩子敢于想象、敢于创造、不被定义，并在未来世界拥有多样可能。

为推动跨境电商快速发展培养新文科创新型人才，第十二届“三创赛”携手中国（杭州）跨境电子商务综合试验区建设领导小组办公室、杭州市出入境管理局、杭州市人社局、跨境电商国际知名第三方平台等单位首次开设跨境电商实战赛道。来自全国32个省、区、市的133 729支队伍报名参与本届“三创赛”（其中，跨境电商实战赛赛道队伍近万支），最终40支代表队闯入跨境电商实战赛总决赛。“三创赛”是一项有重大影响的全国性大学生竞赛，在中国高等教育学会发布的全国普通高校大学生竞赛排行榜的57项赛事中排名第14位，也是学校本科生院立项资助的赛事。

本届“三创赛”跨境电商实战赛秉持着“创新、创意及创业”的宗旨，为高校师生搭建了一个专业知识与社会实践相结合的平台，提

供一个自由创造、自主运营的空间。

资料来源：肖杰. 以行促知，知行合一丨我院学子斩获第十二届全国大学生电子商务“三创赛”特等奖［EB/OL］.（2022-07-19）. https：//ems.whu.edu.cn/info/1587/25491.htm.

案例分析：

项目特色：

1.实现“物流管理+产品宣传+特色产品”多过程融通创新。做电商的小伙伴一定要把这三个环节搞透，最好融入自己的文化特色。

2.该团队建立了跨境电商独立站。跨境电商独立站，就是指卖家自己建立一个独立的网站平台，可以完全由自己来做主运营，不需要考虑第三方平台的限制。

3.选品是击中人心的核心手段。该团队针对父母这一消费群体打造属于自己独立站的核心产品玩具。只有独立站的“核心”立起来，才能找准运营以及营销方向，才能有机会打造爆品，从而获得源源不断的流量，并将其变现。

这个项目给外语专业大学生在创新创业实践方面提供了以下启示：

1.跨学科思维。外语专业大学生通常具备语言和跨文化交流的能力，这是非常有价值的技能。然而，在创新创业的过程中，他们还需要结合其他学科的知识和技能，如商业管理、市场营销、产品设计等。通过将外语专业与其他学科领域相结合，外语专业大学生可以开发出具有创新性和实用性的产品或服务。

2.市场需求调研。在开发任何产品或服务之前，了解目标市场的需求和趋势是非常重要的。KidTopia项目的成功表明，儿童教育和娱乐领域的需求是巨大的。外语专业大学生可以借鉴这种方法，通过市场调研了解目标市场的需求和痛点，并以此为基础开发出满足市场需求的产品或服务。

3.合作与资源整合。KidTopia项目涵盖了多个领域和技能，需要一支多元化的团队来共同完成。外语专业大学生可以与其他专业人士合作，共同开发和实施一个创新的项目。通过合作，他们可以利用各自的技能和资源，实现项目的成功。此外，他们还可以寻求外部资源的支持，如投资者、合作伙伴和顾问等。

4.用户体验至上。KidTopia项目的成功也归功于对用户体验的高度重视。在整个团队中，外语专业大学生更适合去和用户沟通，了解目标用户的需求和期望，并以此为基础设计和改进产品或服务。通过了解用户的反馈和意见，他们可以不断优化产品或服务，提高用户体验，从而增加用户忠诚度和市场竞争力。

综上所述，KidTopia项目给外语专业大学生在创新创业方面提供了跨学科思维、市场需求调研、合作与资源整合、用户体验至上等方面的启示。通过借鉴这些启示，外语专业大学生可以充分发挥自己的专业优势和创造力，开发出具有创新性和实用性的产品或服务，实现创新创业的目标。

一、大学生创新创业大赛介绍

大学生创新创业训练计划项目

竞赛简介：大学生创新创业训练计划简称“大创计划”，分为国家、省、校、院四级，是由教育部、各省教育厅主办，联合全国高校发起的创新创业实践项目，以促进高等学校转变教育思想观念，改革人才培养模式，强化创新创业能力训练，增强高校学生的创新、创业能力为目标。

（一）组织实施

1.项目分类

大学生创新创业训练计划的内容包括创新训练项目、创业训练项目和创业实践项目三类。

创新训练项目是本科生个人或团队，在导师指导下，自主完成创新性研究项目设计、研究条件准备和项目实施、研究报告撰写、成果（学术）交流等工作。

创业训练项目需要在专业教师指导下，团队中每个学生在项目实施过程中扮演一个或多个具体的角色，通过社会调查、市场分析等方法或手段设计一项具有科技创新、文化创意和市场前景的概念型产品或服务，制订一份完整、具体、深入、可行的商业计划，在此基础上开展可行性研究，并模拟企业运行，进行一定程度的验证试验，参加企业实践获取经验，撰写创业计划报告。

创业实践项目是学生团队，在学校导师和企业导师的共同指导下，采用前期创新训练项目（或创新性实验）的成果，提出一项具有市场前景的创新性产品或者服务，以此为基础开展创业实践活动。

2.项目经费

大学生创新创业训练计划项目由学校每年划拨专项资金支持，专款专用，项目资助经费按照一定比例分两次下拨，项目负责人在经费额度内自主使用，立项经费不得挪为他用。国家级和省级项目根据项目的性质，按照不低于上级主管部门要求的配比提供资金支持，校级项目平均每项资助经费原则上不低于2 000元，院级项目由工作委员会自行确定。鼓励指导教师利用科研经费资助大学生开展创新创业训练计划项目，对有导师经费配套的项目在评审时优先考虑。资助经费主要用于项目的资料费、调研费等必要开支，由承担项目的学生使用，由指导教师监管，项目经费报销工作应严格遵守学校财务制度，报销的总金额不得超过资助经费总额。

3.项目评审

确定了研究课题和指导教师的项目申请人须填写《大学生创新创业训练计划项目申报表》，经导师签字同意后送至项目申请人所在学院。各院工作委员会组织专家对项目进行评审，并向创新创业办公室推荐国家级、省级和校级项目的候选项目，办公室组织专家对院校推荐的候选项目进行复审，评选出国家级、省级、校级项目，评审结果在校内网上公示。项目评审本着公平、公正和公开的原则，注重项目的创新性、现实性、可操作性及应用性。

4.项目运行

大学生创新创业训练计划项目执行期原则上为一年半。项目批准立项后，由项目负责人及指导教师提交项目执行承诺书，确保在项目实施过程中实事求是、诚实守信、按计划完成各项研究工作。学校有关部门应为项目的顺利进行提供必要的条件保障，所有实验教学示范中心、各类实验室（含重点实验室）、校内外签约的实习基地对参与项目的学生免费开放，免收实验场地费、实验管理费等。

（二）基本评分准则（满分100分）

1.项目内容目标（40分）

（1）项目申请文档的规范性。

（2）项目内容、目标叙述的清楚程度。

（3）项目能使学生受到的科研训练的完整程度。

（4）项目所具有的创新性和实用性程度。

（5）项目预期成果表述的明确性。

2.项目团队（20分）

（1）项目成员组成的合理性（如成员年级层次、分工明确、组合优化）。

（2）指导教师资格、能力和水平。

3.项目可行性（40分）

（1）技术路线的可行性，是否适合本科生完成。

（2）学生兴趣及学生具备的知识和技能的可行性。

（3）项目实施时间的可行性。

（4）项目经费预算的合理性。

（三）参赛流程

研究课题可以由学生自己提出，也可由学生和导师共同拟定，或由导师提出，学生选择。立项的内容应适合本科生独立开展研究工作，具有学术思想新颖、目的意义明确、理论依据充足、研究方案合理、研发思路新颖、技术路线可行的特点，还应做到实施条件有保障、预期结果相对明确。应重点选择以实验为手段，以创新为目的，以解决本学科及其交叉学科、企业研发及自然界和人类生活中的某一问题为出发点，以知识、技术创新和研究方法创新为主的课题。

项目申请人原则上为学有余力，具备初步科研和动手能力的大学本科二、三年级学生。项目申请人必须选择一名相关学科的教师为指导教师，指导教师主要负责项目的指导、监督和管理。

1.创新训练项目常见选题范围

（1）教师科研与技术开发（服务）课题中的项目，可由学生独立开展研究的课题；

（2）与移动互联网、云计算、大数据、人工智能、物联网等新一代信息技术、经济社会各领域紧密结合的项目；

（3）从专业课程学习、学科及创新创业竞赛中引申出的研究项目；

（4）对学校教学及人才培养有实际意义与效果的项目；

（5）在地方经济建设中起到一定推动作用，能够体现学科专业特色的新产品、新工艺、新材料、新方法的研究；

（6）社会调查及其他有研究与实践价值的项目；

（7）结合学校有关研究项目或与行业结合紧密的项目；

（8）本学科专业的综合性、设计性、创新性实验项目；

（9）与大学生学科与创新创业竞赛（如中国国际“互联网+”大学生创新创业大赛、中国大学生计算机设计竞赛、“挑战杯”中国大学生创业计划竞赛等）前期研究相结合的研究项目。

2.创业训练项目常见的选题范围

（1）以教师科研及创新成果为核心的技术、产品类；

（2）与“互联网+”制造业、文化创意服务、信息技术服务、社会服务、公益创业相关的项目；

（3）以模式创新为核心的新型商业；

（4）通过学科交叉所产生的新的商业方向；

（5）与信息技术相关的现代服务业；

（6）文化创意产业和现代服务业；

（7）“互联网+”传统产业、新业态、新公共服务、技术支撑平台；

（8）其他有价值的研究与实践项目；

（9）创业思路明确、创业计划相对成熟、创意新颖的创业项目；

（10）拟注册非个体工商户性质企业。

学院根据实际情况，积极宣传、发动、申报和建设“大创计划”

项目，在选定课题之后进行前期研究，并填写项目申报书，设计立项答辩稿件，相关负责人员向学校推荐国家级、省级、校级“大创计划”的候选项目，学校组织专家检查、验收和评价，择优推荐参加国家级和省级项目。

项目立项需要遵循可行性原则、创新性原则和探索性原则，结合学校特色，依托学科优势，产学研结合，注重理论联系实际和实践课题实效。立项范围主要包括发明、创作、设计等项目；应用性、创新性研究项目；教师科研课题中的子项目；社会调研项目；其他有价值的研究与实践项目等。

中期检查能够起到良好的检查、纠正和督促作用，是对项目的研究或实施进展情况、已取得的阶段性研究成果、下阶段的工作计划、项目经费使用情况等进行考察，并对现阶段存在的问题进行解释说明，提出项目进一步实施的意见与建议。

中期检查需要提供相关支撑或佐证材料，以及能够证明项目在开展过程中的资料，如收集的数据、整理的文献、实地调研的报告等。此项对评审结果有较为重要的影响，团队应酌情主动提供。佐证或支撑材料应在文件标题、封面上明确注明，并编好目录，按美观大方原则排版，应当真实、翔实且脉络清晰、简明扼要，以便评委审阅。

项目团队在规定的期限内完成所有研究任务，获得相应证明，通过结题答辩和评审之后方可进行项目结题，这意味着整个研究进程已经接近尾声，将完成该课题的探讨研究。研究工作必须在负责人毕业前完成，并由负责人提交结题报告及有关研究成果，如调查报告、图纸、软件、仪器装置、学术论文、专利、获奖证书等。

申请结题的项目应符合至少一项以下要求：在正式刊物上公开发表与项目相关的学术论文；申请发明专利，取得实用新型专利授权或软件著作权；参加学校认定的竞赛并获市级及以上奖励；项目正式运营或注册公司，需提供有效证明材料；入选省级或省级以上大学生创新创业年会项目；在创新创业基地入驻，需提供有效证明材料；提供经专家组审核认定具有较高科技含量的实物作品；提供经专家组审核认定具有较高学术水平的报告。同时，要注意提交结题报告书，归还所借用的房间、仪器设备、工具、资料，以及结算清楚经费使用数额等。

另外，在项目结题阶段需要进行结题答辩，要注意重点展示成果，成果的质量和数量是衡量一个项目较为公平和直接的标准。此外，还要强调创新点和意义，以及展示在研究过程中团队解决问题的方式和途径。

（四）注意事项

在项目开展和实践过程中，会遇到各种问题和困惑，可以参照以下注意事项来解决问题。

1.团队合作

“大创计划”项目通常需要组建团队进行合作，要积极参与团队讨论和合作，发挥各自的优势，共同完成项目任务。要保持良好的沟通和协作，遇到问题及时交流解决，避免出现团队内部矛盾和冲突。

2.项目计划

在开始项目之前，要制订详细的项目计划，包括项目的目标、时间安排、工作分配等。要根据实际情况合理安排时间，确保项目能够按时完成。同时，要定期检查项目进展情况，及时调整计划，避免出现进度滞后的情况。

3.科学研究

“大创计划”项目是科学研究和创新实践的重要机会，要进行科学规范的研究工作。要深入了解相关领域的前沿知识和研究现状，制订科学合理的实验方案和研究方法。在实验过程中要严格遵守实验室安全规范，保证实验数据的准确性和可靠性。

4.创新思维

“大创计划”项目的目标是培养学生的创新能力，要注重培养创新思维。要善于发现问题、提出问题，并通过创新的方法和思路解决问题。要勇于尝试新的想法和方法，敢于面对失败和挑战，不断追求创新和突破。

5.学术道德

在进行科学研究和创新实践时，要遵守学术道德规范。要尊重他人的知识产权，不抄袭他人的研究成果。要正确引用他人的文献和资料，保证研究的真实性和可信度。同时，要遵守学校和项目的规定，不利用项目资源从事违法违规活动。

6.持之以恒

“大创计划”项目需要长期的投入和付出，要保持持之以恒的精神，坚持不懈地进行科研工作。要克服困难和挫折，保持积极的态度和良好的心态，相信自己的能力和努力能够取得优异的成果。

另外，要注意避免以下违纪行为，以免对项目研究带来不利影响：违反财务政策或经费使用不当；抄袭他人研究成果、作品或其他弄虚作假行为；管理不善，造成国家财产巨大损失；无故或无正当理由不完成项目研究或随意放弃项目等。

中国国际“互联网+”大学生创新创业大赛

竞赛简介：中国国际“互联网+”大学生创新创业大赛，是由教育部与政府、各高校共同主办的一项技能大赛。大赛旨在深化高等教育综合改革，激发大学生的创造力，培养造就“大众创业、万众创新”的主力军；推动赛事成果转化，促进“互联网+”新业态形成，服务经济提质增效升级；以创新引领创业、创业带动就业，推动高校毕业生更高质量创业就业。

资料来源：教育部. 教育部关于举办首届中国“互联网+”大学生创新创业大赛的通知.［EB/OL］.（2015-05-21）.http：//www.moe.gov.cn/srcsite/A08/s5672/201506/t20150602_189532.html.

（一）组织实施

主体赛事包括高教主赛道、“青年红色筑梦之旅”（以下简称“红旅”）赛道、职教赛道、产业命题赛道和萌芽赛道。其中，萌芽赛道仅限高中生参赛。此外，还有“青年红色筑梦之旅”活动以及同期活动，即世界大学生创新创业联盟成立仪式、世界大学生创新创业指数发布会、大赛优秀项目资源对接会等系列活动。

1.高教主赛道

新工科类项目：大数据、云计算、人工智能、区块链、虚拟现实、智能制造、网络空间安全、机器人工程、工业自动化、新材料等领域。

新医科类项目：现代医疗技术、智能医疗设备、新药研发、健康康养、食药保健、智能医学、生物技术、生物材料等领域。

新农科类项目：现代种业、智慧农业、智能农机装备、农业大数据、食品营养、休闲农业、森林康养、生态修复、农业碳汇等领域。

新文科类项目：文化教育、数字经济、金融科技、财经、法务、融媒体、翻译、旅游休闲、动漫、文创设计与开发、电子商务、物流、体育、非物质文化遗产保护、社会工作、家政服务、养老服务等领域。

参赛组别：根据参赛申报人所处学习阶段，分为本科生组、研究生组；根据所处创业阶段，分为创意组、初创组、成长组。（1）创意组。参赛项目具有较好的创意和较为成型的产品原型或服务模式，在参赛前尚未完成工商登记注册，并同时满足本届大赛特定要求。（2）初创组。参赛项目工商登记注册未满3年且获机构或个人股权投资不超过1轮次，并同时符合本届大赛特定条件。③成长组。参赛项目工商登记注册3年以上或工商登记注册未满3年，但获机构或个人股权投资2轮次以上（含2轮次），并同时满足本届大赛特定条件。

参加高教主赛道需要注意以下几点：第一，该大赛在“互联网+”项目的基础上，还鼓励各类创新创业项目参赛，可以根据行业背景选择相对应的类型；第二，参赛单位以团队形式呈现，允许跨校组建团队，但参赛之前要约定双方的分工布置和排序等，做到权责明确，以免发生不愉快；第三，选择赛道要根据各自项目特点以及赛道组别要求，一一梳理项目的企业法定代表人、工商登记、科研成果转化、股权等相关规定，选择正确的赛道，争取佳绩。

资料来源：钟之静．“互联网+”大学生创新创业大赛蓝宝书［M］．广州：暨南大学出版社，2020.

2．“红旅”赛道

赛道目标：引导广大青年学生“上山下乡出海”，乘风破浪向未来。通过扎实开展“青年红色筑梦之旅”活动，推动习近平新时代中国特色社会主义思想入眼入耳入脑入心，使广大青年学生深刻理解“两个确立”、坚决做到“两个维护”，坚定不移听党话、跟党走，厚植家国情怀，成为社会主义合格建设者和可靠接班人，为全面建设社会主义现代化国家贡献青春力量。

参赛组别：根据项目性质和特点，分为公益组、创意组、创业组。①公益组。参赛项目以社会价值为导向，在公益服务领域具有较好的创意、产品或服务模式的创业计划和实践。②创意组。创意组是指团队参赛时尚未完成工商注册。③创业组。创业组是指团队参赛时已注册成立公司。创意组和创业组的参赛项目基于专业和学科背景或相关资源，解决农业农村和城乡社区发展面临的迫切问题，助力精准扶贫、乡村振兴和社区治理，促进经济价值和社会价值融合而兴。

选择“红旅”赛道的项目团队应注意：第一，选择该赛道必须参加线下对应的“红旅”活动，因此参加本赛道的项目在早期需要多次参加“红旅”实践活动。其中，相对于“乡村振兴、精准扶贫”方向来说，“社区治理”是所提出的一个实践活动新方向。第二，不能简单地将“三下乡”“支教”“扶贫”等活动直接等同于“青年红色筑梦之旅”活动，需要结合新概念将商业内容进行灵活转化。同时，项目应在推进革命老区、贫困地区、城乡社区经济社会发展等方面有创新性、实效性和可持续性。第三，师生共创的公益项目，若符合赛道的相关规则和要求，则可以报名参加该赛道；师生共创的商业项目只能参加高教主赛道，不能报名参加该赛道竞赛。第四，参加该赛道公益组的项目并不等同于不考虑创业的商业行为和逻辑，它同样需要市场调研、商业模式、盈利渠道、营销策略、财务管理、团队架构等相关的创业要素来支撑公益事业。第五，没有参加本届“红旅”活动的项目和已经获得往届中国“互联网+”大学生创新创业大赛全国总决赛各赛道金奖和银奖的项目，不可报名参加本届大赛。

3.产业命题赛道

项目方向：参赛项目能够紧密结合经济社会各领域现实需求，充分体现高校在新工科、新医科、新农科、新文科建设方面取得的成果，培育新产品、新服务、新业态、新模式，促进制造业、农业、能源业、环保业、战略性新兴产业等的转型升级，促进数字技术与教育、医疗、交通、金融、消费生活、文化传播等深度融合。

比赛赛制：大赛主要采用校级初赛、省级复赛、全国总决赛三级赛制（不含萌芽赛道以及国际参赛项目）。校级初赛由各院校负责组织，省级复赛由各地负责组织，总决赛由各地按照大赛组委会确定的配额择优遴选推荐项目。大赛组委会将综合考虑各地报名团队数（含国际参赛项目数）、参赛院校数和创新创业教育工作情况等因素分配总决赛名额。

资料来源：教育部. 教育部关于举办第九届中国国际“互联网+”大学生创新创业大赛的通知［EB/OL］.（2023-05-24）. https：//hudong.moe.gov.cn/srcsite/A08/s5672/202305/t20230530_1061991.html.

（二）评分准则

高教主赛道：教育维度、创新维度、团队维度、商业维度、社会价值维度等。

“红旅”赛道：教育维度、创新维度、团队维度、发展维度、公益维度等。

职教赛道：教育维度、创新维度、团队维度、商业维度、社会价值维度等。

产业命题赛道：教育维度、创新维度、团队维度、实现维度、命题分析等。

（三）参赛流程

1.参赛报名

参赛团队通过登录全国大学生创业服务网进行报名，在资料下载板块可下载学生操作手册指导报名参赛，通过微信公众号进行赛事咨询。关注报名系统开放时间，及时填写项目信息。

在参赛报名阶段，有意报名者应先联系指导教师，确定项目课题，再在选定课题之后招纳队员组建团队，确定可行性和操作性，提前展开实验或研究，取得一定的前期基础成果，最后设计制定出项目的商业计划书和路演答辩展示材料。

2. 初赛和复赛

初赛复赛的比赛环节、评审方式等由各校自行决定。在完成省级复赛后，完成入围总决赛的项目遴选工作。国际参赛项目的遴选推荐工作另行安排。

在这一环节中，参赛团队要经过校赛选拔—省赛网评（省赛初赛）—省赛路演（省赛复赛）的流程。在校赛选拔中，团队应具备项目雏形，分工框架完整，能够说明项目创新性与商业性，各校将组织专家评审递交上来的计划书和路演材料，推选出入围省赛的项目。进入省赛的项目，评委将根据评审规则，在平台上对项目电子版进行打分，赛事组委会根据打分进行项目排名，得到网评结果，并选拔出优秀团队进入下一环节。省赛决赛环节将展开路演答辩活动，项目路演的负责人在有限时间内通过线上或线下的形式，向评委及投资人讲解介绍自己的项目；在项目路演结束后，由评委、投资人进行提问，以此来深度了解考核项目，最终得出省级排名，并遴选出可参加国赛的团队进行上报推荐。

项目要求：进入省赛的项目应展现其商业价值、教育价值、社会价值、生态价值等，证明项目成熟可落地实施。同时，在具备合理的商业逻辑前提下，材料的展示应当有清晰的逻辑线，即整体内容排布的逻辑顺序，是否遵循了基本的商业逻辑。以路演PPT为例，可以先介绍项目背景：需求、市场、痛点。接着解决方案“闪亮登场”。另外，省赛项目应包含丰富齐备的佐证材料。除了在校赛的基础上进一步完善支撑材料，通常为PPT版项目展示材料、Word版商业计划书之外，还可以展示一些额外的佐证，如专利、软著这类知识产权材料，试用反馈、合作现场、销售合同、银行流水这类商业性材料，以及产品使用图、成员参与图、社会认可、媒体报道这类真实性、社会荣誉性的材料等。省赛网评要求更为严格，因此团队要在这个阶段将支撑材料充实起来，增强项目的竞争力。

3.总决赛

在省决赛结束后，各省将推选出参加国赛初赛的团队，进行最后的国赛网评—国赛路演（总决赛）比赛流程。大赛设金奖、银奖、铜奖，另设省市组织奖、高校集体奖及若干单项奖，入围总决赛的项目将通过评审，择优进入总决赛现场比赛，决出国家级各类奖项。

项目要求：在这个阶段，基本所有的项目都已具备创意妙、商业强、材料足、格局大、路演好的优秀条件，那么如何在诸多强队中出彩呢？答案就在于“特色”这两字，把项目最强大的一面，如以“人”为载体，放大、凸显，让评委眼前一亮，从而留下深刻印象。观察那些成功的创业者，你会发现每一个都身带传奇色彩，说起乔布斯，我们想到一个在车库组装电脑，写出“致疯狂的人”那样激奋人心的广告语的鬼才；说起雷军，我们想起一个离开金山，跑到星巴克逮着人面试的执着创业者。提到苹果、小米，我们先想到一个人，再形成对一个品牌的印象，创新创业竞赛也是如此。总而言之，在国赛阶段，综合能力强只是基本功，每个项目都如此，要实现突破，就要找到自己的发力点，如技术、团队或者商业成果等，打造出团队独特的特色，才能够提高获胜的概率。

每一个进入国赛的项目，都将面向全国，乃至全世界展示中国的创业者风貌。所以，在材料齐备的基础上，要注意重视提炼项目本身的家国情怀的重要性。国赛中的每一个项目，代表的是新一代中国年轻创业者。一个好的项目，必然是以造福人民、助力中国发展为目的，一个小小的零件，一粒小小的种子，都在为助力祖国建设而服务。因此，项目团队不可忽略家国情怀和宏大格局这一影响因素，找准定位和立意，为项目进行升华创新。备战国赛需要注意：

（1）关注官方信息，充分利用平台资源。

大赛组委会通过全国大学生创业服务网、国家大学生就业服务平台为参赛团队提供项目展示、创业指导、人才招聘、资源对接等服务，各项目团队可登录上述网站查看相关信息，各地各校可以充分利用网站资源，为参赛团队做好服务。

（2）选择有市场需求的项目。

在选择项目时，要关注市场需求和潜在用户群体，选择有市场需求的项目，能够提高项目的成功率和商业效益。

（3）考虑技术难度和可行性。

在选择项目时，要考虑项目的技术难度和可行性，不要选择技术难度过高或者可行性不足的项目，以免在后期实现过程中出现问题。

（4）注重展示和宣传。

在比赛中，要注重自己的展示和宣传，包括制作演示文稿、产品宣传册、视频宣传等。这些宣传材料不仅可以帮助自己展示项目的亮点和特色，还可以吸引更多的关注和支持。

（5）制订详细的商业计划书。

商业计划书是参加中国国际“互联网+”大学生创新创业大赛的重要文件之一，要在计划书中详细描述自己的项目，包括产品定位、市场分析、营销策略、财务预算等方面，并注重商业模式的可行性和商业效益。

“挑战杯”系列赛

“挑战杯”是全国大学生系列科技学术竞赛的简称，是由共青团中央、中国科协、教育部和全国学联共同主办的全国性大学生课外学术实践竞赛。目前共有三个并列赛事：

1.“挑战杯”中国大学生创业计划竞赛

2014年在原有基础上扩充开展“挑战杯　创青春”全国大学生

创业大赛（以下简称“小挑”），每两年举办一次。根据参赛对象的不同，可分为普通高校、职业院校两类，设科技创新和未来产业、乡村振兴和脱贫攻坚、城市治理和社会服务、生态环保和可持续发展、文化创意和区域合作五个组别。“小挑”借用风险投资的运作模式，要求参赛者组成优势互补的竞赛小组，提出一项具有市场前景的技术、产品或服务，并围绕这一技术、产品或服务，以获得风险投资为目的，完成一份完整、具体、深入的创业计划。竞赛采取校级、省级和国家级三级赛制，分预赛、复赛、决赛三个赛段进行。

2.“挑战杯”全国大学生课外学术科技作品竞赛（以下简称“大挑”）

这项竞赛每两年举办一次，竞赛方式为高等学校在校学生申报自然科学类学术论文、哲学社会科学类社会调查报告和学术论文、科技发明制作三类作品参赛；聘请专家评定出具有较高学术理论水平、实际应用价值和创新意义的优秀作品，给予奖励；组织学术交流和科技成果的展览、转让活动。

“大挑”与“小挑”的区别在于二者的比赛侧重点不同，“大挑”注重学术科技发明创作带来的实际意义与特点，而“小挑”更注重市场与技术服务的完美结合，商业性更强；“大挑”的奖项设置为特等奖、一等奖、二等奖、三等奖；而“小挑”的奖项设置为金奖、银奖、铜奖；“大挑”发起高校可报6件作品，其中3件为高校直推作品，另3件要与省赛组织方协商推荐，而“小挑”只能推荐3件作品进入国赛；“大挑”有学历限制而小挑没有，“大挑”分为本科组、硕士组、博士组并分开评审；“大挑”国赛最多可以报8人，而“小挑”最多可以报10人。

3.“挑战杯——彩虹人生”全国职业学校创新创效创业大赛（以下简称“职挑”）

这项大赛的参赛作品包括创意设计、创业计划、生产工艺革新与工作流程优化、社会调研论文四大组别，涵盖机械与控制、信息技术、生命科学、能源化工、工业设计、服务创意与工作流程、社会调研论文和创业计划八个类别，最终将角逐产生特等奖、一等奖、二等奖、三等奖。

这一赛事是具有导向性、示范性和群众性的创新创效创业竞赛活动，为每两年举办一次，分为省级和国家级两级赛事。

二、项目申报书和商业计划书

项目申报书是“大创计划”需要提交的书面资料，是为了实现招商融资等目标而制作的计划书，侧重于关注产品、竞争、市场调研、信息描述、团队建设、财务预测等内容。商业计划书是中国国际“互联网+”大学生创新创业大赛的提交材料，以展示公司和项目的目前状况和未来发展潜力，包括企业成长经历、产品服务、市场营销、管理团队、股权结构、财务、运营和融资方案等内容。

（一）项目申报书

1.项目的立项依据及意义

立项依据：选题原因、项目背景。

意义：社会效益、经济价值、文化价值、生态环境效益等。

2.项目的发展

说明项目在国内外的现状和技术发展趋势，该项目开启之后对相关产业发展的影响，与同行业竞争的优势等。

3.研究内容、研究目标、拟解决的关键问题或重点、难点

就市场、项目本身而言，主要分析项目或产品的痛点和亟待解决

的问题等。

4. 拟采取的研究方案

就文科调查类项目而言，可以详细阐述在各个阶段开展调查的过程、操作方法和手段等。调查手段可以是问卷、实地、电话、访问等。

5. 项目数据的分析

项目在市场上的优势要通过公司竞争力数据分析、项目发展前景数据分析、国家政策数据分析、项目投资风险评估数据分析等来证明。只有这样，才能准确地反映项目的可行性及投资潜力。

6. 项目特色和创新之处

在对项目特色的说明上，调查类项目一般都具有社会意义，可以从选题本身的独特性、对社会的影响等方面进行详述；创新点可以从调查群体的特殊性、项目带来的不同影响来分析。

7. 资金估算

详细说明项目运行所需的资金量、投资规模、资金筹措方案，以及部分贷款偿还计划等内容。因为项目申报资料是对创业者个人或者团队的实力、企业全方位战略定位和执行能力的总结，所以要将项目的优势及发展前景进行全方位的描述。

8. 年度研究计划与项目预期成果

撰写调查报告，撰写论文发表，撰写结题报告，准备项目答辩和结题验收工作。

（二）商业计划书

1. 公司描述

可以从公司的名称、宗旨、组织结构、经营理念等方面来进行描述。

2.产品与服务

用简洁的文字描述产品或服务，从介绍技术、产品性能、应用领域、市场前景等角度，说明为消费者提供了什么新的价值或提供服务的方式有哪些，填补了哪些亟须补充的市场空白。主要介绍产品优势、技术描述（独有技术简介、技术发展环境等）、研究与开发、未来产品及服务（说明你的下一代产品，或说明未来能够为消费者提供的服务是什么）。

3.市场分析

简要说明公司处于什么样的行业、市场区域，市场的特征是什么，你的分析与市场调查机构的投资分析有什么不同，分析是否有新生市场，你将如何发展这个新生市场，目标消费群体和销售战略也要进行说明。

4.竞争分析

根据产品、价格、市场份额、地区、销售方式、管理手段、特征以及财务力量划分重要竞争者，描述竞争战略和市场进入障碍等内容。

5.营销策略及销售

（1）营销计划。

描述所希望进行的业务是怎样的，以及希望进入的细分市场，曾经使用过的分销渠道，如零售、对商业机构的直接销售或电子媒介销售等，还要描述期望达到的市场份额。

（2）销售战略。

描述进行销售时所采取的策略，包括如何推销产品（通过邮件、电台广播或电视广告等）。

（3）分销渠道及合作伙伴。

（4）定价战略。

（5）市场沟通。

目的是加强、促进并推动产品或服务能够更好地满足消费者的需求，唯一的原则就是寻找一切可能的、有利的途径进行沟通。比如，促销展出（trade shows）、广告发布（advertising releases）、新闻发布（press releases）、大型会议或研讨会（conferences/seminars）、网络促销（internet promotion）、捆绑促销（promotional bundles）、邮件广告（direct mail）等。

三、外语专业大创项目案例分析

（一）外语专业大创项目优秀案例分析

案例一

英语+思政

由某高校英语专业的大学生主持的大创项目“《习近平谈治国理政》多语种版本‘三进’工作对外语专业学生能力提升与价值塑造效度分析研究”对思政英语进行了创新分析与研究。

该项目从学生视角出发，探讨“三进”工作的实施对外语专业学生能力提升与价值塑造的作用。通过挖掘《习近平谈治国理政》多语种版本中的语料和术语翻译并加以对比，来了解中国典故、学习不同的翻译策略以及多语种沟通与文化传播，了解中国故事和中国智慧。同时，积极参加相关演讲比赛、翻译比赛，讲好中国故事，译好中国故事，传递中国声音，坚定理想信念，树立文化自信。

案例分析：

团队紧跟时代前沿，立足时事热点，聚焦多元维度，着眼于新时代思政教育，发挥英语专业读写译的技能优势，建立思政英语的创新思维，既突出专业特色，又提升专业教育与思政教学的融合度。在前期调研过程中，团队发现在思政教育进课堂中存在一些问题。比如，思政课程是思想政治教育的主渠道，但教学内容有许多重复；专业课程学习压力较大，学生对理论课程的关注度和接受度降低；专业特色不够突出，专业教育与思政教育融合度不够深入等。针对所发现的问题，团队成员不断查阅相关文件及文献资料，通过访谈和问卷的形式收集数据和建议，以期得到相应的解决方法。在研究过程中，学习并深研大国外交、生态文明建设和构建人类命运共同体等治国理政思想，有利于培养大学生的中国情怀、世界眼光和国际视野，在浩荡向前的世界潮流下，外语专业学生应努力成为“会语言”“通规则”“精领域”的卓越国际化人才，成为心怀“国之大者”，能担当起民族复兴大任的青年一代，既有深厚的中国传统文化素养和民族自信，又充分知晓和尊重外国文学文化，致力于文明交流、文明互鉴、文明共存。

案例二

英语+乡村电商（申报书详见附录1）

大创项目“乡·语——B2C跨境电商环境下语言服务赋能乡村振兴的路径研究与实践”对乡村外贸及其中的语言服务进行了创新研究。

项目在运用英语专业技能的基础上，结合了语言服务、跨境电商以及乡村振兴三个社会关注问题，从外语语言服务现状入手，计划建立乡村特色产品转译语料库，运用到本地特色农产品上，链接跨境电商平台进行转译和外销，推动乡村特色产品的“走出去”，做到“能走、易走”。

案例分析：

该项目遵循中共中央、国务院出台的《中共中央 国务院关于做好2023年全面推进乡村振兴重点工作的意见》，国家发展改革委、商务部出台的《鼓励外商投资产业目录（2022年版）》，辽宁省政府制定的《辽宁全面振兴新突破三年行动方案（2023—2025年）》等政策规定，以乡村外贸、跨境电商和语言服务为研究主题，将学科技能与目前乡村新业态方向联系起来，走新文科与新农科的“双新”创新创业路径。在研究过程中，团队发现存在以下问题：语言资源分配不均衡和资源倾斜，乡村外贸语言服务市场尚待开拓升级；国内学者对乡村产品语言服务的研究主要着眼于政策层面和理论层面，鲜有从微观层面结合现实产品进行实践性的应用分析；产品翻译的本地化、特色化意识薄弱，文化差异在对外宣传翻译工作中阻碍了认知，使跨境电商平台形成待优化的产品翻译等。针对所发现的问题，团队成员广泛收集同类型、同赛道或相近研究方向的项目，进行垂直式和横切式的双向对照研究。同时，通过分析市场供需平衡耦合度及潜力系数、语料库建设的落地可行性、本地农业产业链中的特色产品详情等，获得了相关需求数据，助力形成调研报告，并地毯式检索学术文献和政府部门文件，采访相关经验人士，学习专业理论和示范性案例，不断进行项目的完善和优化升级。

案例三

英语+就业

某高校大创项目“中小学英语教师招聘要求与英语专业大学生考证匹配度调研”结合了目前就业市场行情来进行创新调研。

该项目从中小学英语教师招聘需求、英语专业、大学生考证、匹配度四个关键词入手，以省内中小学校为调查群体，调研中小学英语教师招聘要求与英语专业大学生考证匹配度，即调研各中小学校的英语教师招聘标准和毕业生所拥有的各项证书之间的关系。项目调研涉及招聘标准中毕业生的教学实践能力、毕业生所毕业的学校、毕业生所获证书等权重；调研各个学校对于不同证书的认可度和评价标准，以期为在校英语专业大学生学习、考证等提供参考意见，为英语专业院系提供教学参考。

案例分析：

该项目是在英语专业的基础上纵向深入、垂直式研究。从市场环境来分析，这个项目主要是针对目前国内对大学生“考证”问题的研究数量较少，而关注中小学英语教师招聘需求与英语专业大学生考证匹配度的研究成果也较为稀缺，且整体研究质量及范围需要进一步提高的现状。该项目首先对现有中小学英语教师招聘标准进行调研，研究专业知识、个人素养、文化底蕴、学历、教学经验等对就业的影响。接着对英语专业“考证热”进行调研，调研英语专业大学生考取的主要证书、耗费时间精力成本、与专业课的密切度等内容。另外，对多位中小学校长和新就业的英语老师进行访谈，记录她们在考证方面的经验和看法，使调查结果更真实、准确、可靠。通过面对面访谈和企业实践等方式，团队得出了用人单位主要看重求职者的能力，如执行能力、心理承受能力、适应能力、写作能力、口语能力、电子设备能力、沟通交流能力等这一结论，可能与以往社会对老师要求的固定刻板印象不同，学生需要在后续学习中着力加大证书的获取和能力的培养。另外，此项目的研究还有助于大学生更好地提升自己，平衡专业课学习与求职焦虑导致的“考证热”，这也不失为英语专业教学改革可借鉴的调查数据。

文科专业的大创项目除了可以结合本专业知识技能之外，还可以跳出专业限制，换领域换赛道开展更具特色的独立研究。

案例四

非遗传承

某高校汉教专业学生的大创项目“‘飞鸢寄梦’——文化视角下非遗风筝文化传承现状调研”，就是以非遗文化为切入点，探究中华优秀传统文化的传承。

通过查找文献、实地调研和线上调查等方式，研究分析在多元文化与智能发展的时代下，国内风筝文化所面临的挑战与机遇；通过开展工作坊进行生活实验的方式，以提高后期研究的落地率；通过与留学生进行线下交流访谈的模式，分析研究国外风筝相关历史和发展情况，考察不同国家对风筝价值体现、利用的不同侧重点和可资借鉴的传承经验。通过国内和国外两条线路，挖掘与开发风筝的多元价值。

案例分析：

该项目筛选收集了各类互联网平台有关风筝文化的报道、介绍等资料，深入了解了国内外风筝的发展现状，对比分析了不同文化视域下风筝文化的共性与差异。这种对比分析法可以广泛运用到文科专业“大创计划”项目的研究中，有助于提炼出较为关键的信息数据。同时，从更多元化的视角进行分析研究，发掘非遗风筝文化的经济价值，将非遗风筝的元素与人们的日常生活物品进行结合，设计出主题文创产品，如帆布包、抱枕、书签等；团队还将沙燕与中国传统印章元素结合，设计出独特的主题logo，为项目增加了丰富的文化价值和艺术价值。另外，该项目还具有以下创新之处：一是新视角——传承传播理念创新。发掘风筝文化的应用价值，构建风筝文化传播渠道，充分挖掘和利用风筝工艺的多元价值与文化赋能，满足人民对于美好生活的需要，同时增强青少年传承中国文化的主动性，借助风筝讲好中国故事。二是新策略——传承传播方式创新。集合多方力量，构建为青少年“德智体美劳”全面发展服务的教育实践交流平台，推动中国风筝文化的国际化、市场化趋势。

案例五

特殊教育

某高校在特殊教育这一领域开展了大创项目研究，将其命名为“国家通用手语云教学之聋人无障碍出行初探”。

首先，在项目开展前期，团队收集了听障者存在的困难以及实际需求，整合内容。其次，利用国家通用手语词库，请教手语老师及听障者，学习、制作、细化手语网课内容，并征集培养高质量的手语翻译员。接着，合理规划网课运营平台，将微信公众号作为网课发布的媒介，分别进行线上和线下的推广。在线上推广方面，利用微信公众号，在发布每期专题网课之前，先做好软文推广，再做好下期预告；在线下推广方面，在公共场所宣传手语课程，让更多的人了解学习如何使用正确的手语有效地与听障者进行交流。用户可在课程内容下方进行打分或进行学习评价，由管理者及时做好网课效果的反馈。

案例分析：

这是一项更具有针对性和实用性的非常规研究方向的创新训练项目。该团队摒弃了在选择课题时的惯性思维，跨出常规领域，以高社会价值为出发点，结合一定的经济价值，选择了特殊教育这一研究方向。在调研过程中，团队运用了多种研究方式，如文献研究法、问卷调查法、访谈法等。其中，访谈法选取了不同职业的听障人士作为访谈对象，切实地进行了线下有效沟通，确保信息源和数据的准确、真实和可靠，是值得学习的方法。该项目具有以下创新点：首先是搭建远程手语平台，采用线上教学和服务的模式，打破了手语服务的空间和时间限制；其次是实践性和服务性较强，运用市场思维，针对听障群体的需求进行服务；再次，提供优秀的手语翻译志愿者以及专业的手语指导老师进行课程指导，提高其专业性价值，尽量降低误差概率；最后，深入生活实践，加入日常生活场景和元素，使提供的特殊教育和服务能够更好地贴近生活，有助于服务对象快速融入社会。

案例六

方言传承

河南省某高校的大创团队利用当地特色化的方言创建了他们的项目“触网而生——河南方言趣味有声数据库建设”，打造了河南味道的方言语料网络。

这个项目进度分为三个阶段。第一阶段，资料收集，文献资料查阅形成完整的保护河南方言的整体框架，从而确立了研究方向，即保护河南方言与数据库建设；第二阶段，在知网、万方、读秀等学术搜索平台发表的论文中，查找河南方言的分区与特征，在众多创新保护方言的文章中，发现其未涉及的创新点，从而进行研究；第三阶段，完善最终成果，建立数据库框架，后期维护，方便方言线上的传播和传承。

案例分析：

“触网而生——河南方言趣味有声数据库建设”这个创新项目注意到由于城市化进程加快、人口迁移、学校注重普通话教育等多方面的影响，使得方言被忽略，甚至出现“失传”的现象。团队在调研一开始便抛出了“方言何去何从”的语言文化问题，发动创新思考寻找解决办法，旨在真正实现对地方方言的弘扬、传播和传承。团队在项目研究中引入了“技术支持+文化融入”的全新理念，借助新媒体平台实现文化弘扬，巧妙地激发地方方言的独特魅力。同时，团队还将平台受众扩展到国外，通过建设板块自主学习，层层递进，不断深入。另外，该项目更为创新性的闪光点在于除了以“河南方言趣味有声数据库”为支撑之外，还发散性地辐射到了社交平台的各个方面，从不同的平台，针对不同的受众形成了系统的推广方式。比如，微信公众号、抖音、快手等各大网站，以及社交表情包、喜马拉雅配音软件等，均采用以点带面的形式，扩大方言的辐射范围，达到了由一变多的创新效果。

案例七

农产品创业

某高校的大创项目“凤鸣九州——原生态土鸡品牌的引领者”是一项结合了新农科、大数据、新零售和乡村振兴特色的创业训练项目，在农产品创业方向上开展研究探索。

在创业前期，团队成员多次走访县区周边，对土鸡养殖环境进行实地考察，与农户交流过程中，不断探索当下供销关系中所需要的商业模式。针对合作农户、加盟商家和消费用户分别提供匹配的产品服务。对于合作农户，提供土鸡行业信息整合服务、土鸡散养技能共享服务、土鸡生产收购服务。对于加盟商家，提供品牌支持服务、门店设计服务、新零售系统服务。对于消费用户，提供产品防伪追溯服务、同城配送服务。另外，在产品书面报告上，团队成员基于国家统计局数据库，建立了多维度对乡村发展水平的评价体系，从规模经营指数、集体所有农用地面积占比、普通农户参与农村专业合作社比率等方面对土地集约指数的影响进行了分析，并得出了农业规模化发展对乡村振兴的作用机理等内容。

案例分析：

该项目发现了土鸡市场供求市场双方存在的不匹配性问题，响应国家号召，深入土鸡市场调研，推动土鸡产业链从生产到销售的多环节优化升级。团队通过与粮食出口大国的农业发展路径进行对比，运用联想思维，发现了农业规模化、集约化发展具有较好成效，将其纳入商业模式。其商业发展模式中整合的土鸡行业信息不仅为公司未来挺进全国战略打下数据基础，而且为生产、销售、购买等环节节省了更多的时间、人力、技术成本，形成多方共赢的行业新局面。团队还创新式融入了“O2O新零售”商业理念。顺应肉类消费升级趋势，面向B2C市场，以连锁门店为基础，采用线上+线下的双轨发展模式，协同带动门店的销售和服务体验。用数据驱动，以会员为核心的“电商体验式购物+零售店+社区仓配+增值服务”的新零售社区生态系统模式，云、网、端深度结合，打造新时代智慧社区。另外，通过线上商城平台为加盟商家免费引流，周围人群可以通过线上下单的模式，线下加盟商家为顾客提供送货服务，实现O2O的新零售模式。

案例八

文创产品创业

某高校管理学的学生将别具特色的校园文化与文创产品融合，打造了他们的创业训练项目“年华·水印——校园文化创意产品定制”。

这个项目先在校园周边进行详细的市场调研分析，再运用创新思维模式，创造了独特的营销模式，将生产与营销绑定，实行线上线下差异性营销方案，最后精细策划资金的筹备和运用，制定了系统性的财务管理制度，运用专业知识提前进行了效益预测和风险预期。团队成员在实践中创立了“华水DNA”系列品牌，将校园的各个地标融入文创产品的设计理念当中，将校园风景用文创产品保留下来，制成饱含本校学子记忆和情怀的文创产品，如明信片、钥匙扣、手环、便利签、杯子、衣服等，从而引起师生的共鸣，唤醒校内市场。创立衍生系列——“华水美食纪”，结合校园美食进行设计，创作出含有本校美食印象的特色纪念品，打造了一条独特的校园文创产业链。

案例分析：

在这个项目案例中，首先是运用了市场营销的思维，明确了市场定位，并开展了周边市场的情况调研，将市场需求群体确定为本校在校生、毕业校友、学校官方和社会群体，并通过研究市场管理等领域的文献数据，为自己的项目引入了概念体系，即“SWOT分析体系”，建立了该项目的市场竞争模型，加以分析。其次，发挥创新联想打造产品，进行关联性创造。将校训、本校特色专业、校园文化相融合，将校园精神特质和文化内涵通过文创产品传递出消费者的碎片化记忆，创作出了一系列具有本校特色的文创品牌，以期达到坚定本校文化自信，传递本校办学特色的效果。最后，团队在产品的设计和生产过程中，坚持“产品原创化、风格化、系列化”的创新理念，吸引到了稳定客户群体，填补了周边地区空缺的校园文创市场，延伸了这条别具一格的文创产业链，并通过建立快速反馈机制，实现产品的快速更新迭代，强化了产品的不可复制性。另外，在经营模式上，团队成员不仅在微信小程序上创建了线上商店，还在校区附近建设了实体店铺进行销售，与校园商户和官方代理处进行了代理合作，为项目带来了联动效应。

（二）中国国际“互联网+”大学生创新创业大赛优秀案例分析

案例一

藏汉双语电子绘本馆——创绘

第六届中国国际“互联网+”大学生创新创业大赛中，有一个项目以其独特的立意、丰富的文化元素和社会公益价值一举夺得总决赛银奖，这就是西藏民族大学的“藏汉双语电子绘本馆——创绘”项目，其研究成果为“阿古顿巴绘本馆”。

“阿古顿巴绘本馆”的负责人是就读于西藏民族大学学前教育专业的玉琼，2017年玉琼考入自己心仪已久的大学，由于专业原因，她与儿童绘本结缘。玉琼发现书店里鲜有藏汉双语绘本读物，适合小朋友阅读的双语读本更是少之又少。“绘本常常通过通俗易懂的故事，讲述深刻的人生哲理，我希望通过自己的努力激发小朋友们阅读绘本的兴趣，增加孩子们的知识储备，让更多的小朋友了解西藏的历史文化。”聊及创作的初衷，玉琼认真地说。之后在她的组织下，6个有梦想的年轻人聚在了一起，他们中有人擅长绘画、有人热衷于研究文字，有人善于沟通协调。自此，“阿古顿巴绘本馆”团队初具规模。2019年10月，在创业辅导老师的悉心指导和帮助下，“有声绘本馆”微信公众号成功注册并开始运营，一群怀揣理想的青年就此踏上了创业之路。

在接下来的阶段中，团队成员大量收集中华传统文化故事以及西藏历史文化故事等进行再创作，绘制具有西藏特色的绘本。目前，团队已经创作了《欢度国庆》《文成公主》《藏历新年》《寻找数字》等系列绘本，内容涵盖了爱国主义、民族团结、传统文化和益智教育等主题。为使故事之间更加紧凑连贯，团队将阿古顿巴这个藏族民间故事中的机智人物设计成了一个小男孩的形象，并让他出现在每个故事中。玉琼在介绍项目时说道：“在确定绘本的故事内容后，我们会根据故事进行绘画创作，将西藏元素融入其中。比如，在创作《藏历新年》系列绘本时，我们就将‘切玛盒’放在绘本的封面上，给读者以亲切感。”

从在专业课上接触绘本到翻译绘本，再到现在进行绘本创作，团队成员付出了很大的努力，也获得了傲人的成绩，曾获校级笃学杯特等奖、校级互联网金奖、自治区成才杯银奖、自治区互联网金奖等多个奖项。2020年11月18日，第六届中国国际“互联网+”大学生创新创业大赛总决赛冠军争夺赛上演，经过激烈角逐，玉琼团队的项目“藏汉双语电子绘本馆——创绘”最终在总决赛中夺得银奖。

团队成员将逐步开展下一阶段的计划，首先成立公司，紧接着挖掘本土化素材、开发新系列绘本、提高绘本质量、开拓市场并进行融资，再将成品绘本销售到西藏各个市区，完成与拉萨市各行政部门的签约合作，并拓展销路到西藏各乡镇地区，让阿古顿巴绘本成为西藏儿童的畅销读物，陪伴他们的童年时光。

资料来源：王莉. 用青春与智慧播撒美好希望——西藏民族大学创新创业项目阿古顿巴绘本馆见闻［EB/OL］.（2021-05-06）. http：//epaper.chinatibetnews.com/xzrb/202105/06/content_80153.html.

案例分析：

团队将结合西藏儿童双语教育的现状，找准双语绘本的定位，提供本土化双语绘本，开启西藏的全新阅读认知方式，推动西藏基础教育的发展。同时，团队将绘本与藏文化元素和多民族文化元素完美地融合在一起，既促进了民族大团结，又将多民族文化相融传承了下来。在研究过程中，团队打牢了专业基础，加深了对学前教育专业的理解和掌握，又结合社会现状，以绘本为实体载体、网络公众号为虚拟载体，传递着藏族文化精神，承载起了文化传承与发扬的历史使命。同时，根据所研究产品的构成部分拆解，合理分配任务，即绘本和公众号的打造由文字翻译、插画制作、计算机运用等不同方面组成，团队注重分工合作、统一进度，成员之间协调配合，工作效率有效提高。

案例二

洪宇——涉罪未成年人一站式帮教服务助力社会治理

2018级社会工作专业硕士研究生何东读本科期间就立志做一名公益创业者。通过多次专业实践，何东发现涉罪未成年人帮教一直是我国法治建设中的焦点和难点。他在学校周琴老师的帮助下共同创建了江西洪宇社会工作服务社，在十年的公益创业道路上，共帮助5 300多名涉罪未成年人重返社会。“洪宇”团队创新的公益模式在江西实现全覆盖，在河南、湖南、贵州等15个省份复制推广。“洪宇——涉罪未成年人一站式帮教服务助力社会治理”项目在第六届中国国际“互联网+”大学生创新创业大赛的“红旅”赛道公益组中斩获国赛金奖。

“洪宇”团队创新性地构建了涉罪未成年人帮教“1943”长效工作模式。其中，“1”是构建起一套资源体系，让政府、基金会和大量的企业参与进来，解决政策、资金和资源等问题；“9”是提供社会调查、刑事和解、心理健康管理、亲职教育、红色教育等9项服务内容；“4”是从个人、家庭、学校和社会4个维度开展帮教工作；“3”是充分发挥高校作用形成了“一个基地+一套课程+一支队伍”的育人模式。截至2020年年底，“洪宇”团队成功帮教涉罪未成年人5 300余人，且再犯罪率为零。

“洪宇”团队历经十年风雨，从最初为响应政府工作需求而成立，发不起工资，到后来逐渐获得社会各界认可，融合越来越多的社会资源，荣获全国“青少年维权岗”等称号，“洪宇”团队一步一个脚印地发展壮大，离不开团队成员的咬牙坚持和不懈努力。“洪宇”团队的各成员具有不同的专业背景，拥有极高的专业素养与业务能力，更为重要的是，每个成员心怀对涉罪未成年人的理解和同情之心，希望引导他们走向正途，重新扣好“人生的扣子”。同时，“洪宇”团队拥有一个强大的专家智囊团，为帮教工作的顺利开展保驾护航。自2013年以来，“洪宇”团队同江西师范大学一同申请了两个专利（光伏供电的心理干预防护方舱和问题行为纠正装置）、三大软件（“交互式”互动问答软件和青少年核心心理健康素质测评系统），以及三角形构网教学平台和多个心理治疗技术（如箱庭疗法、电生理疗法、眼动疗法、EEG疗法和VR疗法）。为保证司法社会工作的专业性，“洪宇”团队集合了多学科的高质量人才，得到了江西师范大学思想政治学、法学、社会学、心理学等多个优势学科的专业支持。除了专业优势与人才优势外，“洪宇”团队更加注重资源的整合。在帮教工作中，“洪宇”团队积极与政府机构对话，推进了司法系统与社会工作的一体化进程，连接起检察院、共青团、民政组织、教育部门、公安机关、法院等多方单位共同协作。

在未来的工作中，“洪宇”团队也将牢记帮教服务的初心，将专业情怀融入每一个案例中去。人民网、新华网、江西卫视、江西日报等120多家媒体对“洪宇”团队的工作进行了报道，转载次数超百万，这使得少年司法工作更高频地出现在公众视野，让社会工作更加被人民群众所知晓，获得了广泛的社会影响，让公益价值产生了更深远的影响。

资料来源：陈群，徐德隆，陈秀竹．青春的力量：全国“青年红色筑梦之旅优秀案例［M］．武汉：华中科技大学出版社，2021.

案例分析：

司法机关在加强对未成年人保护的同时，司法社工也成为一种重要的社会力量，“洪宇”团队通过建立社区工作站，来矫正未成年人违法犯罪情况，其优势为：第一，实现资源整合。该项目整合了政府、社会资源，获得了从中央到地方完整的资源保障，有利于为开展未成年人服务保驾护航。第二，人才实践培训。该项目依托高校，联合建立了教学实践基地，搭建培训课程体系，编著专业教材，从而形成了稳定的“专职+兼职+志愿者”的人才结构。第三，分工高效配合。该项目拥有一套集“领导、管理、监督、研发、执行”功能于一体的组织架构，各部门通力协作，分工职能有机结合，使得社会服务工作的开展有序而高效。第四，人才引入机制。该项目制定了人才招纳机制，吸引了更多的司法领域毕业生加入涉罪未成年人帮教工作中，由此扩大和延续机构规模。四大优势为帮教精准化打下了坚实基础，并不断推动专业力量介入司法系统一体化探索，逐步完善并最终形成一站式帮教服务标准流程和整体解决方案。另外，该项目引入

"智库"体系，接受多个学院专家智库的理论指导，并将实践经验回馈给高校教育系统，充实专业人才梯度培养，进一步促进形成理论与实践、机构与高校的双重良性循环。

（三）"挑战杯"案例分析

案例一

"微腐败"对乡村营商环境的影响及对策研究

在第十七届"挑战杯"全国大学生课外学术科技作品竞赛中，来自厦门大学嘉庚学院国际商务学院的大学生团队，以项目"'微腐败'对乡村营商环境的影响及对策研究基于甘肃、福建、河南、江西、贵州5省182村的调查与思考"获得全国特等奖。近3年，该团队用对182个村的走访和调研丈量着他们的乡村情怀。

早在2018年，团队成员就开始跟着指导老师做一些扶贫与乡村振兴领域的项目，在这过程中，发现了一些问题严重影响着乡村的营商环境。为此，大家希望通过研究这样一个选题去帮助乡村建立良好营商环境，并尝试建立一套中国乡村营商环境的指标体系，为相关政府和部门的决策提供参考资料和数据。

在该项目中，团队首次构建了学术领域乡村营商环境评价的指标体系。团队成员江紫依介绍说："我们所构建的评价指标体系是基于课题所收集的数据，以全国5省182个村为例，分为3个层级，进行乡村营商环境评价指标的初步构建。这是以乡村政府为主体、以乡村企业为服务对象，构建起来的一个乡村营商环境评价指标体系。"为了做好这个项目，团队成员除了要在学校里潜心研究理论文献外，还要走访大量的乡村，进行实地考察调研，展开规范的实证分析。3年间，团队成员走访了甘肃、福建、江西、贵州、河南5省182个村，共建立了1 151个样本，形成了个案546例，为项目打下了坚实的基础。同时，团队成员还利用寒暑假和实践教学周的时间，通过学校、老师和相关政府部门的联系安排开展跨越山海、走村串巷的调研。但团队成员未曾抱怨，不辞辛劳，他们希望这项研究的边际贡献能够助力全面乡村振兴，为以中国式现代化全面推进中华民族伟大复兴贡献一份青年力量。

资料来源：江雅苹. 牛！嘉庚学院勇夺国赛特等奖！[EB/OL].（2022-04-07）. https：//mp.weixin.qq.com/s?__biz=MzI4MDAyNjMxMA==&mid=2650397554&idx=1&sn=ae9e18714303ff8a942f3cf38d17ca87&chksm=f3b3b6dbc4c43fcde06a123c3aecdf655e6af1137dc7d2c1058b6a00fa93c8fe57f4643b7202&scene=27.

案例分析：

目前，国内外的研究鲜少触及“微腐败”对乡村营商环境的影响等有关内容及领域，“微腐败”项目创新性地聚焦乡村营商环境建设并展开调研。团队以聚焦“微腐败”对营商环境的影响为切入点，通过严谨的理论研究和规范的实证分析展开探索，深入走访了甘肃、福建、江西、贵州、河南5省182个村，累计调研了1 151个样本，形成了个案546例。该项目首次构建了学术领域乡村营商环境评价指标体系，以5个一级指标、16个二级指标和23个三级指标来评价乡村营商环境的发展水平，通过普适性的评价体系为地方政府提供比较标杆与工作方向，充分发挥了“以评促建”的功能，独具创新性，具有极高的研究意义，为人文社科的创新研究进一步开拓了方向。在备赛过程中，学校提供了良好的备赛空间，团队成员也合理规划了时间，保障团队整体进度。另外，团队成员主动与指导老师保持联系，遇到问题就请教，反复探讨提升方案，加以跟踪和完善，这是许多团队应该予以重视、加以学习的经验。

【素养案例】

扶瑶织梦——瑶族扶贫之路的先行者

潘水珍，一个瑶族姑娘，在大一时，还是青涩小萌新的她在大学生创新创业大赛中初露头角。当时，她负责的“奇杷有趣”项目就已经关注瑶族聚居地区的经济发展问题。

广西是瑶族主要聚居区，由于当地土地资源匮乏，瑶族人民长期以来居住在穷乡僻壤，基础设施条件差，交通闭塞，生产生活、文化教育相对滞后，社会发展缓慢。同时，瑶族文化传播的发展状况也不容乐观，存在手工刺绣时间久、效率低，优秀的传统手工技艺封存在深山无法传播，传统高尖帽与现代审美标准不兼容，绣娘投入多回报少等诸多痛点。为推动瑶族地区经济发展及文化产业发展，留住瑶族的传统魅力，“扶瑶织梦”团队便应运而生。

从“双创”新人到国金团队，其中所经历的困难不言而喻，与团队成员为项目奋斗的日子也成为潘水珍难以忘记的宝贵经历。在指导老师的带领下，她和团队成员上山下乡四处开展田野调研，没有白天黑夜地打磨项目，走过贺院凌晨四五点的夜路，也看过6点的日出，尽管这样，他们也从未说过一句辛苦。

当谈到“扶瑶织梦”四字含义时，潘水珍介绍“扶瑶织梦”的“瑶”是“瑶族同胞”的“瑶”，不是“摇摆不定”的“摇”。在以实干帮扶瑶族同胞脱贫致富，以国家级非物质文化遗产瑶族服饰编织美丽中国梦。作为一个以设计为核心的团队，“扶瑶织梦”团队从瑶族文化传承与创新入手，打造了“全国唯一瑶族元素IP库+非遗手工艺合作社+N个绣娘”的“1+1+N”扶贫模式。目前，团队已建立全国唯一瑶族元素IP库，归类整理了1 854类不同支系的瑶族元素纹样，并建立国内最大的瑶族服饰传习馆，馆藏963件原生态的瑶族服饰与饰品，以实物、影音、图像、书刊等形式详尽记录瑶族历史文化，传承非物质文化遗产；开设非遗手工艺合作社，统一回收绣娘绣品并建立计件付费制度，推动绣品回收实现产业化；对绣娘进行培训，整理出国内唯一全面瑶绣教材，工作室培养了技艺精湛且绣工匀整的绣娘637位，占贺州绣娘总人数的19%，带动绣娘每年人均增收15 000元。

“扶瑶织梦”团队以实际行动积极落实广西教育厅高教处关于脱贫攻坚工作的部署，深入都安瑶族自治县的脱贫攻坚工作中，签订了文化扶贫协议，把成功的文化扶贫模式带到这里，充分发挥团队学科专业优势和大学生创新创业项目团队的作用，持续开展“红色筑梦青春路，脱贫攻坚都安行”活动，在都安建立了“扶瑶织梦非遗+文创”产学研基地和国家非遗“密洛陀”传承基地，把临时党支部建立在创新团队中，持续开展非遗进课堂、文创产品开发、电商直播带货、支教扶贫、文化传承与创新等工作，公益直播带货累计观看量突破66万人次，累计带动1.2万人增产增收。此外，项目还与国家旅游商品研发中心共同建立了国家旅游产品联合研发基地，入选了广西民族博物馆伴手礼指定供应商等国家计划。最终，在第六届中国国际“互联网+”大学生创新创业大赛的“红旅”赛道中斩获全国金奖及社区治理奖。

青春由磨砺而出彩，人生因奋斗而升华。“扶瑶织梦”团队敢闯、会创，以青春之我、奋斗之我建功立业。未来，团队将继续保持一颗脚踏实地的心，心系瑶族同胞的福祉，在瑶族非遗传承和保护的道路上继续勇往直前。

该项目以民族文化发展问题和痛点为切入，针对特定社会现状整合人力和资源，提出“1+1+N”创新模式。团队在实践基础上确立项目主线，通过走访非遗基地，采访多位非遗传承人，感知瑶绣文化，通过广泛查找文献资料，了解瑶族的相关文化与历史发展及瑶绣传承现状，从而将“传承千年文脉，赋能乡村发展”确立为活动主线。

近年来，习近平总书记心系非遗保护传承工作，并在重要讲话中指出，“要让活态的乡土文化传下去”“把保护传承和开发利用有机结合起来”。该项目依托政策指引，紧密结合国家大政方针，协助脱贫攻坚工作，签订了文化扶贫协议，并多途径、多通道、多手段地将文化成果产品宣传推广，创造经济价值。另外，团队还通过借鉴以往的优秀作品与成果，为自身汲取实践经验。

团队以“非遗+文旅”之妙笔，以实际行动彰显“踔厉奋发，笃行不怠”的青年力量，以探究“非遗+文旅”的发展路径为己任，为贺州瑶绣发展注入青年活力。

资料来源：赵婀娜. 3年来170万大学生参与青年红色筑梦之旅，以创新创业助力脱贫攻坚筑梦路上脚步不停［N］. 人民日报，2020-10-09.

第九章

中国国际“互联网+”大学生创新创业大赛备战策略

【导入案例】

第八届中国国际“互联网+”大学生创新创业大赛国赛金奖案例——薪火芳华（新文科）

“薪火芳华”项目致力于在文化科技领域传承和传播极具国潮特色的中华优秀传统文化。其核心业务为文创产品、建筑规划、教育研学。团队研发形成中华传统文化IP数据库4套，分别是民族、民俗、地理、文博，进而衍生形成16大系列国潮文创产品，中华神话故事九天玄女系列、二十四节气护肤系列、青花瓷再造系列、中式婚礼伴手礼套装等。

品牌旗下中式婚礼伴手礼套装登陆央视CCTV17频道官方展播，二十四节气护肤系列得到女排奥运冠军宋妮娜的官方点赞。项目拥有国家专利、软著、作品著作权、商标权等121项自主知识产权。

项目入选湖南省人社厅优秀创业创新项目，并与中国电信、百度、网易等单位推报项目一同入选2022年国家发改委双创示范周。团队获评第二届“成思危社会企业提名奖”，公司获评2022—2025年中国文化创意行业先进企业。

2022年8月，项目入选国家发改委品牌强国优选工程，公司位列国潮文创行业优选单位。创始人王淑禾被授予“第十六届中国品牌节金谱奖·国潮文创行业领军人物”。

该项目发起人是湖南大学金融与统计学院2018级本科生王淑禾。最初她的这个项目在“红枫计划”暨“麓山杯”创新创业大赛中夺得了大赛现代服务业组一等奖。

谈及这个项目的渊源，王淑禾告诉记者，过去4年团队一直暗暗“蓄力”——一方面，开展实地调研和深入研发，搭建起基于中华56个民族的传统文化IP数据库；另一方面，将文创设计转化为实用产品，开发出16大系列国潮文化创意产品。

为何选择国潮领域开启创业，并在大学期间休学1年专注研发？王淑禾回答：“因为我觉得自己在做正确的事，我希望未来能推动中华优秀传统文化走向世界。”

起初，面对传统文化在传承、传播和创新等方面的困境，自2018年起，王淑禾组建大学生创业团队，发起“薪火芳华”项目，第一次尝试便是推动非遗百课进校园。

为此，王淑禾及其团队一同走访非物质文化遗产发源乡137个，拜访非遗传承人583位，并通过联动非遗传承人与大学生志愿者讲师为城乡中小学生线上授课。历经4年积累，王淑禾团队研发了10大系列国粹文化美育课程，联动来自全国各地4 200余名大学生志愿者，累计为全国城乡中小学授课数万余小时。

这段开展美育教育的经历就像“一颗火种”，引燃了王淑禾的创业热情。“在这一过程中，我结识了很多志同道合的伙伴，也有了一些创业资源，便开始探索‘文化+设计’的创业路径。”王淑禾告诉记者，目前团队成员已壮大到32人，形成了一支集设计师、文创运营师、技术研发师于一体的队伍。截至2022年6月，团队已获授权9项国家专利，23项软著，157项版权，54项商标权。

2022年，团队已经升级到了“文化+设计+科技”的模式，将区块链、深度学习等新兴技术融入文创产品开发中。为了保护设计的安全性，团队不仅及时高效地做好版权登记，还引入了区块链技术辅助版权登记。

今年团队着手研发的“图像生成技术”也是科创助力文创的代表。“企业和个人都有设计的需要，现在我们的技术已经初步实现定制图像的生成。”王淑禾告诉记者，未来技术成熟后，使用者只需输入需求、参数，平台就能自主生成一张海报、一个logo、一张画像……

谈及未来发展，王淑禾信心满满，并拿出手机分享许多设计草图、渲染图，团队参与的大汉国际工匠院设计即将落地，5月上线各电商平台的中式婚礼伴手礼套装也取得了可观销量。

00后女孩王淑禾大三时创办第一家公司，如今大四的她已是2家公司、3个品牌的掌门人。王淑禾介绍，公司2021年营收626万元，2022年营收1 200万元。企查查APP显示，王淑禾目前共关联9家企业，7家为在业或存续状态，行业涉及文化艺术、软件、科技等，地区分布在湖南、浙江、江苏、陕西等。其中，王淑禾在湖南薪火芳华文化科技有限公司、湖南智网赢航科技有限公司等6家公司担任法定代表人及执行董事职务。此外，湖南薪火芳华文化科技有限公司和湖南禾福文化科技有限公司已申请注册多枚“薪火芳华”商标，经营分类涉及餐饮住宿、日用器具、广告销售等。薪火芳华文化科技有限公司还拥有“数字文化馆展览导向装置”和“利用机械手操作的储存柜”两项专利。

案例分析：

中国国际“互联网+”大学生创新创业大赛的获奖项目绝大多数有理工科背景，但是文科背景的学生仍然有其特定的优势，只要选好项目，选准方向，也有成功的机会。本项目就是一个很好的例子，虽然没有制造业知识，但是可以从创意、互联网、文化等产业发力，仍然有机会脱颖而出，甚至产生巨大的经济和社会效益。这个例子也告诉广大外语专业大学生更要多多了解和认真准备大赛，做到知己知彼，方能旗开得胜。

资料来源：佚名．湖南大学00后女生王淑禾：边读书边创业营收1 800万[EB/OL]．(2023-03-16)．https：//gongyi.sohu.com/a/654868758_113767.

一、备战策略对于外语专业学生的意义

在各项大学生双创赛事中，中国国际“互联网+”大学生创新创业大赛是最有代表性的一项。由于本项赛事的获奖项目多数是来自理工科，许多文科学生尤其是外语专业的学生就忽视了对这项赛事的研究和参与。其实这项赛事对参赛者的学科背景并没有严格的限制，无论是理科、文科还是工科，只要有创新思维和创业热情的学生都可以参与。对文科学生尤其是外语专业大学生而言，本身参与大创赛事的机会和范围就比较少，所以研究这项赛事能够获得很多启发和收获。

首先，参与中国国际“互联网+”大学生创新创业大赛能够让文科学生更加了解互联网和信息技术的前沿动态和应用场景。在比赛中，学生需要将新一代信息技术与经济社会各领域紧密结合，这需要学生具备相关的知识和技能。通过参与比赛，文科学生可以更加深入地了解互联网和信息技术的最新发展动态，以及如何将这些技术与实际应用相结合，为传统产业和新兴产业提供更好的服务和支持。

其次，参与中国国际“互联网+”大学生创新创业大赛能够激发文科学生的创新思维和创业精神。在比赛中，学生需要提出具有创新性和可行性的项目方案，这需要学生具备创新思维和创业精神。通过参与比赛，文科学生可以更加深入地了解创新和创业的理念和方法，以及如何将这些理念和方法应用到实际项目中，实现自己的创业梦想。

最后，参与中国国际“互联网+”大学生创新创业大赛能够让文科学生提高人际交往和团队协作的能力。在比赛中，学生需要与不同

学科背景、不同专业领域的人进行交流和合作，这需要学生具备较强的人际交往和团队协作能力。通过参与比赛，文科学生可以更加深入地了解不同学科和不同专业的知识和技能，以及如何与不同背景的人进行有效的沟通和合作，提高自己的人际交往和团队协作能力。

综上所述，中国国际“互联网+”大学生创新创业大赛对文科学生同样具有很大的启发和帮助。通过参与比赛，文科学生可以更加深入地了解互联网和信息技术的前沿动态和应用场景，激发自己的创新思维和创业精神，扩展人际交往和团队协作的能力。

二、历届赛事回顾

首先，中国国际“互联网+”大学生创新创业大赛是由教育部与政府、各高校共同主办的一项技能大赛，旨在深化高等教育综合改革，激发大学生的创造力。培养造就大众创业、万众创新的主力军，推动赛事成果转化，促进“互联网+”新业态形成，服务经济提质增效升级。以创新引领创业，创业带动就业，推动高校毕业生高质量创业就业。目前，各高校之间已经建立了许多主流赛事，如“挑战杯”竞赛、教育部的“三创”大赛、计算机大赛、数学建模大赛，以及其他的专业竞赛。在诸多竞赛中，中国国际“互联网+”大学生创新创业大赛在创新创业比赛当中排TOP1。除了国内的比赛，国际上也有一些认可的竞赛，如北美的数学建模大赛。这项赛事在国际上是被广泛承认的，但是在国内，相对中国国际“互联网+”大学生创新创业大赛来说，应用范围不算太广泛。有的同学会认为自己经验不足，所以不敢参加比赛，但这正是值得注意的地方，越是没有经验、不懂比赛，越是要鼓励自己参加比赛，以赛促学，培养创新创业生力军，正是这项赛事的首要目标。国家旨在激发学生的创造力，激发广大青年扎根中国大地，了解国情民情，锤炼意志品质，开阔国际视野，在创新创业当中增长智慧才干，把激昂的青春梦融入伟大的中国梦，努力成为德才兼备的有为人才。

这项赛事的第二个目标是要以赛促教，探索数字教育新途径，把大赛作为深化创新创业教育改革的重要抓手，引导各类学校主动服务国家战略和发展，深化人才培养综合改革，全面推进素质教育，切实提高学生的创新精神、创业意识和创新创业能力，推动人才培养范式深刻变革，形成新的人才质量观、教学质量观、质量文化观。

这项赛事的第三个目标是以赛促创，搭建成果转化新平台，推动赛事成果转化和产学研用紧密结合，促进“互联网+”新业态形成，服务经济高质量发展，努力形成高校毕业生高质量创业就业的新局面。

在历届比赛中，每一届都有新的变化，每届的项目数量逐级增加，逐级完善，赛事主题也在不断变化，整个趋势曲线都是上扬状态。首届中国国际“互联网+”大学生创新创业大赛是以“‘互联网+’成就梦想，创新创业开辟未来”为主题，参赛项目主要包括“互联网+”传统产业、“互联网+”新业态、“互联网+”公共服务、“互联网+”技术支撑平台四种类型，首届中国国际“互联网+”大学生创新创业大赛采用校级初赛、省级复赛、全国总决赛三级赛制，这个三级赛制到现在依然沿用，但是后期开辟的国际赛道直接是两级赛制，从学校选拔出来后进国赛。在校级初赛、省级复赛的基础上，按照组委会配额择优遴选出的项目进入全国总决赛。全国共产生300个团队进入全国总决赛，其中创意组是100个团队，实践组200个团队，共吸引了31个省份以及新疆生产建设兵团共计1 878所高校的57 253支团队报名参加，参与学生超过20万人，带动全国上百万大学生投入创新创业活动。首届冠军项目是哈尔滨工程大学的“点触云安全系统”。

第二届中国国际“互联网+”大学生创新创业大赛由教育部、中央网络安全和信息化领导小组办公室、国家发展和改革委员会、工业和信息化部、人力资源和社会保障部、国家知识产权局、中国科学院、中国工程院、中国共青团中央和湖北省人民政府共同举办，总决赛由华中科技大学承办，大赛主题为“拥抱‘互联网+’时代，共筑创新创业梦想”。大赛于2016年3月启动，吸引了全国2 110所高校参与，占全国普通高校总数的81%，报名项目数近12万，参与学生超过55万人，冠军项目是西北工业大学的“翱翔系列微小卫星”。

2017年3月27日，教育部在西安电子科技大学举行新闻发布会，宣布第三届中国国际“互联网+”大学生创新创业大赛正式启动。与以往相比，本届比赛增加了参赛项目类型，鼓励师生共创。大赛由教育部、中央网信办、发改委、工信部、人社部、知识产权局、中国科学院、中国工程院、共青团中央和陕西省人民政府共同举办，西安电子科技大学承办。教育部部长陈宝生，陕西省省长胡和平担任大赛组委会主任，各主办单位相关司局负责同志为组委会的成员。本届主题为“搏击‘互联网+’新时代，壮大创新创业生力军”，冠军项目是浙江大学杭州光珀智能科技有限公司研发的“新一代固态面阵激光雷达”。

第四届中国国际“互联网+”大学生创新创业大赛的主办单位如第三届，但是承办单位增加了福建省人民政府和国务院扶贫开发领导小组办公室。本届以“勇立时代潮头，敢闯会创，扎根中国大地，书写人生华章”为主题，于2018年3月29日在厦门全面启动。第四届中国国际“互联网+”大学生创新创业大赛总决赛于2018年10月13日开赛，冠军项目是北京理工大学的“中云智车未来商用无人车行业定义者”，我们熟悉的“摩拜单车”也是往届的金奖项目，每届的金奖项目几乎都变成了实实在在落地的优秀产品。

第五届中国国际“互联网+”大学生创新创业大赛举办于2019年，主办单位不变，由浙江大学和杭州市人民政府联合承办。本届大赛累计490万大学生参与、119万个团队，覆盖51个国家和地区。本届大赛项目来自全球5大洲124个国家，开始了国际化进程，参赛项目和学生数量接近全世界大赛组合，冠军项目是清华大学的“交叉双旋翼复合推力尾桨无人直升机”。

第六届中国国际“互联网+”大学生创新创业大赛于2020年在华南理工大学举办，主题是“我敢闯、我会创”，克服了新冠疫情的影响，打造了一场汇聚世界双创青年同场竞技，相互促进人文交流的国际盛会，非常不易。本届大赛主办单位依然不变，同时增加了农业农村部，与广东省人民政府共同举办。本届报名参赛项目和报名人数再创新高，共有2 988所学校的147万个项目、630万人报名参赛，包括1 574所本科院校、241所科研院所、43所高职院校、1 130所中职院校，比2019年的参赛项目与人数均增长了25%，“红旅”赛道项目增幅为54%，港澳台地区报名参赛项目超过2019年总数，达到256个。本届大赛来自北京理工大学的“星网测通”项目获得冠军，来自清华大学的“高能效工业边缘AI芯片及应用”等2个项目获得亚军，来自俄罗斯莫斯科航空学院的“JetPack MAI”等3个项目获得季军，来自宁波大学的“甬乌水产——全球唯一规模化乌贼苗种供应商”项目获得最佳带动就业奖，来自华南理工大学的“大隐科技——四维隐身吸波蜂窝开创者”项目获得最佳创意奖，来自同济大学的“同驭汽车——线控制动系统行业领导者”项目获得最具商业价值奖。此外，本届大赛共产生金奖159项。其中，高教主赛道110项、职教赛道25项、“红旅”赛道24项。萌芽板块共产生创新创业潜力奖20项。第六届中国国际“互联网+”大学生创新创业大赛的特色是开辟了萌芽板块，这一板块是中小学生可以参加的赛道。

第七届中国国际“互联网+”大学生创新创业大赛依然是在新冠疫情的情况下，由南昌大学于2021年4月举办，总决赛于2021年10月12日开幕。本届大赛的冠军项目为南昌大学的“中科光芯——硅基无荧光粉发光芯片产业化应用”，亚军项目为北京航空航天大学的“中发天信——万米高空无人守护者”，季军项目为斯坦福大学的“非夕科技——新一代自适应机器人定义者”、浙江大学的“多功能智能打印机先行者”、牛津大学的“面向未来可再生能源存储的绿色氨技术”、哥伦比亚大学的“呼吸氧疗新力量”。通过对比可以看到中国国际“互联网+”大学生创新创业大赛的国际化趋势和影响力越来越强大，已经逐步具备了国际化的标准。

为全面深化高校创新创业教育改革、提升大学生创新创业能力、加快培养创新创业人才，纵深推进大众创业、万众创新，教育部于2022年4月举办了第八届中国国际“互联网+”大学生创新创业大赛，大赛总决赛于2022年在重庆大学以线上方式举行。大赛共产生3 500个项目入围总决赛（港澳台地区参赛名额单列）。其中，高教主赛道2 000个项目（国内项目1 500个、国际项目500个）、“红旅”赛道500个项目、职教赛道500个项目、萌芽赛道200个项目、产业命题赛道300个项目。高教主赛道中每所高校入选总决赛项目不超过5个，“红旅”赛道、职教赛道中每所院校入选总决赛项目各不超过3个，产业命题赛道中每所院校入选总决赛项目不超过3个，萌芽赛道中每所学校入选总决赛项目不超过2个，本届大赛的冠军项目为北京大学“深势科技——AI for Science新范式驱动药物和材料理性设计”。本届大赛出现了产业命题赛道，这一赛道是由企业定题、企业赞助的，由企业将问题释放出来，为国家解决“卡脖子”技术。

无论是哪一届，都是有这样的一个要求——高标准的一定是最好最完美的。这个高标准总结起来就是高水平、高密度、高价值、高颜值、高方法、高标准、高对标。高水平是指能够看到参赛团队是有知识含量的，是有创新能力的；高密度是指要把更多的信息展现在商业计划书里；高价值是指参赛项目的商业计划书是有估值的，背后是存在价值的；高颜值是指设计感，品牌设计、UI设计、平面设计一定要协调，要突出美感和专业，每一篇的商业计划书都要做到精致美观，将图表可视化并大量地呈现使用；高方法是指参赛成员在项目研究过程中所使用的调查方法或每个步骤，都有自己的构思，使用互联网的应用、各种软件、算法来进行辅助；高标准、高对标是指可以对标国赛，模仿国赛的项目，如果这个项目已经落地或建立公司，那么就可以查询公司现状，评估一下有哪些经验可吸取。

三、评分要点解读

（一）主要赛道

1.团队维度

评委会考查团队的组织架构、人员配置、分工协作能力结构、专业结构、合作机制、激励制度合理性、团队和项目关系的真实性、紧密性，对项目各项的投入情况、创立创业企业的可能性、支撑项目发展的合作伙伴等外部资源的使用以及与项目的关系等，由此可见，团队很重要。再细致解读一下，这项比赛不是凭个人能力就可以通过的，必须有合作伙伴，能支撑项目的后续发展，要有外部资源对接才行。但外部资源与项目的关系必须是真实的，如你说华为是你的外部资源，但事实上它跟你的项目没有关系，这就是虚假的，不太可能通过。接着看项目的投入情况，如果是真正的创意组，那么可以不注册公司，但是如果已经投入几十万、几百万，那么这也是虚假的。如果一个项目写得很好，但是对方认为难度非常高，企业做不了，那也不具有可行性，也是假的。团队的组合架构、人员配置方面也是一大难点。团队中经常会出现整个团队都是一个专业的、一个班级的，或者有个别外专业的学科配置，基本都是偏于社会科学、人文科学，不是经济管理、金融学，就是政治学、小语种等，这就属于结构架构、人员配置不合理。中国国际“互联网+”大学生创新创业大赛的理科属性比较强，创新技术要求比较高，所以一定是需要文理科搭配才好进行，并且不限于校内，允许有外校同学一起参赛，分工协作。如果团队中有2名成员都是学市场营销的，或者都是学财会的，也不合适。文理搭配、跨专业合作、各司其职、取长补短，这才是团队参赛的意义。假设一个理工类项目的团队成员都是理工科的，这样搭配也不合理，因为项目必须市场化，需要懂市场的成员。另外，还要看团队的合作机制，团队是为了比赛临时拼凑的，还是会有未来长久的打算，以及跟企业的合作关系，是企业非常喜欢你的团队，愿意提供支持，还是一看就是父母的公司或者亲友的企业，为了比赛硬凑成一个合作机制，这样都不合适。有一些省份支持将教师的重点课题转化为项目，并持续不断地进行课题研究，这样一来就比较有稳定性。这一届队员毕业了，下一届还可以继续拿这个项目打磨。很多金奖不是一两年就完善的，也不是单纯靠个人的力量出来的，所以一定要师生紧密结合，引入导师或者后援力量来做项目。

2. 商业维度

首先，要充分了解所在行业、产业的产业规模增长速度。竞争格局、产业趋势、产业政策等情况，形成完备的深刻的产业认知，在市场调查分析的基础上，形成一份行业研究报告，并具有相应的准备。其次，项目要具有明确的目标市场定位，对目标市场的特征、需求有清晰的了解，据此制订合理的营销、运营、财务等计划，设计出完整、创新、可行的商业模式，展现团队的商业思维。再次，要看项目落地执行情况，项目对促进区域经济发展、产业转型升级的情况，以及是否有盈利能力或潜在盈利潜力的情况。例如，曾经有一个无人机项目需要计算机软件的代码编写，评审时有评委问道："做到这些，你编了多少行的代码，是1万行吗？"队长说："是的。"但这位评委是计算机专家，点破了这个项目的真相——做这个10万行代码都做不下来，所以这个项目不是这位队长真实的项目，他是拿了别人的项目包装出来的，根本不存在落地执行情况，最终这个项目落选了。

3.社会价值维度

这一方面主要关注项目直接提供就业岗位的数量和质量，间接带动就业的能力和规模，项目对社会文明、生态文明、民生福祉的推动。首届中国国际"互联网+"大学生创新创业大赛中有一个来自新疆的团队，大学生把家乡的葡萄干、核桃仁等瓜果做成切糕售卖，队长就带着同学们做这个项目，带动了好几百名大学生获得收入，从新疆走到各个城市，后来就收到了投资，现在已经成功上市，后期又从很多新疆农户那里大量采购原材料，所以这个项目的社会价值非常大，能够带动就业。

4.教育维度

在不同的组别当中，教育维度的评审标准也不一样。初创组和成长组的具体评审标准是：一是要弘扬正确的价值观，体现家国情怀，恪守伦理规范，有助于培育创新创业精神；二是符合将专业知识和商业知识有效结合，并转化为商业价值和社会价值的创新创业的基本过程和基本逻辑，展现创新创业教育对教育者基本素养和认知的塑造力；三是要体现团队对创新创业所需的专业知识、商业知识、行业知识、技能（如计划、组织、领导、控制、创新）的娴熟掌握和应用，展现创新创业教育提升创业者综合能力的效力；四是要充分体现团队解决复杂问题的综合能力和高级思维，体现项目成长对团队成员创新创业精神、意识、能力的锻炼和提升作用；五是要充分体现院校在新工科、新医科、新农科、新文科建设方面取得的成果，体现院校在项目的培育、孵化等方面的支持情况，体现多学科交叉、专创融合、产学研协同创新、产教融合的模式在项目的产生与执行当中的重要作用。

5.创新维度

项目遵循从创意到研发、试制、生产、进入市场的创新过程，进而实现从创意向实践、从基础研发向应用研发的跨越。团队能够基于专业知识并运用各类创新的理念和范式，解决社会和市场的实际需求；项目能够从产品创新，工艺流程进行创新。工艺流程有改进，这多半是对理工科学生而言的，那么对偏人文社科的同学来说，就可以在服务创新上突破。从服务创新、商业模式上创新，进行创新实践，产生一定数量和质量的创新成果，如果空口谈创新，根本没有成果、没有产品、没有现金流，是一定不行的，初创组和成长组必须获得相应的市场回报才可以。项目能够从创新战略、创新流程、创新组织、创新制度等方面进行设计协同，把创新的核心竞争力用思维导图或可视化图形表现出来，或者用系统性图表来展示设计感。

6.公益维度

此维度主要体现在公益赛道、“红旅”赛道上。合格的项目要树立正确的价值观，体现家国情怀，有助于培育创新创业精神。项目要体现团队扎根中国大地，了解国情，遵循发现问题、分析问题、解决问题的基本规律，将所学专业知识、技能和方法应用于解决各类社会问题，展现创新创业教育对创业者基本素养和认知创造力的提升。项目要充分体现团队解决复杂问题的综合能力和高级思维，体现项目的成长对团队成员创新创业精神、意识、能力的锻炼和提升作用。公益维度以社会价值为导向，以公共利益为目标，以互利解决社会问题为使命，辅以盈利为目标，有一定的公益成果，在公益服务领域，追求社会效益的最大化。有的公益项目已经在《光明日报》《人民日报》上刊登，被政府机关提名表扬，项目团队甚至受到国家重要领导人的接见。

（二）产业命题赛道

产业命题赛道的项目评审要点有：第一，符合将专业知识和产业实际问题有效结合，转化为商业价值或社会价值，展现创新创业教育对创业者基本素养认知的塑造力和提升创业者综合能力的效率。第二，项目充分体现团队解决复杂问题的综合能力、高级思维，体现项目成长对团队成员创新创业精神、意识、能力的锻炼和提升。第三，项目能够充分体现院校在新工科、新医科、新农科、新文科建设方面取得的成果，体现院校在项目的培育、孵化等方面的支持情况，体现多学科交叉、专创融合、产学研协同创新的模式在项目的产生与执行中的重要作用。其中，专创融合是指专业性和创新性、创造性的融合；多学科交叉是指团队成员来自不同的专业、不同的学院、不同的学校，避免同质化。第四，命题分析是全方位开展的，要求调研深入到企业的内部环境，通过和企业的对接，准确把握实际需求和痛点，明确解决该命题所需的各类资源，结合企业的产品、技术模式、管理制度等现实情况，以及本队的创意、技术、方案、人才等实际情况，展开可行性和匹配度分析，为形成解决方案奠定基础。团队需要基于科学严谨的创新过程，遵循创新规律，运用各类创新的理念和范式解决问题；基于产业命题赛道开放创新的内在要求，促进企业机构将内外部资源有机整合，提高其创新效率。其余部分请参照前文主赛道的讲解内容。

四、团队建设

备战大赛是一项长期工作，团队建设关系到整个项目能否顺利高效地执行下去。团队建设包括以下内容：一是组建团队；二是队长怎么领导团队；三是团队分工；四是导师如何指导，我们怎么选导师，如何与导师沟通。

首先，组建团队是比较难的部分，队长是绝对的领袖，要在关键时刻作出决策。如果队长没有特别强大的专业能力，那么就要做好一件事情，将特别厉害的队员招募到旗下，队长发挥“润滑剂”的作用。就像包饺子，队长做饺子皮，把队员都包在一起，这是一种类型的队长。如果队长本身成绩优秀，能力突出，那么可以做领袖型的队长。作为一个有创业想法的大学生，要注重培养自己的领袖能力，在组建团队的时候把大旗举起来。大赛的很多案例表明队长都是这样产生的：由于找不到团队，自己担起使命当队长，通过不断锻炼一步步成长起来。当把团队组建一半时，需要注意的是，不要着急选队员，要学会观察和判断，确定好方向和标准。这在心理学上称为“锚定效应”，队长制定好规则，让团队有标准可参考。在选择队员的时候，和已有成员共同讨论，计划剩余空缺分配。如果招到了能力更强、更适合做队长的人，你选择位置调换让对方做队长，那么项目可能走得更远，这要视情况而定。在选队员的时候一定要慎重，既要考虑技能搭配、优势互补，又要考虑性格、品格和诚信问题，尽量避免在发现更优秀的人才之后，将老队员“无情踢走”的问题。另外，如果简历较多，则可以设立考核标准，在规定时间内完成任务的即可进组。在队伍的专业搭配上，千万不要只在同一专业内进行挑选，避免同质化。比如，同一专业的几个人，分配建模、收集数据、编写代码等不同任务，但在评委看来团队成员都属于同一学院、专业背景一致，同质化过高，结构不合理、不真实。在撰写成员资料时，需要体现团队的整体架构，将队员的闪光点和优势体现出来。比如，有人擅长写论文和报告，有人参赛经验丰富，有人参加过学生会工作，有人拿过专业证书等，这些是一个团队平衡、全面发展的表现，也是评分的标准之一。

其次，队长如何领导。第一，队长要做好表率，项目进展过程离不开讨论，这时队长要主动开展组会，调动队员的积极性，但也不乏出现队员“摆烂”的情况。比如，在开会讨论时有的队员总推脱有事情，以今天忙、明天请假为借口不参与活动，此时队长就要及时止损，不要碍于情面而耽误了项目顺利进展。队长要熟悉每一位队员的性格，尊重个性，保持本心，维护好团队内部的和谐。第二，队长要学会对外联系，在各团队的比赛场上，大家是对手更是朋友，队长之间交换联系方式，进行向上社交，建立正向的、积极的联系。在团队组建完成后，先自己熟悉往届的竞赛项目和获奖情况，在小组内部进行项目筛选，留下部分心仪的主题之后邀请导师进行评估。在邀请导师的环节中，必须了解、熟悉这个老师，老师也认识你，这样初步交流就比较容易。如果邀请的导师工作繁忙，那么在需要请教时寻求帮助，以获得新的方向，或者邀请到有资源的导师为团队直接对接上相匹配的资源，这也是很好的选择。同时，团队要自己事先准备好拟定题目或备选题目，让导师帮忙选择或修改，或者团队可以准备好思路大纲或初稿，在导师建议下融入自己的创意。团队成员要培养自己的学习能力，发挥主动性，根据导师意见不断修改，最终定稿提交，进行报名等参赛流程，这里要注意按照要求一级一级提交，成功后多次检查避免失误。

最后，团队分工。团队整体的分工要注重平衡和发挥特长，有人擅长建模，有人擅长新媒体宣发，有人擅长项目策划，有人协调外部联络收集数据等，团队成员各司其职，全面发展。

五、商业计划书要点解读

在商业计划书中，数据是能体现成果的证明之一，但对大学生来说，获取优秀的、高端的数据相对是比较难的，所以可以制作一些简单的数据展示。比如，借助自媒体平台做几个爆款，然后截屏数据，这样来说就相对好实践一些；有的团队在项目策划期间已经在运营微信公众号或者视频号，这就可以做成包装精美的推广渠道，有阅读量、点赞量、评论量、收藏量，数据就显而易见了；有的团队铺设网络队列，之后所拥有的数量都属于团队打造的后援支持力量，影响到多少人，具有多大的影响力等，这就可以绘制网格图、网状图来展现数据量。除此之外，团队还可以做一个精美小视频，投送到抖音、快手等短视频平台上传播，从而获得数据量。这些软件或程序每个作出一款数据即可，这就可以为商业计划书提供可行性证明。除了传统数据以外，商业计划书中还可以填写其他形式的数据成果，如某竞赛证书、某篇论文、某些实体的落地性成果等，以及项目进展中能借助的平台证明、企业开具的证明、实地调研的研发证明、提出建议被某智库采纳的证明、社区联合证明、研究院证明等，形式不限。以上这些都可以成为商业计划书的内容，既可以成为数据展示，又可以成为成果分享或详情等。

在商业计划书中，必不可少的就是商业模式、商业理念、管理战略、管理架构的阐述，这都是大学生需要学习的内容。我们经常用到的管理法则有很多，如柔性管理法则、倒金字塔管理法则、末尾淘汰法则、鲶鱼效应、凝聚效应、马太效应、蚂蚁效应、刺猬法则、墨菲定律等，都是大学生可以学习应用的。在备战中经常遇到的问题，较多的是市场分析要注意什么。这时团队跨界合作的意义就体现出来了，团队成员中有计算机背景的，就用爬虫软件借助计算机手段把市场问题找出来，然后进行行业分析，主要是分析项目的定位、容量、未来的前景、风险，以及分析目标客户是不是很有潜力、未来是否可能是千万级、亿级的大项目等。其次，营销策略也是大学生常遇到的困惑之处。例如，低价策略、价格歧视策略，一些商家将价格降低，卖得确实便宜，最典型的例子就是拼多多，在价格便宜的基础上，通过“砍一刀”的手段引入更多新用户，数据增量拉高。还有一些企业采用会员制来实行价格歧视策略，通过把服务做得高大上，提供高质服务，来吸引消费者办理会员年卡，按照金卡、银卡等会员级别收取年费。比如，某软件的普通会员可以免费使用，但提供VIP和超级VIP不同选项，并进行收费服务，这也是一个价格歧视的例子。类似的现象还有很多，无一例外都运用到了管理学和营销策略的知识，这就需要大学生自己去学习，逐步掌握这些知识。

六、做好时间规划

在大学期间，参加技能性竞赛对大学生未来的考核和评价是有益的。但是对大多数在校大学生来说，创业大赛等各种竞赛并不是主业，而是以赛促学，对老师来说是以赛促教，对有创业意识、创业想法、创业才能的创业者来说是以赛促创。那么这就出现一个问题：人的精力是有限的，该如何平衡学业、竞赛和休息？又该怎么做好规划呢？我们从后往前去推演，在未来你喜欢什么样的职业？你喜欢什么样的生活？一定要问问自己，要考虑清楚。很多同学一直在纠结，不知道是出国、就业，还是考研，不知道是考公务员、创业，还是进公司，不知道做什么，总是处于纠结和迷茫中。大学生应该尽早确定自己的定位，先从后面思考自己喜欢做什么。如果向往高收入、高品质的生活，就要不怕累、不怕苦，可以选择高薪热门行业，现在就需要付出勤奋，未来才可能赢得竞争。有的同学只想追求一份稳定安逸的工作和一个美好和谐的家庭，就可以考虑稍微轻松一点的工作。还有的同学学习能力很强，希望可以继续深造，那现在就开始研究喜欢的专业，需要学会什么样的知识，为未来进行学术研究提早准备。有的同学通过自己的努力保研或考研，甚至直接硕博连读，攻读博士。还有一些优秀的大学生，可能未来并不会创业，只是希望拿到更好的荣誉。比如，已经有了一个省赛的铜奖，希望拿到国奖，这也是可以的。另外，有一部分高校会建立创业创新竞赛类保研制度，如果极具天赋，又不准备创业的同学取得了主流比赛的国奖，可以获得保研名额，这也是一条道路。有的同学想创业，希望将来不做打工人，那么现在就开始练习，敢于创业，敢想敢做，培养创新创业意识。

寻找项目的出发点在哪里呢？可能有的同学会说，团队找不到项目可做，但事实真是这样吗？比如，用PHP软件研发的微论坛，老师们急着用，但代码总是报错打不开，那么就可以组建一个为互联网“治病”的安全系统团队，负责处理学校的网站问题、老师的网站问题，以及校外个人或企业的网站问题，甚至可以推出附加产品，教大家学习这些东西，帮助需求者解决网络安全问题，那么是不是就有盈利了？有一位学广告传媒设计的男生，自己组建了一个有100多名会设计的大学生团队，负责接PPT制作任务，不仅解决了大学生不会做又没时间的痛点，还带来了盈利，是一个好的项目。还有类似的项目，组建了一个外包团队，负责解决企业的服务外包业务，虽然含金量不高，但也有收入，带动了大学生就业，这都是可以的。当然，如果不喜欢做这些事情，就不要把精力放在这。如果像前面提到的想拿高薪，那么大学生就多考证书，如特许金融分析师证书、注会证书、律师证书、英语专业八级证书、翻译证书等，朝着职业的专业证书方向准备。把主业做好了，再反过来参加创业大赛，如此一来还可以进一步提高技能和能力。另外，在比赛规划上，团队之间可以相互“持股”，只要国家、主办方没有限制，可以尝试参与别人的项目进行交流。这就是一个主要任务与竞赛之间的规划与平衡问题。

七、提高核心竞争力

产品成功最重要的就是核心竞争力的创新。什么是创新？产品创新、技术创新、服务创新、营销推广创新、研究对象创新、原始性创新、模仿式创新等，都是创新。创新之后要有佐证，那就是知识产权。知识产权分一类和二类。一类知识产权就是知识发明创造。比如，袁隆平院士发明了杂交水稻这个世界新品种；还有发明前所未有的、新型的技术或者范式，如马斯克，这都是超级创新。如果这些无法创新出来，那么可以在服务上、营销模式上创新。比如，字节跳动，打造了国内版和海外版抖音。最有创新力的是华为，华为是组织管理模式的创新，其背后也请了专家和人才进行调整和布局，其管理模式也是很多公司模仿学习的对象。如果大家都不具备核心竞争力的情况下，可以做一个具有核心性能、尖端性能的产品，最好是稀缺的、少有的，又非常有用、有价值的，甚至不买不行的，这也会成为你的核心竞争力，市场前景广阔。比如，新冠疫情期间，市场畅销产品以口罩为主，但口罩算不上核心竞争力，它只是临时性的短缺产品，而疫苗就不同了，它是针对新冠病毒研发出的药物，能让人们加强抵抗力，这是绝对的核心能力。还有一些关于通信、芯片、“卡脖子”技术的产品，通常都存在核心竞争力，相关专业的大学生可以发挥自己的能力。比如，信息学院的同学、生物技术学院的同学、经济学院的同学，都有自己专业的核心竞争力。如果没有核心竞争力，可以找专利、授权等，能自己研发就自己研发，需要申请就尽快上报申请，通过多加思考、多加调研不断实践来寻找项目的核心竞争力。

八、借势而为，取长补短

通过回顾历届中国国际“互联网+”大学生创新创业大赛的基本情况，我们发现比赛呈现出三个势头：第一，参加的项目逐渐在增加；第二，国际化越来越强；第三，产业赛道蓬勃发展，许多参赛团队注重跟企业紧密合作，解决企业的实际问题。

在大势所趋之时，我们就要学会借势。那么问题来了，要借谁的势？如何借势？这要具体问题具体分析，能借谁的势就借谁的势，即所谓的要站在巨人的肩膀上，就需要去找你身边的巨人、贵人，看谁能帮你成功？亲戚、父母、长辈都有可能。任何有助于项目开展的资源，我们都应该给予足够重视。古代战争的合纵连横、现代企业的合作共赢，说的都是这个道理。以一个学生为例，他原生家庭就在我们所在地的一个小城市，父母的文化水平是初中，但他有一个哥哥非常优秀，考上清华大学和美国“藤校”，之后他就借助哥哥的资源，申请到了美国高校读博，毕业时顺利留校，这个就是借势而为。那么比赛也是一样，力量不分大小，能借什么力量就借什么力量。如果大学生认为“我是小白”“我还一窍不通”，那么就寻找有技能、有才干的伙伴共同创业；历年比赛中有许多省赛的项目，都是学姐学长们流传下来的项目，接手的项目对比以前增量在哪里需要不断改进，这是完全可以的。另外，各高校在创新创业、科学研究、人才培养、社会成果转化、企业合作等方面都加大了支持力度，设置了鼓励机制，引导学生主动参与；下至高校的二级学院，上至教育部等国家职能部门，都推出了许多鼓励政策，这些都代表着创新创业是大势所趋，这些也正是可以借助之势。学会借势，除了长辈外，同龄人也可以。比如，有的同学邀请认识的中央美术学院的朋友进行产品设计，最后的成果甚至能与品牌设计公司一较高下，非常惊艳，这就是在同龄人中借势。

九、注重赛事礼仪

赛事礼仪也是一个重要的注意事项，在跟老师和同学的沟通方面需要注意礼仪表达。比如，在比赛场上的交流中，有的同学非常有礼貌，而有的同学则上来就提问，陈述完毕之后也没有礼仪性的表达或结束的告知，这些都是失礼的表现，评委老师也会根据赛事礼仪规则进行评判。还有的同学在赛事中拿了别人的东西，或看到别人的创意、想法，就直接据为己有、拿来就用，这都属于赛事领域的侵权，更不可取。在答辩过程中，一些团队会统一着装、统一佩戴标志，在开场或结束时45°鞠躬敬礼，向老师及主办方表达礼貌，女生尽量不要梳披肩长发，可以学习主持人的盘发造型，男生可以抹一些发胶梳拢头发，穿着黑西服、白衬衫，佩戴黑领带，这些都是提升团队整体观感的方法。

除了以上着装礼仪之外，还可以邀请导师来助阵。比如，想邀请院长，那么就要注意礼仪礼貌的问题。这时不能直接去找院长，可以提前跟办公室的老师约时间，让老师帮你看一看什么时间比较合适。另外，尽量不要一个人去，要和团队成员一起拜访，提交已经写好的材料，然后再请院长给你们指导。这是比较成熟的邀请礼仪，不要什么都没有准备就去惊动或邀请有行政职务的老师，这是比较失礼的。队员与团队之间的相互选择也应注意礼节问题，要想好了再选择。如果已经承诺加入某个团队，就不要轻易退出或者弃赛，因为这样会给所在的团队造成困扰，甚至可能导致项目中途流产。

在比赛和学术环境中，有时还会存在一些超越普通礼仪的严重问题，如骂人、侮辱人、打架斗殴等不当行为。这些行为不仅违反了基本的社交规范，还可能对参与者的安全和心理健康造成威胁。因此，一旦发现这些行为，无论是本校学生还是外校学生，都应立即进行制止，并在必要时报警以保护自己的安全。此外，对知识产权的保护也是非常重要的。在学术和创意领域，一些创意、计划或研究成果可能具有极高的价值。这些知识产权的泄露不仅可能对个人或团队造成经济损失，还可能影响整个项目的进展和成果。因此，创业者必须严格保护知识产权，避免将其泄露给他人。在学术和创意领域，尊重他人的知识产权和保密信息是一种基本的礼仪和职业素养。打探他人的选题或创意，不仅可能侵犯他人的知识产权，还可能被视为实力不足的体现。这种行为既不礼貌也不体面，不符合学术和创意领域的职业规范。

因此，在参与比赛和学术活动时，我们应该遵守基本的社交规范，尊重他人的权利和尊严，避免发生不当行为。同时，我们也应该重视知识产权保护，避免泄露有价值的信息。只有这样，我们才能在一个和谐、安全、有序的环境中进行学术交流和创意碰撞。

十、寻找市场痛点

一个成功的项目应该始终围绕市场需求来构建，从需求出发来识别和解决痛点。要找到真正的痛点，可以从以下方面着手：

了解目标市场的消费者需求、偏好以及痛点。通过问卷调查、访谈、观察等方式，收集大量的市场数据，并对这些数据进行分析和整理，从而找到消费者最关心的问题和需求。

与消费者建立直接的联系和沟通渠道，听取他们的反馈和建议，可以通过社交媒体、在线论坛、线下活动等方式实现。与消费者直接沟通可以帮助项目团队更深入地了解他们的需求和痛点，从而更好地满足他们的期望。

密切关注行业内的最新动态和趋势，了解市场的变化和发展方向。通过关注行业报告、参加行业会议等方式，可以及时捕捉到市场的变化，从而调整项目方向和策略。

在项目初期，可以通过小范围试错和快速迭代的方式来测试市场的痛点和需求。通过不断地尝试和调整，可以逐渐找到市场的痛点和需求，从而优化项目方案和提升用户体验。

总之，找到市场的痛点和需求是项目成功的关键。只有深入了解市场需求和消费者偏好，才能构建出真正符合市场需求的项目，从而赢得消费者的青睐和市场份额。比如，大学生经常晚上吃夜宵，这正是一种需求导向，这时有创意想法的同学就会号召大家一起创业，采用分销的方式进行零食的售卖，最后形成了规模，这个例子就是一个典型的捕捉痛点的案例。在往届中国国际“互联网+”大学生创新创业大赛的金奖项目中，有一群喜爱汉服文化的大学生，他们最初设计汉服，穿着汉服成品进行展示，最后发展到工厂成批量地订购汉服。他们就是针对市面上缺乏优质汉服的痛点，解决了汉服爱好者在参加展会、照相等多场景中“无衣可穿”的问题。另外，我们在生活中被蚊子叮咬后往往会感觉痛痒、不见好转，吉林农大的学生就抓取到这个痛点，通过萃取蒲公英汁液作出了类似于喷雾剂的产品，在被叮咬之后使用，可以马上止痒，并且物美价廉，这也是一个优秀的项目。还有人发现得了痔疮之后会反复流血且容易感染，于是他们就跟着老师在实验室进行研究，发现将蛆里面的蛋白提取出来，以毒攻毒，伤口很快就愈合了，同时采用价格策略，定价9元，在价格上相对亲民，这就具有实现创业的可能性。还有服装设计专业的同学，他们发现身边朋友穿的西服不是大了、肥了，就是小了、瘦了，于是利用AI技术和3D打印技术，进行西服定制，量体裁衣，这是一个既抓住了穿衣痛点又结合了本专业优势的项目。根据这个项目，同学们可以结合自己的专业的知识，顺势而为地发挥出专业优势来探索创新。

理工科的同学可以研究科学技术，文科尤其外语专业的学生纯科技的东西做不了，那么就在商业模式上、服务创新上进行创新，寻找痛点，打通逻辑路径。比如，有的同学选择农业农村“红旅”项目，抓住农产品卖不出去的痛点，搞电商直播带货，虽然缺乏创新性，但是能解决问题，拿出数据，产生效果，这依然也是一个好项目。另外，要出国的同学不知道怎么获得offer、不知道怎么面试、不知道要达到什么水平，这也是一个市场需求，即学术规划咨询、留学信息咨询，这也是一个痛点。还有一些解决大学生痛点的项目，如学校表白墙，这就是信息资源的搭配与交换，不断积累口碑。还有一些网站通过招标采购，解决了增补招标信息的集中展示，为甲乙双方提供信息和资源的对接和服务。又如，高校教师、科技工作者有专利和研究，企业不了解其详情，这之间存在隔阂，就可以想办法打通成果转化，唤醒“沉睡的”专利。

【素养案例】

黔程无忧——扶智教育助力乡村旅游的智慧发展之路

“这里有美丽的‘红军村落’，但当地人不知如何讲好家乡的故事。所以，我就下定决心，帮助他们站在山坡上自信地与世界交流。”吕永阳说。

吕永阳是天津大学计算机科学与技术2021级博士生，他组织的“黔程无忧——扶智教育助力乡村旅游的智慧发展之路”项目在第八届中国国际“互联网+”大学生创新创业大赛上获得了“红旅”赛道金奖，秉持着“扶贫与扶志扶智相结合”的理念，助力美丽乡村的振兴。

大学生来古寨办“夜校”，助力村民提升旅游服务技能

2017年，吕永阳来到了贵州省石阡县支教，有一次到国荣乡楼上古寨做调研时，发现古寨旅游资源丰富，基础设施完善，但当地人不知如何讲好家乡的故事，游客来了不知如何招待，面临客源流失严重等问题。看到独具自然风光的石阡县处于此种困境，身为大学生的吕永阳迫切地想做些什么，于是，他与同伴一起开始了挨家挨户调研。通过调研发现，当地老百姓面临受教育水平与就业技能不足等问题。经过同伴们共同商议之后，一致决定建立一个“课堂”，教当地居民们识字，带着大家练习普通话。吕永阳说：“当时我们只有一个目标，就是让村民成为旅游从业者，带着大家用旅游资源实现共同富裕。”

正如吕永阳承诺的一样，他召集志同道合的同伴组建了团队，在贵州省石阡县楼上古寨建起以“提升旅游从业技能”为宗旨的脱贫攻坚夜校，开设起了1.0版本的大班课，为村民进行普通话等基本技能培训，帮助百姓提升旅游从业技能。

“小夜灯”照亮大山深处致富路，
打造“黔程无忧”乡村旅游发展模式

夜校创办起来了，但问题也随之出现，乡亲们觉得上课耽误时间，没有多大用处，还不如多耕一亩地。于是，吕永阳和同学们想出了兑换小礼品、送生活用品等方式来吸引更多的当地人走进课堂，把当地百姓请进“夜校”。同时，他们汇聚多方力量，文科、工科、理科，多校多专业联合，为乡亲们“量体裁衣”，有针对性地开设4类24门课程，打造出村民“课上愿意听，课下还想听”的优质夜校，用一盏盏“小夜灯”照亮大山深处的致富路。

2021年，响应国家“绿水青山就是金山银山”的号召，依靠专业技术优势，吕永阳与7名同学开发了针对乡村旅游的一站式智能平台——黔程旅游，涵盖了“吃、住、行、游、娱、购”一站式服务。此外，“黔程旅游”上线了数百节夜校课程，实现了夜校的线上线下同步教学。至此，“夜校+学员+黔程平台”的“活态”乡村旅游发展模式——“黔程无忧”模式正式形成，乡村旅游小镇的百姓经过夜校培训后入驻平台接单，游客则通过平台找到其他旅游软件难以发现的美景，形成了良好的乡村旅游发展闭环。

开启乡村振兴新篇章，让大山成为游客可抵达的“诗和远方”

项目自2017年至今成效显著，带动贫困户306户，带动就业岗位2 358个，人均年收入从2017年的2 907元增加到如今的21 650元，夜校学员达1 960人，乡村振兴的效果显著。如今，“黔程无忧——扶智教育助力乡村旅游的智慧发展之路”项目已经形成了“活态”的乡村旅游发展模式，团队核心成员有12人，还有志愿服务队和社会实践队。志愿服务队在全国的16所高校里有200多名成员，他们通过长期“线上+线下”的方式来为夜校服务。社会实践队主要是在寒暑假期间在“夜校”里进行短期的支教活动，为当地老百姓带来一些实际性的帮助。接下来，吕永阳团队将继续改进“夜校”课程，跟进主流趋势，针对当地的特色产品，培训老百姓如何直播带货，如何去宣传当地的文化……“黔程无忧——扶智教育助力乡村旅游的智慧发展之路”项目为乡村旅游赋能，让大山成为游客可抵达的“诗和远方”。

资料来源：作者根据相关资料整理所得。

第十章

大学生专创融合企业运营情况案例调研

【导入案例】

大学生分期购物平台菠萝袋获邦桂合作1亿元人民币首轮战略合作

在第一届全国“互联网+”创新创业大赛中，福州大学的黄灿斌带领着团队成员，带来了他们独特的学生分期付款领域的“菠萝袋(BorrowDay)——大学生活装进口袋”项目，并获得了银奖，该项目还获得了邦桂投资首轮1亿元人民币的战略投资。

黄灿斌从大一开始创业，一直专注于大学校园领域，前后经历过3个创业项目，也入选了“北京大学创业训练营”为期1年的创业培训。创办的“iLife数码生活馆”项目主要做电子产品的销售，在这一过程中发现分期市场的极大需求，并且能够切实为大学生解决一个难题。紧接着，2014年9月在福州正式上线试运营了爱分期项目隶属福州市浩森信息科技有限公司，经过半年的试运营后团队总部迁至北京，并更名为“菠萝袋”，现已在全国12个省份设立业务分部，团队人数接近300人。

大学生分期市场上的趣分期、分期乐已经占了大部分资源，“菠萝袋”在获得合作后为什么要将总部搬到北京，面对激烈的竞争是否有防御。对此黄灿斌表示“菠萝袋”的总部在北京，但核心还在各个省份，反而能够提升公司的品牌和影响力。

基于“菠萝袋”分期购物平台，公司还推出了菠萝钱包和菠萝校园。从浅层次来讲，可以将菠萝钱包理解为一张大学生的电子信用卡，这种高频次的产品能够大大增加用户量及增强用户黏性。一方面，可以挖掘潜在用户，为“菠萝袋”分期平台引流；另一方面，让用户通过菠萝钱包熟悉还款流程，降低首次尝试分期购物的门槛。但从深层次来讲，菠萝钱包除了是一个支付工具外，还是一个将学生与校园周边商家相连接的平台，支付只是一个入口，当一个学校的全部学生和学校周边的全部商家都被约到了一起的时候，便可以做很多有意思且有意义的事情。

如果菠萝钱包是“菠萝袋”分期平台的售前，那么菠萝校园就是“菠萝袋”的售后，因为它除了能够完成“菠萝袋”产品的售后工作以外，还提供一个专门针对大学生群体的垂直实习或兼职工作的平台。将“菠萝袋”上分期购物用菠萝钱包信用支付的学生与菠萝校园中所提供的兼职结合，对学生用户来说不仅可以找到一个还款的来源，还可以使他们更有动力和信心进行分期购物和信用消费。

在联合创始人兼CTO李晓龙看来，“菠萝袋、菠萝钱包、菠萝校园”三个业务组成一个小闭环，整个体系的设计初衷就是想引导学生改变旧状态，让大学生能够过着高品质的生活，并且这份生活是他们不断努力、积极向上学习和工作带来的。

乍看之下，菠萝钱包、菠萝校园除了可以往“菠萝袋”分期购物平台做一些引流外，都没有很直接的盈利模式。李晓龙告诉猎云网，未来“菠萝袋”分期购物平台一定会是全网免息的，而在全网免息的同时还要降低售价，“这并不是坏事，我们的收获远不仅是销售货品的利润和分期购物的服务费，在我看来，我们最大的收获是借助用户的行为构建了一整套完整的可靠的大学生信用体系。”

“菠萝袋”系列产品可以在用户进行分期购物、信用支付和做兼职的时候，很直接和准确地为每个用户进行信用评价，信用评价将会更加准确，当信用体系建立起来之后它的想象空间是巨大的。“‘菠萝袋’在近期还是会以校园市场为主，意在构建起菠萝校园生态，但不排除在校园生态构建完成后，涉足白领或高中端市场。”黄灿斌告诉记者。

在黄灿斌看来，分期购物是个低频、高额的消费，也是考虑到这一点，“菠萝袋”想要构建校园生态，开始向高频低额的有极大用户黏性的日常消费领域发展，这也是创办菠萝钱包的目的。

资料来源：佚名. 黄灿斌：放弃保研选择创业 首轮获1亿元投资［EB/OL］.（2015-11-28）. http：//politics.people.com.cn/n/2015/1128/c70731-27866124.html.

一、研究背景和意义

虽然大学生创业已经有很多成功案例，但是大多数的成功项目或者公司都是因为创始人本身的想法和能力，也有赶上市场风口等客观原因，不具有普遍性和推广性。创业公司和大赛获奖项目多数是理工类背景，文科甚至外语专业背景的项目很少，高校大学生创新创业情况当前仍存在以下问题：

缺乏创新创业教育：目前许多高校在创新创业教育方面存在短板，缺乏专门的创新创业教育课程和师资。这导致大学生缺乏创新创业的知识和技能，难以有效地开展创新创业活动。

缺乏实践机会：大学生在创新创业过程中缺乏实践机会，往往只是停留在理论层面，缺乏实际操作经验。这会影响大学生创新创业的效果和质量。

资金和资源不足：大学生创新创业需要资金和资源的支持，但往往由于资金和资源不足而难以开展。这限制了大学生创新创业的规模和范围。

缺乏市场意识：许多大学生在创新创业过程中缺乏市场意识，对市场需求和竞争情况了解不足。这会导致创新创业项目的定位不准确，难以获得市场的认可和支持。

针对以上问题，高校应该加强创新创业教育的力度，提供实践机会和资源支持，加强市场意识的培养，提升团队协作和沟通等方面的能力。

对作者所在学校来说，文科学生尤其是外语专业大学生创新创业意识不足，只有理论知识，缺乏实践，因此开展本项研究，可以深入了解大学生创业企业的运营模式。

由于外语专业的大学生创业企业案例很少，因此本书作者选择了成员中本人亲身创业的例子；由于本书作者所在单位是大连的一所高校，因此选择的案例创业地点也在大连，采集和参照的数据都来自大连，这样可以使案例更有实用性，能给本地高校的学生提供更直观的借鉴意义，为外语专业大学生创业者提供有益的借鉴和参考。希望通过这个案例，在激发外语专业大学生的创业热情的同时，提高他们的创业成功率。

通过对大连市大学生创业企业运营情况的研究，可以为政府和社会各界提供有关大学生创业的详细信息，有助于政府和社会各界更好地了解大学生的创业需求和困难，从而优化创业环境，为大学生创业者提供更好的支持和帮助。

研究大连市大学生创业企业运营情况有助于激发大学生的创新精神和创造力。通过了解这些企业的创新实践和创新成果，可以激发其他大学生的创新思维，推动更多的创新创业项目涌现。

大学生创业企业的成功运营不仅可以为大学生提供就业机会，还可以促进地方经济的发展。研究这些企业的运营情况有助于了解其对就业和经济的贡献，从而进一步推动大学生创新创业的发展。其意义如下：

1.缓解大连就业市场压力的必然选择

推进大学生创业，是扩大就业的根本举措，也是缓解当地就业市场压力的必然选择。由于高等教育呈现大众化，大学生的就业问题变得愈加严峻，根据不完全统计，大连市近3年大学生毕业超过30万人，并呈现逐年增长的趋势，可见大连市促进大学生就业的脚步也将变得愈加艰难。但是，大学生自主创业为大学生的就业问题开辟了一条新的道路，以大连市大学生创业企业为研究对象，帮助大学生创业企业生存和快速成长，从而提高大连市大学生创业企业的存活率，进而鼓励大学生创业，在促进就业的同时为大连市留住创新创业人才，提高大连市经济活力。

2.促进大学生创业企业高效运营的重要依据

运营管理的高效性有利于企业的快速成长和有效发展。大学生创业企业的特殊性来源于企业运营发展时间的紧迫性，在同样的时间内，谁能够更好地实现企业的运营，谁就是赢家。所以，如何在短时间内高效运营，实现企业的可持续发展，成为大学生创业企业的重中之重，本项研究理论与实际分析相结合，为促进大学生创业企业高效运营提供重要依据。

3.实现大学生创业企业科学管理的决策参考

企业成立之初至企业成熟的关键在于科学运营、智慧管理，是大学生创业企业走向成功之路的关键，是实现大学生创业企业可持续发展的必然选择。这里采用案例分析，选取作者团队成员自创企业为案例，“现身说法”企业在运营管理中遇到的现实问题，寻求有效解决办法，探求适合企业本身的科学管理办法，希望本项研究在一定程度上能够帮助大学生创业企业解决在运营管理中遇到的困难，为大学生创业企业提供可借鉴的决策参考。

目前，我国在创业方面的研究虽起步较早，但研究成果仍存在很多不足，尤其是对大学生创业企业运营管理方面的研究较为缺乏。本项研究对“双创”“运营管理”等相关概念进行简要阐述，详细分析大学生创业企业的独有特点，运营 Timmons 创业过程理论探求大学生创业企业成功运营的关键因素，结合马斯洛需求层次理论从不同角度分析企业运营问题，运用三螺旋理论将政府、企业、高校紧密联系起来，共同为大学生创业企业运营管理问题提供坚实的理论基础。

我们结合大连市的实际情况进行调查，为丰富大连市创业理论体系在企业运营管理方面的研究，为大连市创业体系建设增添新鲜的有价值的内容，并希望以大连市为“点”延伸全国，为全国的大学生创业企业在运营管理方面的研究提供借鉴和指导。在宏观、微观层面研究分析的基础上，指出大连市大学生创业企业在运营过程中出现的各种问题，并针对这些问题，提出宏观方面的对策建议，一定程度上弥补文科专业尤其是外语专业大学生创新创业中缺乏实践指导、缺少参考案例的问题，具有一定的理论价值。

在案例选择上，以大连市某高校一位文科专业的大学生创办的咨询类企业为研究对象，并没有选择理工科背景的互联网、制造业等类型的案例，这样与外语专业大学生的专业相关性更强，更具有参考价值和借鉴意义。希望外语专业大学生可以从本项研究中获得实践经验和前期指导的参考信息，从而拓展创新思路，提升创业信心。

二、大学生创业企业的基本特点

1.高创新性与低存活性并存

创业企业是指具有创业特征的企业，可以是中小企业，也可是大企业，但主要存在于中小企业群体之中。从广义上来看，创业企业既包括新创建的企业，也包括再创业企业或者成熟企业的再创业过程，是处于创业阶段的高成长性与高风险性并存的创新开拓型企业。本项研究的创业企业属于正处于萌芽发展阶段的大学生初创企业。

创业企业目的在于填补没有被迎合的市场需求，进而创造价值，往往能够利用先进的技术和商业模式，整合一切所能整合的资源来为市场提供新产品或新服务，这要求产品的更新换代要快，从而满足市场多变的需求，这就要求企业要具有高创新性。而大学生属于“三高”特殊群体，即高知识、高思维、高活力，这一特殊群体创业的领域及其提供的产品或服务，符合创业企业创新性的特点。

新思维创造新领域，但是要想企业能够在创新领域站稳脚跟，就要求企业具备敏锐的市场洞察力和灵活的适应能力，善于发掘潜在的市场，并且能够高效整合各类资源来提供产品或服务以填补市场空缺，从而获得相应的回报。但是对未走出校门的大学生来说，资金和资源都是有限的，无法靠现有资金创造现金流，资金来源有限、数额极少限制了以资金为支撑的社会资源，且约束力大；大学生创业企业内部人员大部分局限在大学生群体内，创业者身兼数职，既是管理决策者，又是业务执行者，管理层、决策层混淆，缺乏专业人才，造成管理团队不成熟，内部管理容易陷入混乱，制约外部业务渠道开拓的效率。仅仅资金与人员这两个方面，就在很大程度上制约大学生创业企业的生存和发展，使得这一群体空有创业好想法，奈何制约条件无法解除，打击创业者的创业持续性，纷纷放弃自己亲手创立的企业，因此这一类企业呈现低存活性的特点。

2.高成长性与高风险性并存

高创新性决定了大学生创业企业的高成长性，在当前的“双创”的大时代下，创新成为成功的代名词，而企业领域创新、模式创新、产品创新、技术创新等创新推动因素，带来的就是高效益、高增值、高成长。

高创新带来的不仅仅是成长，更大的是风险，因为创新的产品或服务的市场前景是未知的，所以创新极有可能是机遇，也可能是挑战。新产品或服务能否得到市场的认可具有极大的不确定性，大学生缺乏社会经验，一旦未作出清晰而有效的市场预测，会对本来就不充足的资金或资源造成不可估量的冲击，直接造成企业的亏损，不仅在很大程度上制约企业的脚步，甚至会导致企业倒闭。同样，本就脆弱的企业，无论是人才的匮乏，还是资金的短缺，任何一个因素的影响加大，对企业的打击都是致命的。

三、研究采用的基础理论依据

Timmons创业过程模型：该模型是1999年美国百森学院的Timmons教授提出的。他在注重动态性研究的基础上进行了复杂性融合，认为创业机会、创业团队、创业资源三个要素是创业过程的重要构成要素。创业机会的发现与开发是关键要素，创业资源是发掘创业机会与谋求创业成功不可缺少的支持要素，创业团队是核心要素，它平衡着创业机会与创业资源，推动创业过程，运营管理作为创业过程中的重要一环，这三个要素也成为影响创业企业运营的关键因素，如图10-1所示。

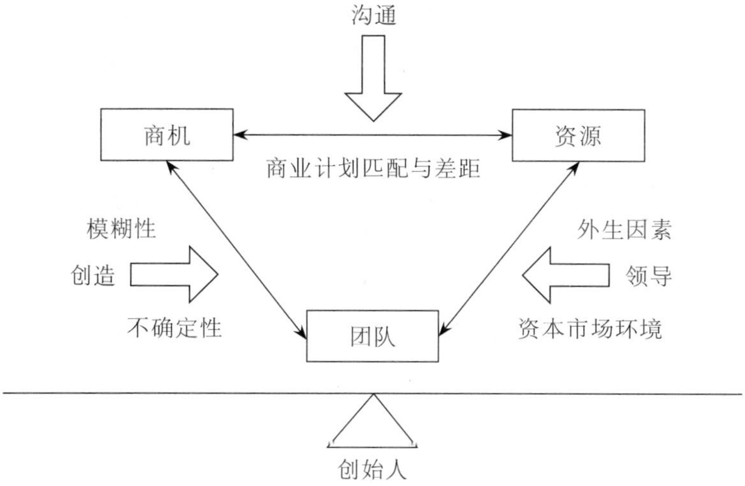

图10-1　Timmons创业过程模型

资料来源：作者绘制。

四、国内大学生创业企业运营管理经验借鉴

虽然我们的主要企业对象为萌芽发展阶段的新创建企业，但是对于经验借鉴方面，发展完善的成熟企业相对于新创建企业在运营管理上积累的经验具有更高的借鉴性和启发性。

（一）黄恺与“三国杀”

北京游卡桌游文化发展有限公司成立于2008年1月1日，启动资金5万元，公司成员3人，其创始人黄恺是一位标准的大学生创业者。中国最成功的桌游“三国杀”正是该公司在创业初期的主打游戏产品，风靡全国。2010年“三国杀”正版桌游销售200万套。

1.主营产品领域创新性

2006年，传媒大学游戏设计专业学生的黄恺结合当时流行的“杀人”游戏和国外的西部无间、狼人杀等“杀人”桌游，设计了一套三方格斗的“杀人”游戏。他选中了《三国演义》中的人物作为游戏人物原型。相比引进的具有异国文化色彩的桌游来说，“三国杀”的题材是玩家们较为熟悉的三国故事，比当时流行的“杀人”游戏有更多样化的角色扮演，更具趣味性。为避免产生侵权，黄恺开始按照自己对三国人物的理解，结合影视题材中这些人物的形象，手绘了一套卡牌，并申请了版权保护。经过市场了解，当时中国的桌游停留在飞行棋、斗地主等小游戏上，还没有多少人接触过有故事情节、多人角色扮演的桌游，对当时的中国游戏市场来说具有很大的领域创新性。随后多人角色扮演的桌游在国内迎来了市场。2008年，黄恺与同学杜彬成立公司，专门经营自己开发的桌游产品。

2. 市场推广方式多样性

由于初创公司规模较小，资金匮乏，只能采取降低价格、教授玩法、问卷调查、免费发放等方式吸引和积累客户。待客户积累一定数量时，转变推广方式，逐渐演变为销售代理、发展经销商、网络销售等模式。对桌游来说，桌游吧的出现成为其最有效的推广手段。通过合作组织比赛等方式，使其玩法专业化、普及化。在“三国杀”卡牌的经销商中，通过淘宝、拍拍等网店销售的经销商占了50%，通过桌游吧销售的经销商占了40%。为符合大众需求，利用互联网推出网络版“三国杀”。实物版与网络版共同售卖，满足不同游戏消费者的需求。

3. 人员分工明晰化

公司刚成立时只有3名成员，3人分工明确，各司其职，黄恺负责游戏的设计创新和开发，杜彬负责游戏的市场推广与销售，后期加入的黄今负责游戏的网络开发。虽然人手缺乏，但3人根据自己所学专业及长处，职责明晰，在各自负责各自领域的同时，他们相互合作，互相监督。3人在公司的地位始终平等，不存在谁支配谁，对自己负责的领域具有绝对话语权，其他人无法对他人领域作出决定。对于公司的重大决定由3人共同商议，秉承3人全部同意的原则处理公司重要事务。在利润分配方面，在公司成立之初白纸黑字签订了相关协议，根据占比合理分配利润。

（二）王兴与美团网

王兴，毕业于清华大学电子工程无线电专业，2010年创办团购网站——美团网，2018年9月美团赴港IPO，9月20日，美团点评-W（03690）正式上市。美团网所在公司全称为北京三快在线科技有限公司，历经了近10年的考验，当前已发展为相当成熟的大学生创业企业。

1.运营模式：趋专业化

美团网采取B2C的专业化运营模式，即企业通过网络销售向消费者提供产品或服务。运营模式简单分为三步：第一步，美团通过索引资源选择较好的产品或服务，将这些产品或服务推上网络；第二步，在选择产品的同时，提供充足的资讯和便利多样的接口，吸引消费者选购，形成订单；第三步，将这些订单汇总起来形成庞大的业务量，直接向厂家进行采购，最终为消费者提供物美价廉的商品。

2.管理模式：趋系统化

面对庞大的数据信息，美团网的成功运营离不开系统化的数据构建。在此之前，美团网的销售依靠邮件来上线每一单，但发完后谁来接单，写完邮件找谁根本没人知道。针对这一问题，美团网针对订单的数据处理，构建了内部业务流程系统，即每一个订单都要注明商家的具体位置、营业执照、图片及资质审核，因此不需要重新填单和审核，效率提高了2.8倍，销售对客户的拜访情况和结构一目了然。对于账单付款的数据处理，美团网开发出商家自动结款系统，解决商家担忧的账期问题，大大提高了商家的忠诚度。对于客户的数据处理，美团网采取客户关系管理系统（CRM），该系统的核心是客户价值管理，它将客户价值分为既成价值、潜在价值和模型价值，通过EDM软件、微博、SNS及官方网站，实行一对一营销原则，满足不同价值客户的个性化需求，提高客户忠诚度和保有率，实现客户价值持续贡献，从而全面提升企业盈利能力。

3.物流模式：趋掌控化

颠覆了网站之前采取B2C、C2C的物流方式，美团网的物流方式是在消费之后消费者将获得一个唯一的美团验证码，带着验证码到相应的城市地点购买，节省了物流的时间与成本，同时对商家和消费者来说更加安全，依赖程度较高。

（三）经验启示

黄恺的“三国杀”和王兴的美团网作为符合我国市场经济发展而诞生的大学生创业企业的成功代表，在企业运营管理方面为大学生创业企业带来极具参考价值的经验启示。

第一，在大学生创业之初，强调创业者对创业产品或服务的创新性，这决定了该创业企业能否快速在市场上占有一席之地，决定了企业的起点。但这并不是说产品或服务越稀奇就越能引起大众的好奇，就能迎来市场，而是对市场进行充分调研后，企业产品或服务以符合大众市场需求为基础，在其领域进行改良创新，只有这样才能保证产品或服务拥有一定的消费市场。当企业占有一定消费市场时，在实现产品领域创新的同时，要实现企业的运营管理趋于专业化，从而进一步拓展更大的市场。

第二，好的产品需要好的推广来实现它的价值，大学生创业企业规模较小，资金有限，在初创期可以考虑淘宝、校园等渠道对产品进行推广，采取降低价格、免费提供服务等方式吸引和积累原始客户。在拥有一批固定客户后及时转变推广方式，如代理、经销商等模式，利用不同推广方式来拓宽业务渠道。在当前物联网的环境下，善于利用物流手段，在控制运营成本的同时，为客户带来方便，如送货上门、网络在线服务等。

第三，内部管理是创业企业在初创期值得关注的点。因此，创业者在创业时一定要保证人员职责明确和利润分配合理，最好是签订相关合同，尽量不要进行口头约定或承诺，选择对所有人最负责的方式。

第四，大学生创业者在处理相关信息或数据时要逐渐实现系统化，可能在创业初期构建系统较为困难，但是一定要有系统意识。随着业务的增多，数据信息也会越来越庞大，不要等到数据堆积到难以计算和统计之时才去构建，到时不仅浪费时间、人力、财力等，还会在一定程度上阻碍企业的发展，得不偿失。

五、大连市大学生创业企业运营调研

（一）运营现状的调查与分析

我们采用“访谈+问卷”的调查形式，对大连市大学生创业代表及高校创业辅导老师进行访谈，探讨大学生创业企业在运营管理中遇到的问题，并根据访谈结果进行问卷调查，反映大学生创业企业在运营过程中遇到的最直接、最现实的问题。

1.访谈的问题设计与实施

（1）问题设计。

设计的初衷与目的是寻找大连市大学生创业企业当前在实际运营中存在的主要问题，为后期问卷调查提供借鉴和支撑，问题主要集中在阻碍大学生企业运营的因素、对大学生创业的建议等问题方面。

（2）访谈的实施。

结合经典案例的具体内容，按照预先设定的问题，以大连市5所高校的大学生创业代表及创业辅导专家为对象，进行深入访谈。

2.调查问卷的设计与数据收集

我们对大连市的5所高校进行调研对象的选取，采用现场调研和微信调查、电子邮件调查相结合的形式，主要围绕大连市大学生创业企业运营问题进行展开调查。调查对象确定为大连理工大学、大连海事大学、东北财经大学、辽宁师范大学、大连海洋大学，包括985、211、普通本科等不同层次、不同类别的大连市5所学校的600名研究生（博士研究生和硕士研究生）创业者和本科生创业者。

根据访谈结果对问卷进行设计，问卷总共分为两个部分：创业者基本信息和企业运营管理基本情况调查，共25题，如附录2所示。针对访谈结果，问卷中涉及的问题涵盖了创业者自身、信息获取渠道、运营管理方式、内部管理体系、资金、业务渠道六个要点（见表10-1），能够较全面地调查大连市大学生创业企业运营管理的现状，为我们的研究提供了丰富的数据资源。

表10-1　　**问卷调查的六个要点选取**

要点	内容	问题设置情况	选择原因
要点一	创业者自身	设置5个问题	创业者的自身能力、品质、处事原则等关系到企业的成功创建及可持续运营发展过程中对信息、市场需求、商机等一系列关乎企业生死的判断和抉择
要点二	信息获取渠道	设置4个问题	国家、地方的创业相关优惠政策等信息可以很大程度地减少大学生创业者的运营成本，提高大学生创业成功的可能性。这也关系到大学生创业者业务渠道的开阔，因此加强创业者之间、创业企业之间的信息交流至关重要
要点三	运营管理方式	设置3个问题	科学规划的运营管理方式是大学生创业企业成功创建和可持续运营的关键

续表

要点	内容	问题设置情况	选择原因
要点四	内部管理体系	设置3个问题	职责明晰的内部管理体系可以提高管理的稳定性，提高管理效率，加强内部管理，有利于创业企业的迅速成长和快速发展
要点五	资金	设置3个问题	资金是大学生创业企业持续运营的重要支撑，也是影响企业产品或服务质量的重要因素
要点六	业务渠道	设置2个问题	只有通过广阔的业务渠道，好的产品或服务才能得到推广，进而使企业得到运营和发展

资料来源：作者绘制。

（二）大学生自创企业运营管理案例分析

案例选取的分析对象为学生自创企业，一方面该企业于大连市创办，具有典型的地域代表性；另一方面创办人作为学生，切身说明大学生自创企业在运营中遇到的困难和窘境，具有身份代表性。另外，我们站在学生和创业者的双重视角，该案例选取的研究对象契合本项研究的角度。

大连旅乐会议服务有限责任公司隶属于服务行业，成立于2017年5月，是一家主要服务于各高校的专业会议公司，为其提供会议所需的各种会议方案策划、现场指挥、技术支持、人员服务等一条龙服务的服务类公司。其经营范围主要包括会议及展览服务、企业项目策划服务、企业管理咨询服务等国内一般贸易活动，注册资本200万元。公司创办成员3人，团队核心成员6人，均为在校大学生。公司先后服务于中国学位与研究生教育学会农林学科工作委员会、中国学位与研究生教育学会、中国水产学会，承办过“现代海洋（淡水）牧场国际学术研讨会”等国家级会议3场，“全国农业硕士（渔业发展领域）专业学位研究生教学案例和联合培养基地建设研讨会”等省级会议5场，其他校级会议10余场，仅2017年的营业额突破35万元，成为我校2017年典型的大学生创业案例。该企业在运营过程中逐渐体现出以下问题：

1.创业者角色转换不清晰

大学生创业者的身份具有特殊性，既是学生，又是企业的管理者，这种双重角色容易造成创业者无法正确看待自身角色。例如，在业务运营的过程中，作为学生，出于对老师或者朋友的信任，很容易忽略与甲方签订合同，相信口头约定，以至于在甲方要求额外工作量时碍于甲方身份难以拒绝；作为企业的管理者，当因成本、人员等原因而无法免费承担甲方要求的额外工作量时，就会被甲方诟病，导致自己“不专业”。

所以，在业务运营的过程中，创业者所秉持的角色是影响企业运营的重要因素。创业者角色转换不清晰造成创业者无法平衡二者之间的关系，无法在业务运营环节实施有效的管理，严重影响企业的发展。

2.内部分工与管理混乱

企业内部管理的合理性、系统性，内部分工的清晰性、明确性决定了企业的成长速度和发展脚步。该公司有创办成员3人、核心团队成员6人，管理身份的多重性、工作分工的多重性都会造成企业的发展停滞不前。在工作方面，会议服务的大部分工作安排主要依靠团队成员进行，会议服务中涉及的具体工作大多依靠招募大学生来完成，工作中涉及的策划、谈判等重要工作主要依靠团队的领导者来组织和开展，其他成员则分管工作的某一部分。虽然表面上看似分工明确，但是在具体工作的实施中其他成员还是习惯性地询问团队领导者的意见，希望由领导者对紧急事件进行处理，对事情负责，工作的所有压力直接或间接地全部转接到领导者身上，其他成员只分管各自的工作范围。在管理上，公司所有的事务也都是由领导者负责。只有当公司有业务时，其他成员才会主动参与。当前公司已有2位成员退出，核心成员只剩4人。

3.资金紧张

俗话说“没有钱，寸步难行”，资金短缺是当前公司面临的迫切问题。一方面，公司的创办资金主要来自成员出资，以及学校提供的创业资助，但是这与业务工作中需要预先支出的资金量相差较大。另外，由于该行业并非属于高新技术行业，当前还未获得任何融资，因此公司资金十分紧张。另一方面，在业务处理方面，大学生创业者在创业初期，为争取每一项业务，往往选择在价格上作出让步，以争取到竞争优势。但是对于价格让步问题，太高，怕甲方不合作，太低，怕自己无法获利，造成定价模糊。虽然公司营业额高达35万元，但是公司所得的纯利润非常低，导致周转资金紧张，支出大于收入。

4.业务渠道狭窄

业务渠道直接影响业务获取的机会，间接影响业务量的多少。由于大学生多数时间在校内，社会人际关系简单，因此缺乏业务渠道的拓展经验和业务谈判技巧。该公司当前的业务量的70%主要来自学校和创业指导老师的推荐，很少涉及其他行业相关的会议服务业务。另外，公司在业务上缺乏专业的业务拓展人员，团队成员缺乏业务理论知识，无法有效寻找其他业务渠道，业务渠道局限在学校内部，极其狭窄，因此造成当前业务量较少。

案例中的公司，作为符合大连市场经济发展而诞生的大学生创业企业的成功代表，在公司运营管理过程中出现的诸多问题而带来的启示为大连市大学生创业企业起到醒示作用。

第一，为了企业的成功创办和良好的运营，减少企业注销率。大学生创业者在创业之初首先要对自身能力作出重要的判断，能够正确客观地看待自己在企业中所扮演的角色，在学生和企业管理者两种角色中作出正确的转换。

第二，为了企业的平稳起步和快速发展，提高企业成员的工作效率。大学生创业者在企业内部强调团队精神，加强团队意识，不可将工作揽于一身，应将工作合理分配给各个成员，做到职责明晰。管理应有章可循，奖罚分明，规范合理。

第三，大学生创业者在创业之初，一定要充分考虑创业资金问题，这是大学生创业者容易忽略的问题。大学生创业者存在只要创业点子好就很容易融资的错误认识，要正确看待投资者的投资意向。在业务处理方面，大学生创业者要对产品或服务所涉及的领域做好充分的调查研究，合理定价，尽量减少企业的损失。

第四，在创业之初，大学生创业者要做好业务渠道的拓展工作，善于及时捕获业务信息，并在学习业务谈判理论知识的同时，在实际操作中积累业务谈判技巧，注重业务人员的挖掘培养。

（三）问卷调查的实施与数据收集

本次调查共发放调查问卷600份，收回576份，问卷回收率为96%，其中有效问卷562份。从样本涉及的方面来看，样本覆盖面广，具有一定代表性，可以总结大连市大学生创业者的总体情况（见表10-2）。

表10-2　**被调查者的基本信息**

项目	类别	频数（人）	比重（百分比）
性别	男	264	47%
	女	298	53%
学历	博士	38	6.8%
	硕士	198	35.2%
	本科	326	58%
学业状态	在读	519	92.3%
	毕业	43	7.7%
年级分布	一年级	51	9.1%
	二年级	144	25.6%
	三年级	301	53.6%
	四年级及以上	66	11.7%
创业方式	自主创业	74	13.2%
	团队创业	488	86.8%

数据来源：根据“双创”背景下大连市大学生创业企业运营管理研究调查问卷的数据统计得出。

我们通过SPSS对被调查者进行了性别、学历、年级、月消费、创业方式等基本情况的描述性分析，采用百分比法对数据进行统计分析，在被调查者中男性占47%、女性占53%，女性创业者比男性创业者高6%，说明近年男女创业者人数呈基本持平状态；从被调查者的学历来看，博士占6.8%，硕士占35.2%，本科占58%，被调查者的学历分布主要集中在本科层面；从学业状态来看，92.3%的被调查者处于在读状态；从年级分布来看，二年级和三年级共占比79.2%，说明被调查者大部分选择在即将毕业的阶段进行创业活动；从被调查者的月消费情况来看，在2 000元以下的月消费居多，说明学生群体的月消费水平普遍不高。在调查中还发现，绝大部分的创业方式都集中在团队创业，说明大部分大学生创业者进行独立创业是比较困难的。

（四）调研结果及现状分析

创业者自身能力认知调查结果，见表10-3。

表10-3　　**创业者自身能力认知调查结果**

问题	调查结果			
您认为创业者对自身能力的评价是否影响企业的创办和运营	是	否	—	—
	88.3%	11.7%	—	—
您认为您现在所具备的综合能力是否可以创业	是	否	—	—
	94.7%	5.3%	—	—
您认为您当前能扮演好企业所需的多种管理者角色吗？	完全可以	有些吃力	不能	—
	30.6%	62.1%	7.3%	—
您认为自己在创业中最需要得到提升的能力（可多选）	创新能力	市场调研能力	创业知识的储备	团队合作意识
	89.1%	57.3%	79.2%	38.2%
当创业与学业发生冲突时，您将如何处理（可多选）	休学创业	边创业边学习	放弃创业专心学习	找人代理事务
	9.8%	82.7%	5.7%	17.8%

数据来源：根据"双创"背景下大连市大学生创业企业运营管理研究调查问卷的数据统计得出。

创业者自身能力认知是大学生创业企业运营过程中的关键要点，这决定创业者在运营过程中如何对诸多信息进行快速获取、判断和抉择。通过问卷调查发现，有496人认为创业者的自我能力认知会影响企业的成功创办与可持续运营，占比88.3%。图10-2是关于是否具备创业综合能力的调查情况。图10-3是关于在创业中最需要提升的能力的调查情况。

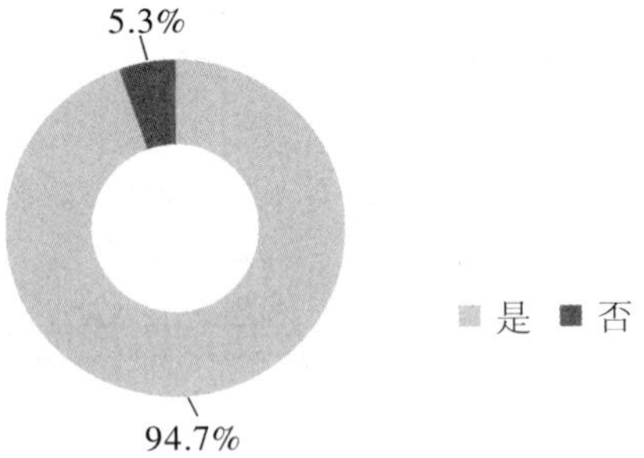

图 10-2　关于是否具备创业综合能力的调查情况

数据来源：根据“双创”背景下大连市大学生创业企业运营管理研究调查问卷的数据统计得出。

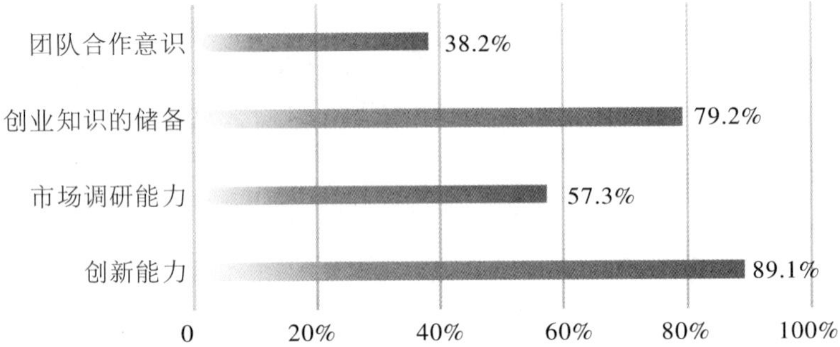

图 10-3　关于在创业中最需要提升的能力调查情况

数据来源：根据“双创”背景下大连市大学生创业企业运营管理研究调查问卷的数据统计得出。

在对创业者自身能力认知中，大部分大学生创业者表示自身所具备的能力是可以进行创业的，但调查显示大学生创业者对创新能力、市场调研能力和创业知识的储备能力的选择都超过了50%，而对创新能力的选择超过了80%，说明大部分的大学生创业者对自身能力的认知是非常不精准的。

另外，在“您认为您当前能扮演好企业所需的多种管理角色吗?”问题的调查中，在管理角色上表现得“有些吃力”，占比62.1%；表示“不能”的，占比7.3%，说明近70%的大学生创业者认为自己无法对企业进行有效管理，对自身能力的判断较为客观。另外，在面对创业和学业发生冲突时，82.7%的人选择边创业边学习，9.8%的人选择休学创业和5.7%的人选择放弃创业，说明80%以上的大学生创业者都认为自身有能力平衡创业和学业的关系，但是现实并非如此。信息获取渠道的调查结果，见表10-4。

表10-4　　信息获取渠道的调查结果

问题	调查结果					
您了解过“各地级市或大学校园的众创空间和集群注册的企业实行免场地费、开展小微企业名录系统建设工作、建立创业培训基地、搭建人才对接平台”等创业相关利好政策吗？	非常了解	听过，但不了解	没听过	—	—	—
	20.6%	69.9%	9.5%	—	—	—
您对国家级、省级大学生创业政策的了解方式（可多选）	创业课程	创业大赛	社团创业活动	创业讲座	网络媒体	创业网站
	60.7%	66.9%	49.8%	90.2%	70.1%	35.4%
您的信息获取渠道有哪些（可多选）	学校	电视	网络	创业者之间信息沟通	—	—
	85.1%	70.8%	89%	9.3%	—	—

数据来源：根据“双创”背景下大连市大学生创业企业运营管理研究调查问卷的数据统计得出。

国家、地方的创业相关优惠政策等信息可以在一定程度上减少大学生创业者的运营成本，提高大学生创业成功的可能性。在创业相关政策的信息获取渠道上，90%以上的大学生创业者通过创业讲座来了解创业政策。但是在“各地级市或大学校园里的众创空间和集群注册的企业实行免场地费、开展小微企业名录系统建设工作、建立创业培训基地、搭建人才对接平台”等创业相关利好政策的调查中，发现69.9%大学生创业者选择“听过，但不了解”。对于信息获取的渠道也主要集中在网络和学校层面上，分别占比为89%、85.1%，只有不到10%的大学生创业者之间有信息交流。

对国家级、省级大学生创业政策的获取方式主要集中在创业讲座、网络媒体和创业大赛三种渠道，说明大学生创业者获取创业相关政策信息的方式仍处于传统获取方式上，仅仅局限于网络和学校层面。而这些渠道的弊端在于信息真假难辨、更新速度慢和不确定性，从而造成大学生创业者获取的信息参差不齐，无法高效利用信息价值。没有统一的相关信息获取平台，信息获取具有较强的间接性。创业相关政策获取方式的调查情况，如图10-4所示。

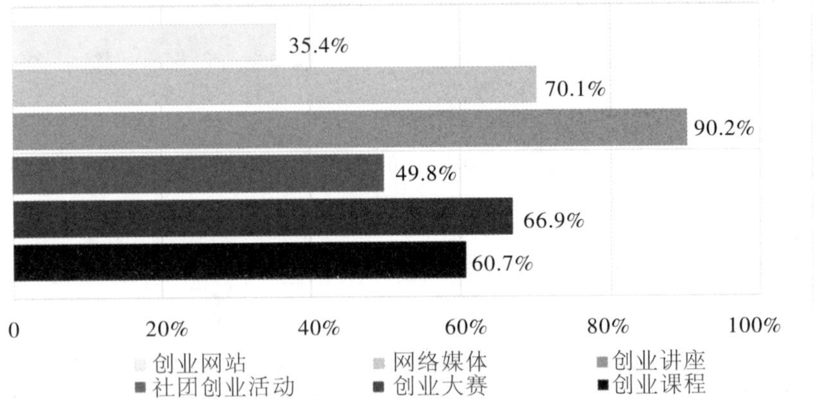

图10-4　创业相关政策获取方式的调查情况

数据来源：根据“双创”背景下大连市大学生创业企业运营管理研究调查问卷的数据统计得出。

1.运营管理方式调查结果分析

运营管理方式的调查结果，见表10-5。关于科学规划的运营管理方式的调查情况，如图10-5所示。

表10-5　　运营管理方式的调查结果

问题	调查结果		
您认为在企业的运营管理中需要设定核心战略管理目标及可持续运营发展计划吗?	非常需要	不需要，能运营就行	—
	82.4%	17.6%	—
您是否对企业未来如何运营、如何管理进行过细致的规划和考量	是	否	—
	35.8%	64.2%	—
您将采取怎样的形式对公司财务进行管理	代理记账公司	自己管理	公司内部专业财务人员管理
	70.8%	22.1%	7.1%

数据来源：根据“双创”背景下大连市大学生创业企业运营管理研究调查问卷的数据统计得出。

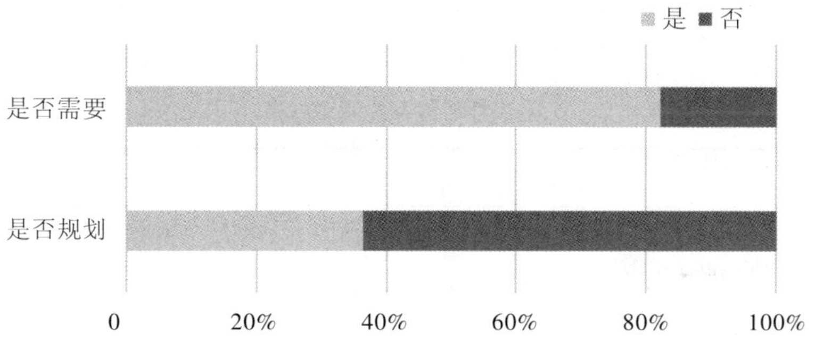

图10-5　关于科学规划的运营管理方式的调查情况

数据来源：根据“双创”背景下大连市大学生创业企业运营管理研究调查问卷的数据统计得出。

在562份有效问卷中，有463人认为在企业的运营管理中需要设定核心战略管理目标及可持续运营发展计划等科学规划的运营管理方式，有99人认为不需要，只要企业能经营下去就可以，有201人对企业的运营管理方式进行过较为明晰科学的规划。超过80%的大学生创业者认为企业需要科学规划的运营管理方式，但有超过60%的大学生创业者对企业的运营管理没有进行过科学规划。另外，我们可以计算出，认为需要规划并进行规划的大学生创业者占比为35.8%，认为不需要规划也没有选择规划的大学生创业者占比为17.6%，认为需要规划但是并没有进行规划的大学生创业者占比为46.6%，说明有接近一半的大学生创业者因为某些原因没有办法对企业的运营管理方式进行科学规划的分析，无法建立健全企业的运营管理模式。

财务管理作为运营管理过程中的关键一环，成为企业运营管理方式调查的对象。70.8%的大学生创业者选择将企业财务交给代理记账公司，22.1%的大学生创业者选择自己管理，只有7.1%的大学生创业者选择由公司内部的财务管理人员来管理。

2.内部管理体系调查结果分析

内部管理体系的调查结果，见表10-6。

表10-6　**内部管理体系的调查结果**

问题	调查结果		
当前企业成员的范围	2~5人	6~10人	11人以上
	70.3%	21.2%	8.5%
您的企业是否存在“一人多职、多职多责”的现象，是否出现过推诿扯皮的问题	是	否	—
	94.1%	5.9%	—
到目前为止，贵公司是否出现过创业成员退出的情况	是	否	—
	67.4%	32.6%	—

数据来源：根据“双创”背景下大连市大学生创业企业运营管理研究调查问卷的数据统计得出。

经过调查研究发现，70%以上的大学生创业企业成员的范围集中在2～5人，并超过90%的大学生创业企业在职责分配上存在“一人多职、多职多责”的现象，企业出现过职责不明、推诿扯皮的问题，说明有90%以上的大学生创业企业的内部管理方式存在问题，没有一套标准的、健康的内部管理体系。在创业成员是否有退出的调查中，67.4%的大学生创业者表示出现过成员退出的情况，而成员的离开是内部管理体系不合理造成的最直接的结果。

3.资金调查结果分析

资金调查结果，见表10-7。

表10-7 **资金调查结果**

问题	调查结果			
贵公司创业初期的运营资金在以下哪个范围内	5 000元以下	5 000～10 000元	10 000元以上	—
	50.2%	31.7%	18.1%	
贵公司创业初期的运营资金的筹集方式（可多选）	创业成员合伙出资	银行贷款	家庭投入	吸引风险投资
	82.9%	37.5%	63.9%	19.8%
您认为阻碍贵公司发展最关键的因素是什么	人员	资金	管理	市场
	22.6%	45%	23.3%	9.1%

数据来源：根据“双创”背景下大连市大学生创业企业运营管理研究调查问卷的数据统计得出。

关于企业创业初期的运营资金范围的调查情况，如图10-6所示。

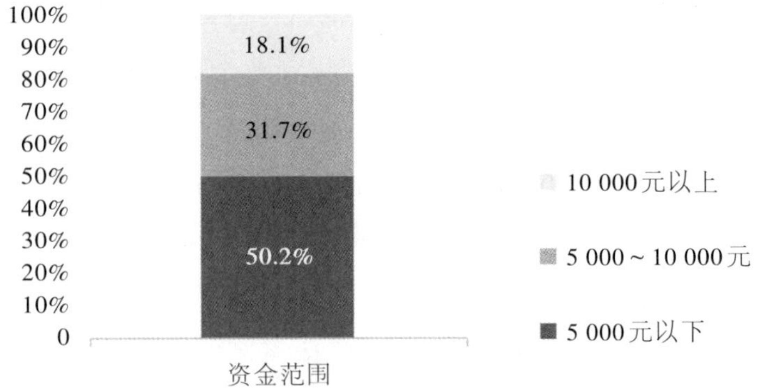

图 10-6　关于企业创业初期的运营资金范围的调查情况

数据来源：根据“双创”背景下大连市大学生创业企业运营管理研究调查问卷的数据统计得出。

关于企业创业初期的运营资金筹集方式的调查情况，如图 10-7 所示。

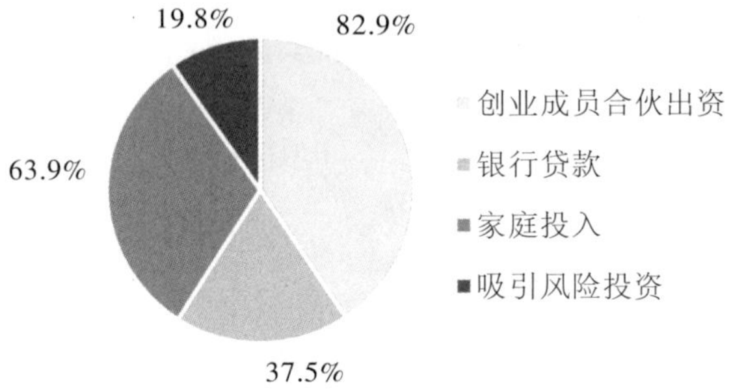

图 10-7　关于企业创业初期的运营资金筹集方式的调查情况

数据来源：根据“双创”背景下大连市大学生创业企业运营管理研究调查问卷的数据统计得出。

由表 10-7 可知，资金成为阻碍企业发展最关键的因素，在被调查的 562 人中，45% 的大学生创业者认为资金是最关键的因素，管理和人员因素分别占 23.3% 和 22.6%，只有 9.1% 的大学生创业者认为市场是阻碍企业发展的关键因素。由图 10-6 可知，50.2% 的企业在创业初期的运营资金范围为5 000元以下，31.7%的企业在创业初期的运营资金范围为5 000～10 000元，18.1%的企业在创业初期的运营资金范围为10 000元以上。由图10-7可知，在筹集资金的方式上，超过80%的大学生创业企业选择“创业成员合伙出资”，超过60%的大学生创业企业选择“家庭投入”，只有少数的大学生创业企业选择“银行贷款”和“吸引风险投资”的方式，说明大学生创业企业的初期运营资金非常少，筹资渠道有限且筹资数额较低。

4.业务渠道调查结果分析

业务渠道的调查结果，见表10-8。

表10-8 **业务渠道的调查结果**

问题	调查结果		
贵公司的业务渠道（可多选）	自己推销	熟人、朋友介绍	其他
	44.7%	46.4%	8.9%
贵公司是否借助过互联网拓展业务	是	否	—
	30.2%	69.8%	—
贵公司的业务量	持续不断	有，但间隔时间长	很少
	10.1%	54.6%	35.3%

数据来源：根据“双创”背景下大连市大学生创业企业运营管理研究调查问卷的数据统计得出。

在对大学生创业企业的业务渠道调查中，大多数企业的业务渠道都局限在自己推销和熟人、朋友介绍两种方式。这两种方式相比之下，46.4%的大学生创业者的业务主要来自熟人、朋友的介绍；在“贵公司是否借助过互联网拓展业务”的调查中，69.8%的大学生创业企业表示没有借助互联网拓展业务。在此状态下，企业的业务量可想而知，54.6%的大学生创业者表示业务量“有，但是间隔时间长”，

35.3% 的大学生创业者表示业务量“很少”，只有 10.1% 的大学生创业者表示业务量“持续不断”，说明业务渠道决定业务量，好的产品或服务只有通过广阔的业务渠道才能得以推广，进而让企业得到运营和发展。

六、促进大学生创业企业运营对策建议

1. 完善创业人格，培养企业家精神

大学生创业企业在初创期往往规模小、人员少，企业的诸多事务往往寄希望于企业创始人或者核心合伙人，他们除了在具体事务中发挥巨大作用外，还起到类似企业家精神支柱的作用。在创业之初，创业者一定要对自身能力作出正确的认知和判断，完善自身创业人格，培养企业家精神，才能带领企业实现长远发展。当前，大连市大学生创业企业数量较少，规模较小，如何树立匹配的创业人格，培养合格的企业家精神，对创业的大学生来说单靠自己的力量来实现是十分困难的，因此需要政府、企业和各个高校的共同努力，形成政府、企业、大学三种力量相互交叉影响的三螺旋关系。

对政府等职能部门来说，高举创业旗帜，重点宣传企业家精神的重要性，要求各高校对有创业想法的大学生在成立企业之前进行企业家精神的教育。另外，在大学生成立创业企业的申请过程中，有关部门对创业的大学生是否符合创业条件进行严格的筛选审核，以减少企业注销率。比如政府牵头，举办类似“研讨会”式企业家交流会，邀请成功企业家、大学生创业代表、高校创业辅导专家等进行交流座谈，还可以邀请各个高校的创业指导教师、有创业想法的学生参加，互相交流学习，培养企业家精神。

对企业来说，提高企业自身社会责任感，尽量配合政府部门工作，在享受政府优惠政策的同时，服务社会，回馈社会，与大学生分享丰富的企业运营管理经验，为大学生创业者提供有价值的经验借鉴。另外，联合高校，与大学生创业者实现“一对多”学徒式实践教学，互利互惠，在帮助大学生完善创业人格的同时，为企业积累人才资源。

对高校来说，校内创业部门注重对大学生创业者自身能力进行合理筛选评估，并根据大学生创业者的自身能力筛选结果，及时有效地给予大学生创业者相关创业意见。同时，开设相关教育课程，实现“理论+实践”式教学风格来培养大学生企业家精神，注重创业指导教师对大学生创业者的创业辅导。另外，创业指导教师对大学生创业者进行“多对一”式综合评价，确定大学生创业者是否具有企业家精神，是否有能力运营企业，这样有利于提高创业成功率。

2.构建权威信息平台，加强创业交流

创业机会和创业资源是影响企业运营的重要因素，而对二者相关信息的获取成为企业是否能够运营下去的关键。一方面，创业企业本身的资金、技术、人才的局限性要求企业必须拓宽信息渠道获得更多的外部支持，获取更多的创业机会；另一方面，国家支持“双创”政策的持续性使得很多省市相关支持政策长期存在。所以，拓宽企业信息渠道，获取准确信息就意味着获取更多的创业机会和创业资源，对实现企业的可持续运营十分重要。

获取有效信息的难点在于信息真伪的辨别，这就要求大学生创业者在寻求信息渠道的同时，必须确保渠道的权威性，所以为避免网络五花八门的无良信息，创建政府、企业、高校具有权威性的多向信息交流平台迫在眉睫，构建统一信息共享平台，利用大数据寻找、交流发展信息，加强创业交流。在政府方面，在加大宣传力度的同时，给予提供服务的相关企业一定的额外优惠政策，吸引更多企业参与平台的建立，并设立相关部门专门负责平台的维护、相关问题的答疑解惑；在企业方面，大连市企业众多，不需要提供数据等相关信息，只需要提供具体的解决办法或者建议借鉴，定期分享企业运营管理相关经验；在高校方面，负责收集与大学生创业的相关数据，根据教育部最新公布的2018年大连市本科院校名单，共计20所大学，院校数量较少，数据收集较为容易。政府、企业、高校三者各自独立又相互联系，政府在提供服务之余获取全市大学生创业数据，掌握大学生创业动态；企业在分享经验之上获取额外相关优惠政策；高校在获得创业信息的过程中为政府和企业培养优秀创业人才。对大学生创业者来说，最大的帮助就是获取真实的、具有权威性的创业信息，实现创业梦想。

3.弱化传统“创业赚钱观”，树立全面科学运营观

在企业的整个运营系统中，人力统筹、财务管理、信息渠道构建、销售手段选定、短中长期整体规划等，任何一项管理工作都需要全面而科学地规划统筹，确保企业得以生存和发展。

在建立科学的运营管理方式之前，最重要的是转变当前大学生创业者的创业观念。如果大学生创业者一开始秉承的创业观念不符合社会经济发展的趋势，那么即便是成立企业，也是偏离当前国家发展轨道的。“创业赚钱”一直以来是大学生创业者的创业观念，但是在真正的创业过程中，大学生创业者逐渐发现，只有企业实现高效、快速的运营，才能够为自身带来利润和效益。在创业的过程中，如何对凌驾于创始人之上的商机、资源和团队三个重要运营构成要素之间进行合理的分配管理，这就需要创业者做到弱化一直以来认为的“创业赚钱观”，注重“企业可持续发展观”，才能制定出集总体性、系统性、战略性于一体的运营目标和管理方式，才能及时抓住商机，配置资源，带领团队，不受外生因素、资本环境带来的不确定性影响，将企

业做大做强。

在树立科学的运营观念的同时，要善于利用社会资源和商业资源为自己减轻企业运营管理负担。以企业财务管理为例，为方便企业管理，避免发生偷税、漏税等问题，可以采用“专业+代理”的方式对其进行管理，“专业+代理”是指在企业发生财务流通时，出于对创业成本的考虑，将大部分业务交给代理记账公司，并在公司设置相应的负责人与代理公司进行沟通和监督，该负责人最好是公司内部非创业团队成员，负责人定期向创业团队进行财务状况汇报。当前大连市有很多类型的代理记账机构，而且非常专业，价格也十分合适。这样既可以节省人力成本，又可以使大学生创业者及时掌握企业的财务动态。

4.完善内部管理体系，锻造团队精神

大学生创业企业内部有限的成员数量限制了内部管理框架的全面设定，存在的“同学”关系也最易导致权责不清，出现个人掌控、推诿扯皮等问题，完善内部管理体系刻不容缓。

首先，为避免出现个人掌权等问题的产生，必须建立完善的法人制度，创业者摒弃个人掌控欲，设立监管人，协调决策经营和监督的关系，实现经营监督和决策共存。其次，加强贯彻和落实内部管理制度，厘清权责关系，工作内容、职责范围与人员实现一对一匹配，推行组长负责制；充分了解企业内部成员的当前需求，设立具有针对性的内部激励机制，提高企业工作活力；注重专业人才培养，努力实现职位专业化，大力剔除无用人员，弱化“关系”观念，控制企业人力成本。最后，注重团队管理，锻造团队精神，在营造归属感的同时，根据企业自身的团队形态、运营管理模式重点打造团队精神。在福利和待遇有限的前提下，通过团队精神建设，提高员工的归属感、责任感和员工创造力，通过类似“创业兴奋”和团队情感等的社会规范来约束员工，这比用加薪等市场规范更加有效。

5.寻求融资渠道，突破城市局限

资金是大学生创业企业运营的重要支撑，也是影响企业产品或服务质量的重要因素，对资金的寻求成为大学生创业者当前亟须解决的问题。为促进大学生创业，政府应该给予大力的支持。一是加大信贷支持力度，引导和鼓励金融机构开发适合大学生创业企业特点的金融产品；二是拓展多种信用融资渠道，建立为大学生创业企业提供融资服务的政策性和商业性金融机构体系，向其提供必要的优惠政策。

此外，大连市作为二线城市，经济发展速度较为缓慢，投资者对创业项目一直持有谨慎态度，所以建议大学生创业者在寻求资金时，要勇于突破地域局限，敢于在北上广深等一线城市寻求资本力量的支持，积极参加各种创业路演，寻求创业投资基金。例如，参加一些创投类电视节目，既能在投资者面前获得展示的机会，又能推广企业的产品或服务。

6.明确产品定位，拓展销售渠道

产品或服务在企业的发展过程中起到实现企业价值的作用，对产品的定位尤为重要，明确产品定位才能顺利寻求业务渠道。针对市场需求，结合企业产品或服务特色，融合大连沿海风貌，整合社会资源、商业资源等各种现有资源，认准目标群体，根据目标群体的不同需求，明确产品定位，结合数据分析调整产品或服务的盈利模式和运营方向，提供多选择、高质量的产品或服务，拓展渠道，大力宣传和推广。同时，注重培养专业销售人才，拓宽销售渠道。

另外，充分利用自传播效应，在完善产品的基本定位与功能的基础上，关注用户体验，加强对细节的把控，注重用户的反馈，维护客户关系，在融合互联网与物联网的同时，充分利用自媒体等手段加快产品的口碑传播速度，拓展渠道。

七、外语专业本科学生对“双创”的认同度和参与度及其影响分析

（一）外语专业本科学生对“双创”的认同度分析

外语专业本科学生对创新创业的认同度存在差异，体现在性别、所在年级和是否担任学生干部等因素上。

性别对大学生的“双创”认同度有影响，但是影响差异不大。外语专业的女生比例远远大于男生，由于在创新创业意识上男女生有着先天的差距，导致了在外语专业领域并没有形成浓厚的创业氛围。

在年级层面，大一学生认为自己的专业知识和专业技能可以成为创新创业的优势，这一数据在大二、大三学生中呈递减趋势，大四学生最低。实际上，这种现象的原因是大一学生具有两大特点：一是有好奇心，愿意尝试新事物；二是对本专业知识的实用性以及对创业所要求的相关知识没有明确的认识。总而言之，大一学生过于感性，而随着年级的变化，学生的认知随之增长，对创业的难度和本专业知识的局限性认识加深，反而对创业的态度更加谨慎。

是否是学生干部，也会影响大学生对创新创业的认同度。研究显示，在认为“自己的专业知识和专业技能可以成为自己‘双创’优势”的问卷题中，普通学生选择很同意和同意的占比不超过50%，而学生干部占比超过50%。出现这一现象的原因是学生干部更注重实践能力的锻炼，也有更多的机会接触社会和从事实践工作，从而更有产生创业的热情和思路；而只专注于书本知识的学生对创业没有直观的了解，难以产生直观的感觉。这也从一个角度体现出实践对大学生创

新创业的重要意义。

由以上分析可知，外语专业的男生较少，创新热情不足，学生所在年级以及是否是学生干部等因素，都会对“双创”的认同度产生影响，表现为年级越低，越认同“双创”活动，学生干部比普通学生更容易产生创业热情。

（二）外语专业本科学生“双创”认同度和参与度的影响分析

由于作者是外语专业创新创业课程的主讲教师，本专业本科四个年级的“专创融合”课程都由作者讲授，在对“双创”活动的认同度和“双创”讲座的参与度进行对比分析后，发现大四学生对“双创”活动的认同度最低，参加讲座学习理论知识的积极性也最低。在学校举办的各类“双创”比赛中，大四学生参加比例最高，有过创业意愿且已经开始实施的大四学生占比为四个年级中最高，说明处于择业期的大四学生更加注重“双创”活动，并将创业作为自己就业的一项选择。其原因是学校将“大创计划”列为加分项，一部分学生是为了保研或者申请奖学金参与“大创计划”项目，也有一部分学生是真正注重“双创”活动，并将创业作为自己就业的一项选择。

同时，大四学生通过四年的学习和知识积累，具备了一定的创业能力和知识储备。在释放压力方面，大四学生能够有效地缓解创业所带来的压力，并快速进行自我调整。

影响外语专业学生对“双创”认同度和参与度的因素还包括个人学习能力，即是否能够很快学习到新技能和新知识。数据分析显示，大一学生求知欲较强，倾向于理论学习，大四学生倾向于通过实践获取新认知和新能力。因此，大一学生参加“双创”讲座的比例较高，而大四学生更注重于参加“双创”竞赛和创业实践。实践条件以及政策支持力度是否足够也是影响大学生考虑是否要进行创业的重要因素。大学生觉得创业资金是自己要解决的首要问题。创业团队的选择、团队成员是否有相应经验也是亟待解决的问题。还有部分大学生考虑的是政府的政策是否有利于大学生创业，以及学校和企业是否能够提供相应的理论支持和技术支持。

在调查大学生对本校创新创业资源和服务满意度时，发现大学生认为本校的“双创”资源和服务还有待改善，如缺乏知识经验交流活动、指导老师提供的辅导较少、资金不足等。大学生的“双创”理论知识大部分来自创新创业课程和讲座，缺少基地实习和“双创”竞赛，从而缺乏实践经验交流活动。缺乏基地实习也导致大学生对学校的实习基地缺乏关注。

八、对外语专业本科生创新创业教育的改进建议

目前，外语专业本科生在对待创新创业教育时，存在一些误解和困难。许多大学生认为双创教育仅仅是理论学习，忽视了实践的重要性。部分学生参加“双创”竞赛的动机过于功利，仅仅是为了获取学分奖励，缺乏明确的创业目标和热情。当面对创业的实际问题时，如资金筹备、项目选择、运营管理等，大学生往往感到迷茫和不知所措。这反映出外语专业的“双创”教育在理论与实践结合、师资力量等方面存在不足，未能有效地将创新创业教育贯穿于学生的整个大学生涯。

鉴于外语专业在创新创业领域的特殊性和局限性，我们需要从以下方面进行改进：

理论与政策并重：在传授“双创”理论知识的同时，教师应加强对国家相关政策和法律知识的普及。让大学生了解国家为鼓励创新创

业所制定的优惠政策，如对应届生自主创业、小微企业和创业型企业的扶持政策。这不仅可以帮助大学生更好地理解和利用政策，还能在一定程度上缓解大学生在创业过程中可能遇到的资金压力。

培养“互联网+”思维：在当前“互联网+”的大潮下，外语专业的大学生应充分利用自身的跨文化优势，结合自媒体和大数据分析等现代技术，寻找创业机会。例如，通过制作视频、分析数据等方式进行创业营销，既能降低资金成本，又能实现多样化的推广方式。同时，鼓励大学生将新的理念与本土文化相结合，或将本地特色推向国际市场。

优化“双创”竞赛机制：高校和学院应重新设计“双创”竞赛的评选机制，让企业和全校师生共同参与评选。通过这种方式，可以筛选出既有市场前景，又符合师生需求的项目，进入实训基地进行孵化。在孵化期间，高校和企业应联手为大学生提供技能培训、职业体验和专业实习，全面提升大学生的创新创业能力。

综上所述，外语专业的创新创业教育需要更加注重理论与实践的结合，加强师资力量，完善课程设置，并优化“双创”竞赛机制。同时，引导大学生转变观念，从单一的理论学习转向全面的创新创业实践，为大学生的未来发展奠定坚实的基础。

【素养案例】

“小羊倌”的无悔青春

出生于农村的郑奇炜，小时候一心想去城市，经过刻苦学习如愿以偿地考进省城就读大学，毕业后找了份稳定的、收入也算可观的工作——医药销售。那时候他不曾想到湖羊会闯入自己平静安逸的生活。湖羊是湖州地区最有特色的家畜地方良种，具有一胎多羔、耐粗饲、适应性强、适合工厂化养殖等优点，是国家地理标志产品，也是扶贫项目中的拳头产品，每只羊的利润可达1 000元左右。在了解了这么好的农业项目后，郑奇炜心动不已，他回到家乡租了50亩地准备大干一场。在项目初期，他本以为创业最大的困难是筹集资金，但是他错了，最大的难题是找不到合适的土地和审批设施农用地，项目因此一度被搁浅，农场还面临被拆的风险，这让他十分痛苦。但功夫不负有心人，在历经千辛万苦后，2014年9月第一批128只种羊终于成功在湖州南浔郑氏家庭农场落户。

道阻且坚，创新破障

有了湖羊的农场就有了灵魂，每天都能听到羊群“咩咩咩”的叫声，虽然辛苦，但郑奇炜心里非常充实。那时，他一边搞基建，一边搞养殖，每天忙得不亦乐乎。但好景不长，2014年10月爆发了湖羊疫病——小反刍兽疫。紧接着一个星期不到，湖羊种羊价格一落千丈，从26元每斤跌到几元每斤都没人敢买。更难受的是每只2 000多元买来的湖羊，卖的时候只有每只500～600元，这让初次创业的他感觉到了巨大的压力。记得当时现金流枯竭，每个月只能靠老婆救济，家里还有个2岁的“吞金兽”，每月有一笔不菲的固定开销，此时家人劝他还是算了吧，回去安心上班，亏的钱慢慢再挣回来。但郑奇炜还是不死心，他相信总有一天会峰回路转。

这边正在经历着剧烈的行情波动，转眼第一批引进的种羊也到了生产的季节。原本是一件很开心的事情，但由于缺乏养殖经验，到了生产的时候他明显感到力不从心，真正的灾难才刚刚开始。每天早上巡查，他都会发现很多难产死掉的母羊和小羔羊。看到养殖的湖羊一天天变少，苦闷的心情难以名状但又无从着手，他感觉天都快要塌下来。但坚韧的性格使他慢慢冷静了下来。郑奇炜不断鞭策自己没有哪个人成就一番事业是顺风顺水的，眼前的困难都是暂时的，行业低谷总会过去，养殖技术薄弱那就去学习。

学习使人进步、催人成长、让人勇于创新。自2015年开始，他就不断给自己充电，去外面考察、学习先进的经营理念。为了能平稳度过行业低谷期，在向同行取经和政府政策的指引下，他开始慢慢转变经营理念，从之前的传统养殖向生态循环养殖转型，再到后来的三产融合、牧旅融合，农场实现了多个生产环节有机衔接，打造出了“郑氏兄弟”这个湖羊品牌。同时，生态循环养殖也为牧旅融合的开发奠定了良好的基础，通过生态循环养殖，农场生产出了绿色湖羊肉，种植出了绿色的果蔬，在人们日益重视食品安全和健康的大背景下，自然吸引了一大批城市里的消费者。

不单靠养殖来挣钱，经营模式的多样化拓宽了增收的渠道，可谓统筹布局，多点开花。

2017年11月，他接到了首个从甘肃来的种羊订单，虽然价格不高，但让他嗅到了行业回暖的气息。不久之后，种羊的价格由9元每斤慢慢涨到了13元每斤，看到希望的郑奇炜又大胆尝试了一次，果断扩大母羊繁殖群，计划将总存栏量扩大到3 500只。果不其然，2018—2020年进入了湖羊的上行周期，价格一年比一年高，同时伴随脱贫攻坚战的全面展开，湖羊作为扶贫的拳头产品远嫁到了新疆、四川、甘肃、青海等地区，3年累计销售收入突破2 000万元，自此郑奇炜终于走出创业低潮。

成功后的他不骄不躁，始终保持谦虚好学的心态，并考取了浙江农艺师学院农业经济管理专业在职研修生。今后，他还准备继续扩建羊场，计划将总存栏量扩大到1万只，争取实现2 000万元的年销售额。

勇于担当，回馈家乡

“喝水不忘挖井人，成功不忘家乡人”。在如今越来越重视环保、禁止农村焚烧秸秆的背景之下，郑奇炜勇挑重担，创新生态循环养殖模式：将废弃的农作物秸秆回收，经过科学配方后做成湖羊饲料，再将湖羊生产过程中的副产物——羊粪还田。这样不仅解决了农户私烧乱焚秸秆的问题，还增加了农户的收入，为环保尽自己的一份绵薄之力。

他还积极带动周边30余户农户养殖湖羊，将自己的经验毫无保留地教授给乡邻养殖户。他每年举办4次湖羊培训课，实地现场指导不少于10次，为当地农户增收致富传经送宝。他响应政府号召，建设美丽家乡，“两进两回，青春无悔”便是对郑奇炜最真实的写照！

资料来源：作者根据相关资料整理所得。

附录 1

外语专业大创项目申报书案例

1. 项目概述

1.1 项目名称及含义

1.1.1 项目名称

“乡·语”——B2C跨境电商环境下语言服务赋能乡村外贸路径实践

1.1.2 名称含义

“乡·语”包含了乡村和语言服务两大元素。“乡”既指乡村，又指乡村的产业产品和独具一格的乡村文化。“语”既作名词“语言”，代表语言服务，又作动词，同“说，讲”之义，代表团队希望将特色乡村产品推出国门、推向海外，将中国味道的乡村文化传递出去，在世界文化之林中留下独特一笔。

B2C跨境电商平台作为媒介和载体，为语言服务促进乡村振兴提供了现实路径，打造了发展大环境，三种元素互相融合，助力农业农村现代化进一步发展升级。

1.2 项目logo

项目logo如图1所示。

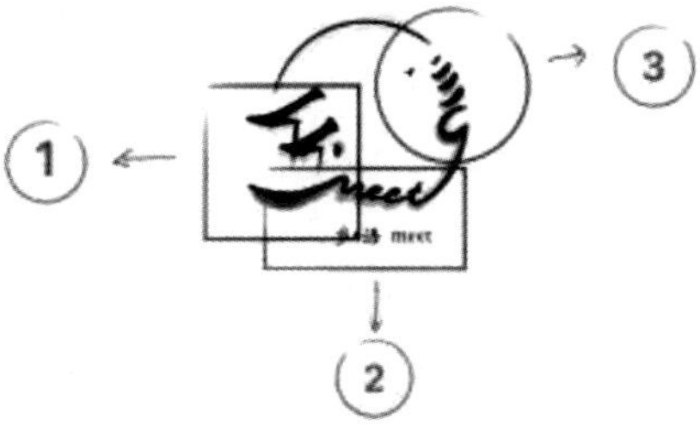

图1 项目logo

资料来源：作者绘制。

① 该部分设计取自“乡”这个“字”，将其形象化后，以小房子的形象来表示“乡村”这个意象；②该部分是变形后的“meet”，将“乡村”和“英语语言”联系在一起，整体的logo设计是“圆球”形状，表达了要通过英语语言服务将乡村特色产品传播出去，远销国外市场的含义；③该部分设计取自“语”这个字的偏旁部首“言”字旁，并将其切割变形，鸟儿的形象与乡村呼应，二者在空间上是大致平行的分布。

1.3 项目意义及愿景

1.3.1 项目意义

全面建成小康社会之后，我国要向实现共同富裕的远景目标奋斗，乡村振兴将是全体人民实现共同富裕的必然要求。同时，随着互联网的普及和全球化的发展，跨境电商已成为我国对外贸易的一个重要方式，也是我国企业走向世界的一条必经之路。在乡村振兴战略下，数字经济的迅猛发展更是带动了我国许多地区开展农村跨境电商贸易。

该项目将跨境电商平台作为载体，在分析研究各跨境电商平台后，自主建立集合形式的语料网站，为计划将产品对外销售的乡村生产商进行多模态产品描述转换，一定程度上满足了部分农村商户看不懂、不会描述产品的基础外语需求，以及部分生产商想优化产品翻译、想要更加特色化、生动化、通俗化的外语产品描述的升级性语言需求。这能够推动乡村特色产品“走出去”，进而有利于巩固拓展脱贫攻坚成果、提高农业农村的现代化水平、缓解城乡发展不平衡的问题。

另外，项目选取大连市瓦房店地区闫店乡的地瓜粉丝作为实践案例，这可以当作该模式成功运行的样本，为其他乡村产业、农副产品，甚至乡村非遗文创周边等提供可借鉴、可利用的经验。同时，可以挖掘闫店乡地瓜粉丝的海外市场销售潜力，提高市场份额，进一步激活生产力，带动盘活闫店乡的相关产业，甚至提供更多就业岗位等。

1.3.2 团队愿景

团队成员以乡村振兴为初衷，以语言服务为技能，实际观察、切身感悟到技术的进步确实对农业农村的现代化有极大帮助。团队成员凝心聚力，希望能在该项目的研究分析和实践经营的过程中真正有收获，真正能为乡村带来益处，真正能在乡村振兴伟大事业中贡献自己的一份力。

1.4 服务及产品简介

产品及服务：通过对不同跨境电商平台，如AliExpress、Amazon、eBay、TikTok等进行纵向和横向的对比参照性研究，来探索乡村产品外贸产业链中的语言服务网络生态体系，将我国乡村特色文化与国外文化背景结合，进行对照性描述转换，优化建立特色化“互联网+乡村”语料库APP。它既能让乡村生产商户找到适合自己产品的描述，又能为已上架的对外销售产品提供翻译优化服务。该语料库小程序在保证乡村产品保留其特色的同时，又能让有需求的消费者更清晰地了解商品详情并产生购买意愿。

实践样本：团队选取了大连市瓦房店地区闫店乡地瓜粉丝作为实践案例，在闫店乡地瓜粉丝销售已有的基础上，为其打造特色文化品牌，与国外文化背景对应式转换后，运用团队开发的乡村产品语料库小程序，为这款农产品提供商品描述，并投放到B2C平台上进行生产商户与消费者的直接对接。

1.5　运行模式

运行模式如图2所示。

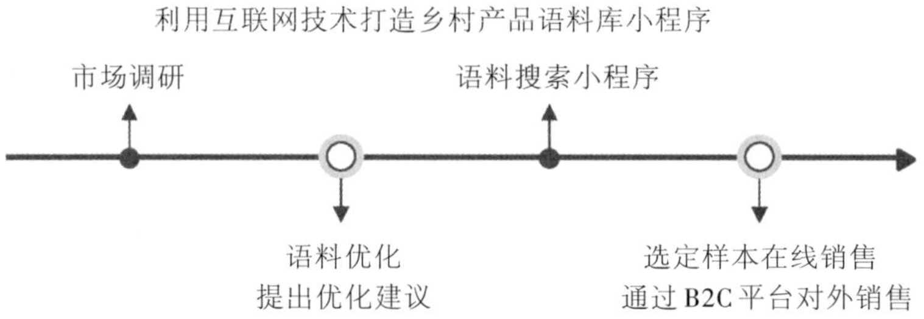

图2　运行模式

资料来源：作者根据相关资料整理。

1.6　目标客户群体

该项目针对两类目标客户群体：一是对外销售乡村特色产品，有外语语言服务需求的生产商户；二是针对跨境电商平台上的商品翻译存在误译及不准确、不对应的情况，部分跨境电商平台提供商有语言服务优化需求，这类电商平台是第二目标群体。

基于这款软件程序的特殊针对性，其目标市场也具有特殊性，主要针对出口乡村产品的生产商户及企业，中小规模生产商和大规模生产商都可以利用该语料库小程序进行产品详情转译。

2. 团队概况

2.1　团队介绍

项目负责人：（略）

项目主要成员：（略）

项目主要成员经历：（略）

团队成员紧跟国家乡村振兴战略部署，紧密结合《辽宁全面振兴新突破三年行动方案（2023—2025年）》，以B2C跨境电商平台为载体，提供并利用多语种语言服务，结合“互联网+”技术，为我国农村现代化建设与发展转型探索新路径，以实现团队助农促农的初衷，助力乡村特色产业产品及文化“走出去”做到“能走、易走”。

2.2 团队性质

团队为固定工作团队。团队成员主要从事的是英语专业工作，有部分同学拥有市场营销和数字智能化的经验，能够保证生产和服务流程正常运转。团队组成具有多样性，外国语学院队员掌握英日双语，具有较强的市场调研、数据纵横向对照研究和文献分析能力，且具有实习及注册公司经验；信息学院队员提供程序设计以及大量互联网技术支撑，且具有参与项目的经历。团队成员的态度积极向上，工作态度良好，能够服从领导安排，是一个团结积极向上的固定工作团队。

3. 产品与服务

3.1 产业背景

乡村是具有自然、社会、经济特征的地域综合体，兼具生产、生活、生态、文化等多重功能，与城镇互促互进、共生共存，共同构成人类活动的主要空间。乡村兴则国家兴，乡村衰则国家衰。党的十九大报告指出，农业农村农民问题是关系国计民生的根本性问题，并提出实施乡村振兴战略。

根据《辽宁全面振兴新突破三年行动方案（2023—2025年）》，2023年是辽宁省实施全面振兴新突破三年行动的首战之年，将启动实施乡村振兴新突破三年行动，农村居民人均可支配收入增长与地区经济增长同步。围绕上述目标，辽宁省将重点做好粮食生产、乡村产业、农产品品牌、一二三产业融合等工作，叫响“辽字号”农产品品牌，积极培育品牌，支持农村产业融合发展项目，做好第四批国家农村产业融合发展示范园创建。

3.1.1　电商平台中的语言服务

语言服务是跨境电商在产品呈现方面的增值投资。中小型外贸企业多，跨境电商语言服务水平总体不高，为降低语言服务成本借助翻译软件完成，时常会遇到翻译精准率低、翻译成本高和沟通缺乏及时性等问题。译本可读性不强，或单纯复制他人产品译文，导致自身产品描述差异性弱，无法从众多产品中脱颖而出。跨境电商平台上商品更新快，翻译数据的处理容量有限，产品页面存在翻译偏差和缺失。通过跨境电商平台展示品牌，文化理解的不同、语言沟通的差异都使得营销效果受到影响。

3.1.2　瓦房店地区乡村振兴卓有成效

加强耕地红线保护，强化特色产业发展。推进国家现代农业产业园建设。粮食作物播种面积106.8万亩，实施保护性耕作11万亩。新培育农业产业化龙头企业省级4个、大连市级8个，新组建农业产业化联合体3家。持续巩固拓展脱贫攻坚成果，加强乡村振兴人才培育。压紧压实乡镇党委和市直部门责任，巩固脱贫攻坚成果，坚决守住不发生规模性返贫的底线。

3.1.3 瓦房店地区乡村特色产品对接展示

“2022年‘大连·瓦房店’特色农产品展销会暨瓦房店惠民农产品销售平台揭牌仪式”在瓦房店市八三广场举办。展会现场搭建50余个展棚，与会参展商100余家，集中展示瓦房店市的名特优及地理标志农产品共计30个门类100多个品种。此次活动旨在通过搭建瓦房店市特色农产品销售平台，进一步拓展瓦房店市农副产品流通渠道，集中宣传、展示瓦房店市乡村振兴工作和农产品现代流通服务。展会现场优选瓦房店市为农服务质量好的农业合作社、电商和涉农企业等经营主体，将其生产的优质特色农产品通过线上线下销售相结合等方式进行集中宣传和展示，助力产品上行，促进农业增效、农民增收。共同发起商标注册、建立联盟集中推动发展、整合优质资源形成产销一体的最亮特色本土品、农特产品，带领农民驶入增收致富快速路。以提高农业综合生产能力为基础，以调整产业结构为主线，推动农业项目“接二连三”，全力打造特色产业品牌。

3.2 服务及产品具体内容

3.2.1 语言服务

语言服务路线如图3所示。

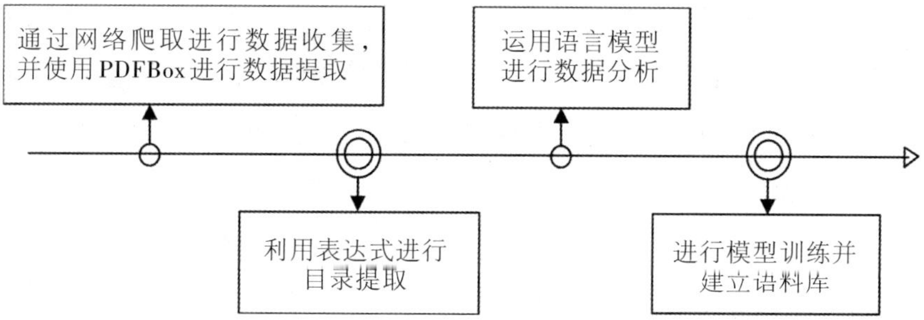

图3 语言服务路线图

资料来源：作者绘制。

运用Android Studio模拟操作，观察效果，再导入团队运用Java、PHP等技术编译好的Gradle等程序，建立新的小程序，可供需求者检索及翻译。这既能让乡村生产商户找到适合自己产品的描述，在一定程度上为乡村产品保留其特色，又能为已上架的对外销售产品提供翻译优化服务，进而让有需求的消费者更清晰地了解商品详情并产生购买意愿。

3.2.2　特色外销产品：瓦房店地区闫店乡的地瓜粉丝

经过前期的研究分析，团队选取闫店乡的地瓜粉丝作为实践案例，在闫店乡地瓜粉丝销售已有基础上，为其打造特色文化品牌，运用团队开发的乡村产品语料库小程序来特色描述该产品，而后投放到B2C平台上进行生产商户与消费者的直接对接。在这一过程中，团队将开展市场调研及实地探访，发放市场调研问卷收集数据，链接B2C平台进行创新性对外销售，拓宽销售路径和市场。（注：团队已查阅相关资料，了解到该产品在国外确实存在市场需求）

3.3　实践具体模式及创新

通过“语料库服务+B2C平台+农户”的产业带动模式，打造瓦房店地区特有的地瓜粉丝品牌，借助公司运营，对外销售地瓜粉丝。“线上+线下”双重带动地瓜粉丝销售，通过电商直播带货，打出地瓜粉丝销售新通道，集结网络销售达人，助力销售；实体店分摊现有地瓜粉丝，销售给本地人，减少库存；不断扩大知名度，通过自销外销相结合的方式，不断扩大销售范围。扩大产能，延伸产品线，推出系列化的衍生产品，进一步丰富产品线，挖掘地瓜粉丝产业深加工的附加值，引领该产品“牵出”产业振兴致富路。运营模式如图4所示。

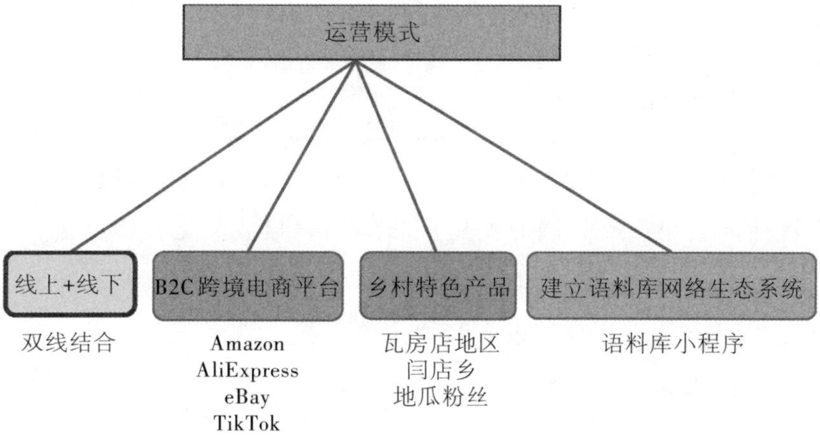

图4　运营模式图

资料来源：作者绘制。

4.未来计划与战略

4.1　共同愿景

希望在团队全体的共同努力下，打造出真正有益于乡村产业新业态发展的语料库小程序，帮助瓦房店地区地瓜粉丝走出去，增加农村收入，提高村民的生活质量，响应国家号召，为乡村振兴贡献一份力量。

4.2　人力资源战略

定期分析团队内部人力资源需求和导向，优化人员结构以满足不同发展时期的需求。建立人才培训发展机制，通过开展不同级别和方向的培训，培养精英人才，提高多数员工的技能水平，促进企业发展。建立绩效目标激励机制和薪酬管理体系，设定合适有效的衡量标准，激发团队的积极性，提高工作效率。

4.3 运营维护模式

利用各个跨境电商平台投放产品，注册并运营直播账号，开启直播间销售产品，同时制定广告策略，投放文化宣传广告。另外，定期进行产品详情的描述优化，使消费者理解该产品及其背景文化。市场部负责与生产商户定期对接，调研部门定期进行市场及同行业竞品信息的调研，生产部门负责监督地瓜粉丝的生产质量。

4.4 团队文化建设

本团队以“乡・语meet”为名称，坚持以语言推动乡村振兴，用外语介绍乡村产品，希望与更广阔的消费者群体遇见，用英文单词meet展现团队未来期望。团队文化是脚踏实地，砥砺前行，在振兴道路上发挥外语人的光和热。我们将努力提高农民生活质量，尽力为乡村振兴作出贡献。团队将每月开展一次文化培训，让理念贴近成员，保持初心，与时俱进。

5.行业市场

5.1 语言服务赋能跨境电商现状及行业前景

中国海关总署公布的数据显示，2019年中国跨境电商进出口总额达到1.45万亿元人民币，同比增长21.7%。其中，出口7 148.9亿元，增长23.3%。国家统计局发布的数据显示，2019年中国跨境电商交易规模达10.6万亿元人民币。随着互联网的高速发展，传统的贸易模式正在发生变化，我国跨境电商行业也在不断发展壮大。跨境电商是指分属不同关境的交易主体，通过电子商务平台达成交易、进行支付结算，并通过跨境物流送达商品、完成交易的国际商业活动。在互联网环境下，跨境电商的销售渠道与传统贸易形式相比更加多元化且便捷，同时降低了流通成本。我国跨境电商行业正处于高速发展时期。美国市场是全球最大的跨境电商市场，也是全球最大的电商消费市场。随着中美贸易摩擦，我国对美国进口产品的关税逐步增加，同时美国对我国的高科技企业进行贸易限制，导致美国市场增速放缓。但随着国内生产水平不断提高，国内市场需求逐渐扩大，中美贸易摩擦对跨境电商企业影响不大。

中国作为全球最大的电商消费市场，具有巨大的消费潜力。跨境电商行业不断发展壮大，成为推动我国外贸转型升级、促进经济高质量发展的重要力量。

5.2 PEST宏观环境分析

5.2.1 政策环境

跨境电商作为一个新兴产业，国家政府已经出台了一系列政策来支持其发展。例如，国家推出了共建“一带一路”倡议、颁布了《中华人民共和国电子商务法》，为跨境电商行业提供了法律保障和政策支持。这些政策有利于促进跨境电商产业的发展和壮大。

5.2.2 经济环境

随着全球经济一体化进程的不断加快，跨境电商已经成为各国贸易的重要方式之一。在跨境电商发展的过程中，语言服务可以帮助卖家更好地了解市场需求、提供精准的产品推荐、解决售后服务等问题，从而提高交易效率和满意度。

5.2.3 社会环境

在跨境电商发展的过程中，语言服务人才是非常重要的。语言服务人才需要具备多种语言能力、专业技能和行业知识等方面的素质，还需要具备快速学习和适应新环境的能力。因此，语言服务人才在跨境电商行业中扮演着越来越重要的角色。

5.2.4 技术环境

随着人工智能、大数据等技术的不断发展，跨境电商也在不断地创新和升级。语言服务可以通过提供智能化服务、提高交易效率和降低成本等方式，帮助卖家更好地与海外客户进行沟通和交易。

5.2.5 生态环境

语言服务赋能跨境电商具有良好的宏观环境，为其发展提供了有力的支持和保障。

5.3 团队综合评价（SWOT分析）

SWOT分析法（strengths、weaknesses、opportunities、threats），又称态势分析法，是对企业内部条件和外部环境进行综合的分析，从而得出在特定条件下，该企业的优势、劣势以及机会和威胁。SWOT分析法是一种可以从多个角度对企业进行综合评价的方法，它不仅适用于战略分析，还适用于企业的竞争战略选择。企业在发展过程中要充分考虑内部因素与外部因素之间的关系，将内部优势与劣势结合起来进行综合分析，从而发现企业的机会和威胁。

团队通过SWOT分析法对B2C跨境电商企业进行综合评价，从而得出语言服务赋能B2C跨境电商企业的优势、劣势以及机会和威胁。通过分析跨境电商发展中存在的优势、劣势、机会、威胁，团队认为我国跨境电商在市场基础、国内电商平台建设中占有优势，但在生产企业品牌意识和第三方平台国际服务的提供上存在劣势。在国际经济合作加强、国家政策利好的环境下，虽然有国外生产企业和第三方服务企业的竞争威胁，但外部机遇仍然大于挑战。

基于此，从政府、第三方平台和出口企业的层面提出发展跨境电商的相关对策，重点在于企业自身应提高产品质量，走品牌化经营道路，借助第三方平台发展跨境电商，最终做大做强，实现自营跨境电商。

跨境电商发展的优势分析：

市场基础良好。近年来，我国的跨境电子商务发展速度迅猛，独具优势。首先，在国际市场上对于中国商品的需求量较大，跨境电子商务的发展有着十分广阔的国际市场；其次，我国的原材料质优价廉、劳动力资源丰富，在国际市场的竞争中占据独特优势。跨境订单有着低批量和高频率的特点、适应我国中小企业的发展要求，因此跨境电子商务发展在我国有着独特的优势。

电商平台发展成熟。跨境电子商务发展依赖于互联网，需要搭建相应的电商平台来完成商务贸易。目前，我国的第三方贸易平台发展较为成熟，如阿里巴巴的业务发展覆盖范围更加广阔。这些第三方贸易平台的搭建为跨境电子商务的发展提供了优质的载体。有效降低了支付风险。

团队以SWOT分析法为基础，从优势、劣势、机会和威胁四个维度对语言服务赋能B2C跨境电商企业进行综合评价，得出结论如下：

优势在于：一是语言服务能够提高B2C跨境电商企业的品牌知名度；二是语言服务能够为B2C跨境电商企业提供更优质的产品，提高企业竞争力；三是语言服务能够提高B2C跨境电商企业的客户黏性。

劣势在于：一是语言服务行业还处于发展阶段，缺乏专业人才；二是语言服务行业竞争激烈，出现了许多优秀的语言服务公司；三是语言服务行业缺少品牌，产品单一。

机会在于：一是跨境电商的发展和国家政策的扶持；二是语言服务行业新的盈利模式和市场机会。

威胁在于：一是语言服务行业竞争激烈，技术替代发展迅猛，可能会降低某些语言服务的需求；二是经济和法律等外部原因也会对其有影响。

5.4 市场容量

5.4.1 产品市场需求

跨境电商是外贸新业态，以跨境电商平台为依托，通过跨境电商零售进口、海外仓和直邮的方式进行销售。语言服务作为跨境电商发展的重要组成部分，是提升跨境电商市场需求、优化上下游产业链环境的重要手段。本文通过分析语言服务对跨境电商市场规模、产品市场需求和上下游产业环境的影响，旨在为企业了解语言服务在跨境电商市场中的价值提供参考，也为政府制定相关政策提供理论支持。跨境电商市场的发展离不开语言服务的支持。随着我国跨境电商零售进口业务的迅猛发展，我国跨境电商市场规模迅速增长。中国物流与采购联合会的数据显示，2021年我国跨境电商物流市场规模达9 180亿元。阿里研究院《2020全球跨境电商趋势报告》的统计数据显示，2020年全球电子商务市场规模达到38.2万亿美元。

语言服务促进跨境电商产品市场需求的提升。产品的市场需求是影响跨境电商市场规模的主要因素。产品需求在跨境电商市场规模中的占比在50%以上，产品的市场需求主要受消费者个人偏好、跨境电商平台自身定位、消费者购买行为和消费者认知水平等因素影响。语言服务作为影响跨境电商产品市场需求的重要因素之一，对产品的市场需求有积极促进作用。跨境电商平台依据消费者对产品的偏好进行筛选，以满足消费者个人偏好为目标，通过提供更符合消费者个人偏好和需求的产品来满足消费者对个性化产品的需求。语言服务可以帮助跨境电商平台向更多目标用户提供符合其个人偏好的产品，从而促进消费者对产品需求的提升。

5.4.2 语言服务推动产业链上下游环境优化

在产品销售过程中，跨境电商平台涉及的环节包括产品包装、物流运输和售后退款等。从消费者的角度来看，跨境电商平台是在境外购买产品，对产品的质量和售后服务要求较高，因此消费者在跨境电商平台购物时会比较注重平台的口碑和信用度。从供应链角度来看，跨境电商企业与上游供应商主要通过电子邮件、电话、即时通信工具等进行沟通，而下游企业则是通过网络搜索和购物平台来了解产品信息，再由物流公司负责产品的运输。从销售渠道来看，跨境电商平台通常会设置不同语言的客服人员，进行商品咨询和售后服务。语言服务对产业链上下游环境优化具有积极作用。首先，语言服务能够为产业链上下游企业提供良好的沟通环境和营销渠道；其次，语言服务可以降低企业沟通成本、提升售后服务质量；最后，语言服务能够提升产业链上下游企业的生产效率。

6.营销策略

6.1 STP分析

STP是营销学中营销战略的三要素。在现代市场营销理论中，市场细分（market segmenting）、目标市场（market targeting）、市场定位（market positioning）是构成公司营销战略的核心三要素，被称为STP营销。

目标市场选择与定位。

乡村语料库APP：基于这款软件程序的特殊针对性，其目标市场也具有特殊性，主要针对出口乡村产品的生产商户及企业，中小规模生产商和大规模生产商都可以利用该软件程序进行产品详情转译。

选定的实践农产品：由于该特色农产品地瓜粉丝具有较强的地域特色，拥有较好的海港运输条件，随着共建“一带一路”倡议的推进，大连的国际贸易和物流业快速发展，为产品的外运提供便利条件。所以，我们将目标市场落到海外的东亚、东南亚地区。同时，经市场调研后发现俄罗斯、意大利对该产地的地瓜粉丝有大量市场需求，因此将针对意大利及俄罗斯进行推广。

6.2 定价策略

乡村语料库APP：市场上的相关竞品主要以售卖网课、查询词汇等进行收费，定价从几十元到几百元不等，通常实行包月制或包年制。基于此，团队计划将该软件程度按照分级制和不同需求度，以及提供不同服务来进行收费，沿用包月制，推出按次购买的体验制度。

选定的实践农产品：经市场调查后发现对东亚及东南亚地区地瓜粉丝出口价格相对较低，而对意大利、俄罗斯出口价格相对稍高，但基本持平。团队研究分析后，根据当地市场价格浮动、相关竞品价格、国际汇率差价和国际制度规则变动来定价，以斤为单位遵循客观规律制定单价。

6.3 营销策划

6.3.1 线下商超促销活动

选定的实践农产品：在线下商超举行打折优惠活动，通过提供折扣优惠、派驻专业促销员现场加工试吃、开展“买即赠”促销活动、凭票抽奖、有奖竞答、与其他商品捆绑销售等方式进行促销。

6.3.2 广告投送营销

邀请网络达人或影视明星代言，利用名人效应扩大宣传度和影响力，并将广告投送至APP、网站、电视节目等，利用视频软件、购物软件进行大数据“海投”，并选定某些数据样本用户定向推广。同时，创建产品特定的官方账号，利用短视频、开直播等方式进行营销宣传。

附录2

“双创”背景下大连市大学生创业企业运营管理研究调查问卷

亲爱的同学：您好！为反映当前大连市大学生创业企业运营管理研究现状，我们开展此次调研，您的回答对我们非常重要。此次调查不记姓名，您所提供的信息仅用于研究，绝不向第三方泄露。希望您提供对每个问题的真实想法。答案回答无对错之分，请符合您实际情况或真实看法，在您认为合适的选项上打“√”，部分题目可多选。

一、基本信息

1.您的性别：

A.男　B.女

2.您的学历：

A.博士　B.硕士　C.本科

3.您的学业状态：

A.在读　B.毕业

4.您的年级：

A.一年级　B.二年级　C.三年级　D.四年级及以上

5.您的创业方式：

A.自主创业　B.团队创业

二、企业运营管理基本情况调查

6.当前企业的成员范围：

A.2～5人　B.6～10人　C.11人及以上

7.您的企业是否存在“一人多职、多职多责”的现象，是否出现过推诿扯皮的问题：

A.是　B.否

8.您认为您当前能扮演好企业所需的多种管理者角色吗？

A.完全可以　B.有些吃力　C.不能

9.到目前为止，贵公司是否出现过创业成员退出的情况：

A.是　B.否

10.您认为创业者对自身能力的评价是否影响企业的创办和可持续运营：

A.是　B.否

11.您认为您现在所具备的综合能力是否可以创业：

A.是　B.否

12.您认为自己在创业中最需要得到提升的能力有（可多选）：

A.创新能力　B.市场调研能力

C.创业知识的储备　D.团队合作意识

13.当创业与学业发生冲突时，您将如何处理：

A.休学创业　B.边创业边学习

C.放弃创业，专心学习　D.找人代理创业事务

14.您了解“各地级市或大学校园里的众创空间和集群注册的企业实行免场地费、开展小微企业名录系统建设工作、建立创业培训基地、搭建人才对接平台”等创业相关利好政策吗？

A.非常了解　B.听过，但不了解　C.没听过

15.您对国家级、省级大学生创业政策的获取方式有（可多选）：

A.创业课程　B.创业大赛　C.社团创业活动

D.创业讲座　E.网络媒体　F.创业网站

16.您进行信息获取的渠道有（可多选）：

A.学校　B.电视　C.网络　D.创业者之间的信息交流

17.在企业的运营管理中，是否需要设定核心战略管理目标及可持续运营发展计划：

A.非常需要　B.不需要，能运营就行

18.您是否对企业未来如何运营、如何管理进行过细致的规划和考量：

A.是　B.否

19.您将采取怎样的形式对公司财务进行管理：

A.代理记账公司　B.自己管理　C.公司内部专业财务人员管理

20.您认为创业初期的运营资金范围是：

A.5 000元以下　B.5 000~10 000元　C.10 000元以上

21.在创业初期，运营资金的筹集方式有（可多选）：

A.创业成员合伙出资　B.银行贷款

C.家庭投入　D.吸引风险投资

22.贵公司的业务渠道主要有：

A.自己推销　B.熟人、朋友介绍　C.其他

23.贵公司的业务量：

A.持续不断　B.有，但间隔时间长　C.很少

24.贵公司是否借助过互联网拓展业务：

A.是　B.否

25.您认为阻碍贵公司发展脚步最关键的因素是：

A.人员　B.资金　C.管理　D.市场

您已完成全部测试题目，对于您所提供的帮助，在此表示诚挚的感谢！

参考文献

[1] 曾嫣嵘．浅析商业模式的本质、构成及实施途径［J］．商场现代化，2021（1）：30-32.

[2] 马子义．大数据时代下企业管理模式创新［J］．冶金管理，2021（21）：151-152.

[3] 乔杏茹，麻亚星．在线教育企业商业模式及创新［J］．广西质量监督导报，2020（5）：37-38.

[4] 高建，盖罗它．国外创业政策的理论研究综述［J］．国外社会科学，2007（1）：70-74.

[5] 赵晏秀．论创新思维方法及其在现代科技创新中的地位与作用［J］．科技展望，2015（30）：258.

[6] 田申．理工学校创新教育读本［M］．北京：机械工业出版社，2018.

[7] 陈艳玲，杨宏，王洪波．浅谈英语教学中TRIZ创新思维方法的运用［J］．佳木斯大学社会科学学报，2012（1）：166-167.

[8] 叶镜锋．对电商拼多多企业商业模式的简单分析［J］．商展经济，2021（22）：41-43.

[9] 周泽文．GR公司的战略选择及运营管理模式创新研究［D］．武汉：湖北工业大学，2016.

[10] 沈仁贵．深圳X公司运营管理研究［D］．兰州：兰州大学，2015.

［11］ 梅伟惠．高校创业教育评价的类型与影响因素［J］．教育发展研究，2011，31（3）：45-49.

［12］ 余昶，王志军．高校创新创业教育模式研究［J］．学术论坛，2013，36（12）：231-235.

［13］ 陈华锋．大学生创业教育路径研究［J］．中国高校科技，2017（12）：83-85.

［14］ 卜德龙．大学生创业教育支持体系构建研究［J］．中国成人教育，2018（1）：54-56.

［15］ 揭敏，揭琳．中部地区大学生创业环境分析及对策研究［J］．职业时空，2013，9（1）：59-60.

［16］ 韩晗，韩菁菁．基于PEST模型的长三角地区大学生创业环境分析［J］．中国商论，2015（26）：181-183.

［17］ 叶映华．大学生创业政策的困境及其转型［J］．教育发展研究，2011（1）：34-38.

［18］ 刘军．我国大学生创业政策：演进逻辑及其趋向［J］．山东大学学报（哲学社会科学版），2015（3）：49.

［19］ 刘刚，张再生，吴绍玉．中国情境下的大学生创业政策：反思与对策［J］．中国行政管理，2016（6）：121.

［20］ 宁德鹏，葛宝山．我国大学生创业政策满意度分析——基于全国百所高校的实证研究［J］．社会科学家，2017（5）：78.

［21］ 吕凤春．辽宁省大学生创业政策实施问题研究［D］．沈阳：沈阳师范大学，2018.

［22］ 信珍珍．双创背景下大学生创业问题研究［D］．济南：山东中医药大学，2016.

［23］ 孟莹．美国大学生创业的外部支撑体系研究［D］．杭州：浙江大学，2017.

［24］ 黄磊．浅议企业运营管理的现代化［J］．企业改革与管理，2016（10）.

［25］ 陈群．青春的力量（全国青年红色筑梦之旅优秀案例）［M］．武汉：华中科技大学出版社，2021.

［26］ 王莹．大数据时代背景下电商企业管理模式探究［J］．信息系统工程，

2022（1）：137-140.

［27］ 郭俊艳. 初创企业ZN公司股权结构设计研究［D］. 南京：南京大学，2017.

［28］ 董婷. 创业过程模型及案例分析［D］. 北京：北京交通大学，2009.

［29］ 王昆."互联网+"大赛视角下高职院校创新创业教育改革与实践［J］. 天津职业大学学报，2022，31（5）：31-45.

［30］ 史蒂文森. 运营管理［M］. 马风才，译. 北京：机械工业出版社，2016.

［31］ 田苗苗. 大连沙河口区大学生创业困境案例研究［D］. 大连：大连理工大学，2010.

［32］ 刘烨. 马斯洛人本哲学［M］. 呼伦贝尔：内蒙古文化出版社，2008.

［33］ 吴照云. 市场营销学［M］. 北京：经济管理出版社，2012.

［34］ 埃茨科维兹. 三螺旋创新模式［M］. 陈劲，译. 北京：清华大学出版社，2016.

［35］ 周颖. 关于我国中小企业物流管理现状分析与思考［J］. 中外企业家，2020，（22）：197.

［36］ 姜艳霞，贺婉青，王佳莹. 大学生创新创业计划现状和发展趋势［J］. 创新创业理论研究与实践，2021，4（24）：180-182.

［37］ 来尧静，徐梁. 商业模式的组成、类型与构建［J］. 扬州大学学报（人文社会科学版），2010（6）：28-31.

［38］ 韩亦真. 简析大数据时代企业管理会计面临的挑战及突围路径［J］. 商场现代化，2022（19）：186-188.

索　引